Jörg Zink

Jesus
Funke aus dem Feuer

Jörg Zink

Jesus

Funke aus dem Feuer

Kreuz

FSC
www.fsc.org
MIX
Papier aus verantwortungsvollen Quellen
FSC® C106847

Durchgesehene Neuausgabe des 2008 erstmals erschienenen gleichnamigen Buches

www.kreuz-verlag.de

Umschlaggestaltung: agentur IDee
Satz: de·te·pe, Aalen
Herstellung: fgb · freiburger graphische betriebe
www.fgb.de

Printed in Germany

ISBN 978-3-451-61078-3

Inhalt

Wer mir nah ist,
ist dem Feuer nah

Von Jesus ist zu reden. Von dem schlichten Wanderprediger aus einem kaum bekannten Dorf in Galiläa. Von dem großen Weisheitslehrer. Dem Sozialrevolutionär. Dem geliebten Meister und dem gehassten Erneuerer. Von dem menschennahen Arzt von Leib und Seele und dem Erzähler einprägsamer Geschichten. Von dem Träumer, von dem viele meinten, er scheitere an der Wirklichkeit. Von dem großen Leidenden, der die Schmerzen und Ängste der Menschheit auf seine schmalen Schultern nahm. Von der Lichterscheinung in den Ostertagen des Jahres 30 und von dem inneren Christus, der dem Geist Gottes in den Menschen und in der Geschichte Raum schuf. Und von seiner Wirkungsgeschichte: einer Weltreligion, vor der wir staunend und nachdenklich prüfend zugleich stehen.

Als er zum ersten Mal in der Öffentlichkeit erschien, sprach einer, der ihn sah, von »Feuer«. Johannes, der Prophet, der am Jordan stand und die Menschen taufte, deutete auf ihn hin, als er ausrief: »Ich taufe mit Wasser, er aber wird euch mit heiligem Geist und mit Feuer taufen!« (Lukas 3,16), und dieses Bild vom »Feuer« zog sich durch seine Lebensgeschichte und seine Wirkung wie ein roter Faden. »Ich bin gekommen, ein Feuer auf die Erde zu werfen, und was könnte ich heißer wünschen als den Brand!« (Lukas 12,49), rief er aus. Im Thomasevangelium, einer in Ägypten überlieferten Sammlung von Aussprüchen, die man Jesus zuschrieb, steht das folgende Wort Jesu: »Wer mir nah ist, ist dem Feuer nah!« (Spruch 82). Und als nach seinem Tode das Werk seiner Nachfolger gefordert war, kehrte das Zeichen des Feuers wieder: »Sie sahen Feuer, wie zerrissen in einzelne Flammen, das fuhr über sie her; und der Geist erfüllte sie alle« (Apostelgeschichte 2,3). Feuer brach aus und setzte die Menschen in Brand, und sie schmolzen zusammen zur gemeinsamen Begeisterung derer, die berufen waren, auf der Erde ein Licht zu zünden.

Feuer ist der Ursprung des Lichts. Ohne das Licht, das in unvorstellbaren Feuerstürmen aus unserer Sonne bricht, gibt es kein Leben auf dieser Erde. So spricht auch Jesus von sich als dem Licht und fordert uns auf: »Auch ihr seid Licht!« Denn es kann ja nicht anders sein: Wer der aufgehenden Sonne gegenübersteht, dessen Gesicht spiegelt ihre Helligkeit. Seine Stirn wendet sich dem Gestirn zu. Sie leuchtet. Wer das Feuer vor sich sieht, weiß, dass es ihn ergreifen könnte. Und vielleicht wünscht er sich in einem großen Augenblick, seine Nahrung zu sein, damit es größer und heller werde. Denn nur in dem Maß, in dem wir selbst bereit sind, in ihm mitzubrennen, wird Licht von uns ausgehen.

So begegnet schon mehr als tausend Jahre vor Christus Mose dem Gott, der ihn anspricht, im Feuer. In der Sonnenglut über dem heißen Gestein der Wüste sieht Mose einen Busch, der in Flammen steht und nicht verbrennen will. Aus dem Busch ruft ihn die Stimme an: »Mose! Führe dein Volk in die Freiheit!« Vor diesem Gott, der ihn im Feuer herausfordert, soll Mose der werden, der er ist: der freie, aufrechte Mensch, der einen Auftrag übernimmt und ihn nach der Weisung Gottes erfüllt (2. Mose 3).

Als Jesaja berufen wurde, ein Prophet zu sein, sah er sich in einer Vision Gott gegenüber und erlebte, wie ein Engel eine glühende Kohle vom Altar nahm und ihm damit die Lippen berührte, damit er fähig würde, im Namen dieses brennenden Gottes zu reden. So als sollte er selbst die Flamme und das Holz sein und als sollte er, redend, sich selbst aufzehren (Jesaja 6).

Das Feuer aber meint den Augenblick. Wer von einem Gedanken aus Feuer getroffen ist, kann nicht sagen: Ich lasse mir Zeit. Er kann nicht sagen: Wenn ich älter bin oder dies und jenes erreicht habe, will ich dem nachkommen! Ihn trifft die Wucht des Augenblicks, der alles bezwingende Blitzschlag der Berufung. Wir lesen: »Ihr seid Finsternis gewesen, nun aber seid ihr ein Licht aus dem einen großen Licht, dem Christus. Lebt nun, wie Menschen leben, die aus dem Feuer sind« (Epheser 5,8 f.).

Aber was sagen wir mit alledem über Jesus? Wenn das Feuer und das Licht die wirklichen Merkmale seines Erscheinens waren, dann dürfen wir all die Vorstellungen von ihm erst einmal weglegen, in denen er harmloser beschrieben wird, vielleicht so, wie eine bürgerliche Gesellschaft ihren Jesus zu zeichnen liebt. Denn Christus brennt und leuchtet, selbst im abmildernden Widerschein, der uns nach Jahrtausenden noch erreicht; und er wird auch im dritten Jahrtausend nichts von seiner verzehrenden und faszinierenden Kraft verlieren.

Von ihm redet dieses Buch, nicht im Sinne einer Lehre, sondern einer dringlichen Anregung. Ich kann nicht wissen – wie es niemand wissen kann –, ob nun meine Vorstellungen von Jesus »richtig« sind. Sie sind das Bild, das sich mir im Laufe einer langen Zeit des Suchens nach Wahrheit und Klarheit, nach Gott und nach mir selbst, nach einer langen Zeit des Ausschauens nach Licht und Feuer, gezeigt hat. Andere mögen anderes wahrnehmen. Wer aber den Schein jenes Feuers selbst gesehen hat, den möchte ich beglückwünschen – in welcher Spiegelung auch immer er ihn wahrnahm.

Er zieht den roten Faden
durch die Geschichte
unserer Kultur

Jede Zeit sah einen anderen Jesus

Es ist nicht verwunderlich, nein, es ist bei einer geschichtlichen Gestalt dieser Größenordnung selbstverständlich, dass sie in verschiedenen Zeiten und Kulturen verschieden gesehen wird, dass vielerlei Wirkungen von ihr ausgehen, dass sie an vielen vorgefertigten Bildern gemessen wird, selbstverständlich auch, dass ihr Liebe und Hass begegnen, Begeisterung und Ablehnung. Irgendwie, das haben schon seine Zeitgenossen bemerkt, muss man sich zu diesem Jesus verhalten, irgendein Ja oder Nein muss man finden. Denn von ihm geht ein deutlicher Anspruch aus, und die Antworten, die man findet, werden von da an das eigene Leben und Denken prägen.

Vielerlei Namen haben die Menschen seiner Zeit ihm gegeben, mit denen sie ihre Liebe und Dankbarkeit ausdrückten. Sie nannten ihn Lehrer. Meister. Herr. Sie statteten ihn mit alten Würden aus wie der eines Königs, eines Propheten oder Sehers. In früheren Zeiten hatte ein von Gott eingesetzter Fürst sein Amt durch das Zeichen einer Salbung empfangen, die ein Prophet oder Priester an ihm vornahm. Und so nannten sie ihn »Messias« und später »Christus«, den »Gesalbten«. Oder anders: Sie sahen in ihm den, der an einem Heiligtum zwischen Gott und den Menschen zu vermitteln hat, und nannten ihn den Priester. Sie sahen in ihm den politischen Heilbringer, den Erlöser, den Befreier, der Frieden und Gerechtigkeit auf dieser Erde schaffen werde. Den Stellvertreter sahen sie in ihm, der um des Heils der Menschen willen geopfert wird. Sie sahen in ihm den »Vorausgänger«, also den, der uns durch den Tod und die Auferstehung ins Leben vorausgeht. Und auf irgendeine Weise sahen sie in ihm den, der diese Welt erneuern werde. Sie sahen in ihm den »Sohn Gottes«, das heißt den Repräsentanten Gottes, der zugleich die Zielgestalt des Menschen sei. Sie sahen in ihm das Maß für Wahrheit und Lüge, den Richter, der am Ende zwischen Gut und Böse zu scheiden habe.

In den zweitausend Jahren seitdem begegnete jede Epoche ihm auf ihre je charakteristische Weise. In den Zeiten der Christenverfolgungen der ersten drei Jahrhunderte erhofften ihn sich die Christen vor allem als den, der nach der Zeit der so unbeschreiblich brutalen Staatsmacht aller Menschengewalt ein Ende setzen und selbst die Herrschaft ergreifen werde. In der Zeit des christlichen Kaiserreichs von Rom und Byzanz wandelte sich sein Bild in den, der die irdische Staatsmacht legitimiert, in eine Gestalt von erhabener Strenge und Würde, unter der die christlichen Kaiser mit ebensolcher Strenge regierten. Und so schaut er in den byzantinischen Kirchen als Pantokrator, als Allherrscher, aus den goldenen Kuppeln streng und fordernd herab.

Im jungen Frankenreich wurde er zum jugendlichen König, zum strahlenden Helden, schön und siegreich, Begleiter eines erwachenden, dynamischen Staatswesens. In der Gotik wandelte er sich in ein Zeichen der stillen Gegenwart Gottes, die sich in den gesammelten, hoheitsvollen Schnitzereien oder in der Gestalt des »schönen Gottes«, des Beau Dieu an den Portalen der französischen Kathedralen oder auch in der Figur des Thronenden zwischen den vier Tiergestalten als kosmische Macht darstellte. Aber er wurde auch zum Schmerzensmann, zum Gekreuzigten, Geschlagenen, Sterbenden. Den mystischen Laienbewegungen am Ausgang des Mittelalters wurde er zum leidenden Vorbild, dem es auf seinem Weg nachzufolgen galt. Schließlich wurde er dem aufkommenden Pietismus zum Seelenfreund, den Menschen erlösend zugewandt. Er wurde zum biederen Hausfreund des Bürgertums oder später zur jugendbewegten Führergestalt, wie sie noch im Dritten Reich Hitlers nachwirkte. Er wurde immer wieder irgendwo zu einem Nationalgott, dem die »Soldaten Christi« untergeordnet waren, oder umgekehrt zum Modell des politischen oder sozialen Widerstandes. Er wurde zum Aussteiger im Sinne der Jesusbewegung von Kalifornien, die sich Jesus barfuß, mit langem Haar, sanft und mit Blumen in der Hand vorstellte, oder zum Hüter westlicher Menschenrechte und schließlich zum Superstar. Jede Zeit hatte ihren Jesus. Aber seltsam: Dabei verbrauchte er sich nicht. In immer neuen Bemühungen gingen Kulturen, Völker oder auch Einzelne auf ihn zu, immer neue, genaue oder ungenaue Leitbilder schuf man mit seiner Hilfe, immer neue Deutungen für die Rätsel des Lebens, und immer neue Hoffnungen gewann man aus seinem Bild.

Und wie steht es heute? Was erwarten die Menschen unserer Zeit von einer Gestalt wie dieser, wenn sie überhaupt etwas erwarten? Vielleicht suchen sie die Autorität, die sie vermissen, vielleicht den Bruder, der ihnen fehlt. Vielleicht den Helfer in der persönlichen Bedrängnis oder die eigene verlorene Mitte, das Bewusstsein der eigenen Würde, das ihnen helfen könnte, sich selbst zu finden und zu verwirklichen. Den Befreier der Frauen aus der Vormundschaft der Männer. Oder auch den Garanten einer freien Weltwirtschaft, den Grundstein einer demokratischen Ordnung oder vielleicht den Spender des guten Gewissens für eine weltweite Machtpolitik, die gegen das »Zentrum des Bösen« und seine Helfershelfer gerichtet ist.

Wenn ich heute um mich blicke, so liegt vor mir eine Welt, in der das Christentum nicht mehr nur seine europäische Gestalt hat oder seine traditionell russische. Ich sehe einen Jesus, der das Gesicht eines heutigen Afrikaners trägt oder eines alten Schamanen oder eines, der seinen Ort hat in der globalen Zivilisation unserer heutigen Welt. Ich sehe ihn uns Europäern begegnen im Gewand eines Moslems als der Prophet »Isa«, als »Wort und Geist Gottes«, wie der Koran ihn nennt. Oder ich begegne ihm zusammen mit anderen großen Lehrern der Menschheit, dem Europäer Sokrates, dem Inder Buddha, dem Chinesen Laotse und den vielen Meistern der Weisheit, den Asketen, Helfern und Befreiern. Ob ihm all das und alles, was künftig noch über ihn gedacht werden wird, gerecht werden kann, darf zunächst offen bleiben. Immer aber wird er sich in den Wünschen und den Hoffnungen, den Leiden und den Mangelerscheinungen einer Zeit und in ihren Ideen spiegeln, und immer wird er seine eigenen und meist ganz anderen Wege zeigen.

Von Buddha ist das Wort überliefert: »Meine Lehre ist ein Floß. Es dient dazu, ans andere Ufer zu tragen, nicht aber dazu, sich auf ihm häuslich einzurichten.« Und ein Wort Jesu aus gnostischer Überlieferung lautet: »Die Welt ist eine Brücke. Geh hinüber, aber baue kein Haus auf ihr.« Das meint auch: Mach aus Jesus keine feste Lehre, die immer und für alle gelten müsse. Schau nach ihm aus und geh den Weg, den er dir zeigt. Denn die Wahrheit besteht nach der Bibel nicht in Lehrsätzen. Wahrheit will dem achtsamen Menschen in seiner Stunde begegnen. Es ist eine Erfahrung, die die Menschheit nun seit einigen Jahrtausenden machen konnte: dass die sicheren, lehrbaren Wahrheiten die unwichtigen sind, dass aber, je wichtiger eine Wahrheit ist, sie desto weniger beweisbar sein wird. Das aber hängt unter anderem damit zusammen, dass ein Mensch von allem immer nur so viel sehen wird, wie er dem, was er sieht, entgegenbringt an Bereitschaft, sich von ihm verändern zu lassen.

Es wird uns darum auch nicht irritieren, dass wir, was über Jesus im Neuen Testament zu lesen ist, verschieden verstehen werden. Die Bibel ist ein höchst offenes Buch. Jeder wird sie in seiner eigenen Fassung lesen, denn er wird in ihr immer auch sich selbst begegnen und seiner eigenen Lebensgeschichte. Vielleicht aber kann sie uns auch verlocken, in ein uns unbekanntes Land zu gehen und dort einer anderen Landschaft, anderen Menschen und anderen Gedanken zu begegnen, und uns dabei auch der faszinierenden Gestalt dieses Jesus von Nazaret auszusetzen.

Ich sage nicht, man solle unkritisch hören, was in unserer Zeit über ihn gesagt wird. Ich sage auch nicht, es sei nicht erlaubt, ihn mit anderen Größen der Weltgeschichte zu vergleichen. Das hält er aus. Aber ich sage: Einmal im Leben wenigstens sollten uns über diesen Mann die Augen aufgegangen sein.

Wie habe ich selbst ihn erfahren?

Ich kann nicht so von ihm reden, als wüsste ich alles, was es irgend über ihn zu wissen gibt. Ich kann nur vorzeigen, was ich selbst mit ihm erlebt habe und was mir während meines langen Lebens wichtig geworden ist. Und so hat es vielleicht einen gewissen Sinn, dass ich meine eigene Erfahrungsgeschichte andeute.

Meine erste wirkliche Begegnung mit dem Mann aus Nazaret fand in der dunklen und kalten Zelle eines Gefängnisses statt. Es war im Jahr 1944. Es war keine Aktion des Widerstandes gegen das Reich Hitlers, was mich dorthin gebracht hatte, sondern nur ein sehr schlichter Akt des Ungehorsams. Ich hatte ein kleines Neues Testament in der Tasche mitgebracht und las. Was ich fand, war ein weit gespanntes Kontrastprogramm zum Leben und Tun eines Soldaten, wie ich einer war. Es zeigte keinen Helden, sondern eher eine Art Antihelden. Keinen Eroberer, sondern eher einen Schützer und Begleiter von Schwachen und Bedrohten. Keinen auf Ehre und Gehorsam gedrillten Mitmacher, sondern einen auf atemberaubende Weise unabhängigen Einzelnen, der auf eine reine Weise er selbst war. Keinen, der verteidigen wollte, was bestand, sondern eher einen stillen Menschen unterwegs. Einen Menschen ohne Nationalhymne, ohne Uniform, ohne die Orden, die ihm eine Obrigkeit verleihen konnte, einen, der in deutlichem Zivil zeigte, was aufrechter Stand sei und aufrechter Gang. Einen Menschen, der kein Großreich wollte wie wir, sondern den Frieden, der nicht den Sieg und die Macht suchte, sondern Gerechtigkeit. Einen freien Menschen, der sich erlaubte, überall hinzugehen, wohin man nicht ging: zu den Armen, den Verlassenen, den Ausgebeuteten, den Gefangenen. Und dieser Jesus aus dem Gefängnis hat mich lange begleitet, auch wenn ich nicht den Mut fand, mich mit seiner Freiheit gegen die Macht zu stellen, die mich, den jungen Soldaten, im Griff hatte.

Meine düstere Welt damals war eine Zelle mit einem Guckloch zu einem breiten Flur. In den anderen Zellen lebten Gefangene aus der französischen Widerstandsbewegung, dem »Maquis«, die sich zu den Essenszeiten auf dem Flur versammelten, um in einem Blechnapf ihre Suppe entgegenzunehmen. Sie standen alle kurz vor ihrer Hinrichtung. In den wenigen Tagen, die sie noch lebten, fiel mir ein etwa vierzigjähriger Mann auf, schmal und nicht besonders groß, mit der Art, wie er sich zwischen seinen Leidensgenossen und den deutschen Bewachern bewegte. Er wirkte auf mich zwischen all den verstörten Gesichtern der anderen Gefangenen auffallend gelassen.

Freundlich und mit einem Lächeln bedankte er sich bei dem bewaffneten Aufseher, der ihm die Suppe in seinen Blechnapf goss. Dann ging er ans Ende des Flurs zu einem Fenster, stand dort einen Augenblick still und gesammelt und schlug mit der Hand das Kreuz. Ein Christ – ging mir durch den Kopf. Vielleicht ein Priester? Und seine senkrechte und waagerechte Linie stand nun wie ein Kruzifix vor der schrecklichen Szene. Ich habe nie erfahren, wer er war. Aber von ihm ging eine große Ruhe aus. Eine Gewissheit und tragende Kraft. Ein Friede.

Nach ein paar Tagen fehlte er. Für mich steht er nach wie vor am Ende des Flurs und zeichnet sein Kreuz. Ein Mensch, in nichts Ausdruck einer Angst oder Verwirrung. Selbstständig und frei steht er in seiner stillen Freundlichkeit gegenüber seinen Genossen und seinen Feinden.

Es war eine Erfahrung von einer großen Kraft. Helden hatte ich genug gesehen. Was ich noch nicht kannte, das war, wie ein Mensch im Frieden seiner Hinrichtung entgegensah. So unangreifbar, so von keinem Militärgericht und keiner bewaffneten Gewalt gezeichnet. So geborgen inmitten einer Hölle. Das also gab es. Und das begegnete mir noch einmal: Als ich in meiner kalten Zelle stand, an das lauwarme Ofenrohr gelehnt, das sich die Wand entlang zog, und in dem kleinen Neuen Testament las. Darin begegnete mir ein Mensch, der dem fremden Franzosen, von dem man sagte, er sei mein Feind, auffallend ähnlich war: Jesus von Nazaret. Könnte es nicht sein, dass dieser Fremde mit seinem Blechnapf nach dem Bild lebte, das ihm dieser andere Fremde, der Mann aus Nazaret, vorlebte? Und tatsächlich: Dieser Mann hat für mich die Spur gelegt zu einer für mein ganzes Leben bedeutsamen Begegnung mit Jesus. Er erklärte mir Jesus, und Jesus erklärte mir den Gefangenen.

Als ich, aus dem Krieg zurückgekommen, anfing, Theologie zu studieren, begegnete mir ein ganz anderer Jesus. Es war jener Jesus, über den unzählige Generationen kluger und hingebender Menschen nachgedacht hatten und dem man näher kam, wenn man anfing nachzudenken, wenn man viel lernte, viel klärte. Es war ein Jesus, von dem ein hoch differenziertes Dogma die erstaunlichsten Aussagen machte; aber es war auch ein Jesus, den eine schonungslose Kritik wissenschaftlicher Art auf respektlose Weise verriss. Es war ein Wechselbad der Gefühle zwischen einem viel zu hoch stilisierten und einem alles Besonderen beraubten Jesus, und doch beanspruchten beide Seiten, sie deuteten das Ganze dieses Mannes. Was ich dabei lernte, war, nicht irgendetwas hinzunehmen, sondern es zu verstehen. Nicht einfach einer Autorität zu gehorchen, sondern aus der eigenen Erfahrung zu schöpfen.

Als ich auf Kanzeln stand, jung und unerfahren, begegnete mir der Jesus, der ein Prophet war, der Mann des freien Wortes, der mich lehrte, mich hinzustellen und, ohne von mir selbst etwas zurückzuhalten, zu sagen, was gesagt werden musste, weil es die Wahrheit ist. Es war der Jesus, der mir die freie Rede beibrachte ohne Rücksicht auf Meinungen und Widerstände.

Aber ich fand auch den anderen Jesus. Ich sah mein Versagen. Ich sah, wie ich vorbeiredete an den Menschen, an den Schulkindern, an den Alten, den Kranken. Ja, noch mehr: Als ich wahrnahm, wie hoffnungslos vergeblich meine eigenen Bemühungen um Stimmigkeit in mir selbst sich ausnahmen und der Selbstzweifel in Selbstverachtung überzugehen drohte, fand ich jenen stillen, inneren Jesus, der zu irgendeinem armen Menschen sagte: »Deine Sünden sind dir vergeben! Geh in den Frieden!« Ich fand den nahen, brüderlichen, der nicht nur Liebe anbot, sondern vor allem sie dem anbot, der sie nicht wert war.

Als Ende der sechziger Jahre des vergangenen Jahrhunderts die soziale Revolte, die sich zunächst gewaltlos in unserem Land zu Wort meldete, das bürgerliche Deutschland erschreckte, war es der Jesus, der Gerechtigkeit wollte auch für die Menschen überall in der Welt, die unter dem Wohlstand der Reichen zugrunde gingen. Es war der Jesus, der – wie es mir noch heute zuzutreffen scheint – politisch eher links als rechts anzusiedeln ist, dem die Armen wichtiger sind als die Mächtigen, der nicht interessiert ist an der Freiheit der Wirtschaft und des internationalen Kapitals, und nach dessen Namen eine konservative Partei zu benennen gefährlich falsch werden kann.

Als es in den siebziger und achtziger Jahren darum ging zu verhindern, dass nicht wiedergutzumachendes Unheil über unser Land und die Menschheit hereinbrach, auf dem Höhepunkt der Raketenpolitik, als ich anfangs der Achtziger an einer Wehrkundetagung von Ministern, Generälen und Wissenschaftlern teilnahm, auf der man sich einig war, der Dritte Weltkrieg stehe etwa für das Jahr 1985 bevor, er sei nicht zu verhindern, er werde ein atomarer sein und sich in Europa abspielen, da suchte ich aufs Neue nach Jesus. Ich wusste, dass er die Katastrophen der Menschheitsgeschichte nicht verhinderte, sondern vor allem unter ihnen litt. Und als nun die kleinen Gruppen und später die Massen auf die Straße gingen, um von den Verantwortlichen Friedenswillen einzufordern, da fand ich den Jesus der Bergpredigt, der von Gewaltlosigkeit sprach, vom Sich-nicht-Rächen, von der Liebe zum Feind; den Jesus, der die Weisheit besaß, Wege zu zeigen, wo kein Weg sichtbar war, Wege eines versöhnenden, lebensrettenden Handelns.

Vor vierzig Jahren begann ich, jedes Jahr mehrmals in den Nahen Osten zu reisen auf der Suche nach der Geschichte, von der die Bibel erzählt. Und so kam ich natürlich auch nach Galiläa, jenem wunderbaren Fleck Erde, in das sonnenüberglühte Land am See Gennesaret, und ging dort alle Wege, die ich fand, bis ich vermuten konnte, überall gewesen zu sein, wo er, dieser schlichte Wanderprediger, gegangen sein könnte, und jedes Dorf durchwandert zu haben, von dem ich annehmen konnte, es habe hier oder dort gelegen. Ich versuchte, ihn mir vorzustellen, wie er mit der Gruppe seiner Anhänger von Haus zu Haus, von Dorf zu Dorf ging, redend und schweigend, heilend und fordernd, die Menschen suchend mit der ihm eigenen großen Verbindung von Güte und Klarheit, von Liebe zu den Menschen und Wissen um ihr Elend. Ich habe mir auf dem schönsten Berg, den ich finden konnte, dem Arbel, den ich als das Herz von Galiläa empfand, seine Reden vorgesagt, und ich meine, ich hätte erst dort den Anfang gemacht, sie wirklich zu begreifen. Ich fuhr mit den Fischern aus Tiberias und Ginosar zum Fischfang aus und suchte, ihn zu sehen, wie er vom Boot aus redete oder im Sturm über den See fuhr. Ich ging von Trümmerhaufen zu Trümmerhaufen: Beth

Saida, Chorazin, Magdala und wie sie alle heißen und stellte mir die Häuser vor und die Menschen, die Armen und die Reichen, die Gesunden und die Kranken, die Dankbaren und die Widerstrebenden und ihn, Jesus, mitten darin. Mit den Menschen umzugehen, wie er mit ihnen umging, das war das Maß, das ich fand. Unter den Menschen auszuhalten, wie er aushielt. Hinter allem Streit und Elend und oberflächlichen Glanz jenes Große zu schauen, auf das alles hinauslaufen soll: das Reich Gottes, das Reich der Himmel, das Reich des Vaters, das konnte einem Menschenleben wie dem meinen die Richtung geben, den Sinn, das Stehvermögen und das öffentliche Wort. Denn was er dort gesagt hat, das ist nun das Maß, das gelten muss, wenn einer in den Streit unserer Tage eingreift, wenn er von Glauben redet oder vom Frieden, von Zeit und Ewigkeit und von all den vielen Fragen und Problemen einer so unerhört gefährdeten Menschheit wie der unserer Tage.

Und oft ging ich mit ihm zusammen durch die Passionsgeschichte. Wer die nächtlichen Ölgärten im Kidrontal aufsucht, den Abendmahlssaal und die Gassen, die zum Ort des Tempels führen und zum Regierungssitz des Pilatus oben am Jaffator, zum Gartentor und zum Hügel Golgota und wieder hinüber zum Ölberg mit dem Ort, an dem man seines Abschieds gedenkt, wer dort nach seiner Spur sucht, der hört zwar auch, was er geredet hat, was seine Jünger fragten und die Mächtigen ihm vorhielten, er hört aber vor allem die große Stille, das Schweigen, mit dem er seinen Richtern begegnete. Er wird einem Jesus begegnen, der vor allem in ihm selbst, in dem Menschen, der seine Spur sucht, einen inneren Weg vorzeichnet. Und dieser Jesus war für mich in all den Jahren immer etwas sehr Verborgenes in mir selbst, etwas, von dem die großen Mystiker in ihren wunderbaren Texten zu reden verstanden.

Wenn ich mich als alter Mann prüfe, welchem Jesus eigentlich ich besonders zugetan sei, so wird mir immer uninteressanter, wo meine Vorliebe liegt, und wichtiger wird mir, auf welche Weise mir Gott in diesem Jesus zugetan ist. Ich suche ihn nicht mehr, sondern weiß mich gesucht von ihm, und alle Bilder, die mir im Lauf meines Lebens vor der Seele gestanden haben, vereinen sich auf eine stille und klare Weise zu dem einen Licht, das mich findet, oder besser, das mich gefunden hat.

Dass man Jesus in so vielen Bildern gespiegelt sehen kann, ist für mich heute ein Zeichen seiner universellen Wichtigkeit. Dass man ihn so verschieden verstehen und in vitales Leben umsetzen kann, ein Ausdruck seiner Lebendigkeit. Dass ich ihn auch in weiteren fünfzig Jahren meines Forschens und Nachdenkens nicht ergründen würde, bleibt für mich ein Ausdruck seiner Tiefe. Und dass im Grunde keiner, der sich selbst und sein Leben ernst nimmt, an ihm vorbeikommt, ein Zeichen seiner Wahrheit. So sehe ich mit Dankbarkeit auch, was sich mir im Lauf meines Lebens an meinem Bild von Jesus verändert hat. Es schiene mir eine schreckliche Vorstellung, es sei mir zwischen meinem vierzigsten und meinem fünfundachtzigsten Lebensjahr nichts mehr neu aufgegangen.

Und zuletzt: Denke ich mir den kuriosen Fall, die ganze Menschheit würde diesen Jesus eines Tages vergessen haben, und es fände einer nach Jahrtausenden unter den Ruinen des 21. Jahrhunderts ein Evangelium des Lukas, so kann ich mir nichts anderes denken, als dass es eine Sensation auslöste und aufs Neue eine Religion in die Welt käme, die von jenem vergessenen Jesus redete als dem großen Vorausgänger auf den Wegen der Menschheit.

Sehe ich heute in die Welt, so könnte ich ihre zukünftige Entwicklung und ihre zukünftigen Katastrophen nicht ertragen, gäbe es nicht die Perspektive, die mir Jesus eröffnet hat. Ich würde die Menschen, diese merkwürdige Außenseitergruppe der Tierwelt, nicht ertragen, kennte ich nicht die Art, wie Jesus mit ihnen umging. Ich würde mich selbst nicht ertragen, wüsste ich mich nicht von Gott geliebt, wie es mir Jesus gesagt und gezeigt hat. Und ich würde auch den seltsamen, harten Gott, der an so vielen Stellen der Bibel auftritt, nicht ertragen, zeigte mir Jesus nicht Gottes liebendes Wesen und sein so ganz anderes, sein väterliches Gesicht.

Was können wir von ihm wissen?

Die Antwort scheint einfach. Wir lesen die vier Berichte über ihn, die wir die »Evangelien« nennen, von Matthäus, Markus, Lukas und Johannes. Wir haben Briefe, die in der ersten Generation nach ihm geschrieben worden sind und die von ihm reden.

Aber Vorsicht ist angezeigt. Jesus selbst hat keine Zeile geschrieben, die uns überliefert wäre. Wie Buddha oder Sokrates, Konfuzius oder der große Epiktet ist er uns nur durch Berichte Späterer bekannt, und aus ihnen sprechen Liebe und Verehrung, aber nicht immer exakte Tatsachenschilderung. Vieles an diesen Berichten oder Briefen ist nicht Bericht, sondern Bezeugung. Es ist nicht ein Porträt von ihm, sondern eine Deutung. Auch wenn Reden

Jesu mitgeteilt sind, redet in ihnen oft nicht Jesus selbst, sondern ein begeisterter Augen- oder Ohrenzeuge. Alles, was niedergeschrieben wurde, ging erst einmal durch den Kopf und das Herz eines Zeitgenossen und wurde meist erst vierzig bis sechzig Jahre nach dem Tod des Meisters schriftlich festgehalten.

Aber wie kam es denn überhaupt zu diesen Schriften? Dass sein Tod wie ein ungeheurer Schock wirkte, ist noch in den erhaltenen Notizen spürbar. Es dürfte niemanden wundern, wenn der Kreis seiner Jünger für immer verstummt wäre. Aber dann geschah zweierlei: Sie machten Erfahrungen, die ihnen sagten, ihr Meister sei nicht im Tod geblieben, er sei lebendig – auf irgendeine nicht erklärliche, aber reale Weise. Und sie erlebten, was die Pfingstgeschichte erzählt, dass etwas über sie kam wie ein Sturm oder ein Feuer, etwas, das sie »Geist Gottes« nannten. Sie erfuhren, dass aus ihnen, wenn sie den Mund auftaten, mehr kam als ihre persönlichen Meinungen oder Gedanken, dass vielmehr Christus durch sie hindurch weiter sprach, und dass, was sie zu sagen hatten, alle Menschen aufs Dringendste anging. Es ging etwas durch sie hindurch wie die plötzliche Erkenntnis: Das also ist der Sinn von dem, was wir erlebt haben! Das also ist unser Auftrag!

So begannen sie noch im selben Sommer des Jahres 30 zu Nachbarn und zu fremden Menschen zu reden, sie begannen auszuschwärmen in die Dörfer ihres Landes und darüber hinaus. »Was da geschehen ist, was wir hörten, was wir mit unseren Augen sahen, was wir mit unseren Händen ergriffen haben, das bezeugen wir euch, denn ihr sollt an unserer Freude teilhaben!«, so schildert der erste Brief des Johannes die Absicht der entstehenden Wanderbewegung.

Einige der Führenden kennen wir mit Namen. Wir lesen von Barnabas, von Philippus, Silas, Petrus, Markus, Titus, Timotheus, auch von einigen Frauen wie Maria Magdalena, Prisca, Phoebe oder Julia. Vor allem von Paulus. Wir kennen auch die Zeit. Sie reicht vom Jahr 30 bis etwa zum Jahr 80 oder 90. Danach kommt diese Wanderbewegung in den Städten und an den dort entstehenden übergeordneten Ämtern der Bischöfe und Lehrer allmählich zum Stehen.

In Gruppen waren sie unterwegs. Und natürlich haben sie nur sehr andeutend miteinander verabredet, was das Wichtigste sei und was sie zu sagen hätten. Die einen legten größten Wert auf die Reden, die Worte, die Weisungen des Meisters, und sie sammelten was ihnen davon in die Hände kam. Anderen war zentral wichtig, dass Jesus für seine Sache und für die Menschen litt, und der Bericht über sein Sterben. Wieder anderen war der Meister von Nazaret weniger wichtig als der an Ostern auferstandene Christus, der nun in ihnen lebte und sie erfüllte und verwandelte. Zu ihnen gehört Paulus. Einer vierten Gruppe schien an Jesus entscheidend das eine, dass er als Offenbarer Gottes in diese Welt kam und nach Erfüllung seines Auftrages zu Gott zurückkehrte. Die sich diesem Aspekt der Gestalt Jesu zuwandten, stehen hinter dem Johannesevangelium. Für sie war Jesus das Licht der Welt und der Weg zum Leben, und was sie erzählten, kreiste immer um dieses Thema.

Mit solchen Gedanken in Kopf und Herzen und mit einigen schriftlichen Notizen im Reisebündel gingen sie auf ihre Wanderschaft, zunächst bei Jerusalem oder in Galiläa, dann vorsichtig hinaus über die Grenzen ihres Landes, wie es Paulus tat, danach aber, später, unabhängig und frei auf den Heerstraßen des Römerreichs, auf den Handelsstraßen, den Karawanenwegen oder den Schiffsrouten. Sie kamen nach Syrien, nach Griechenland und Italien, ins alte Babylon und ins Perserreich, nach Ägypten auch mit seinem großen Handels- und Bildungszentrum Alexandria, in die Inselwelt des Mittelmeeres, nach Nordafrika, auf den Balkan oder in die arabische Wüste. Der Verkehr auf den Verbindungsstraßen zwischen den Städten war dicht, er war wohlgeordnet und einigermaßen sicher, und erstaunlich ist nur, wie rasch sich ein Netz von Zustimmung ausbreitete und wie rasch sich zugleich auch öffentlicher Widerstand erhob. Planvoll und sammelnd haben erst Spätere gewirkt, vor allem nach der Zerstörung Jerusalems im Jahr 70, als die Basis wegbrach, von der sie immer ausgegangen waren, nämlich das judäische Land, und sie sich immer weiter in das Römische Reich und in die hellenistische Kultur hinauswagten. Für diese sehr sorgfältige Arbeit der zweiten und dritten Generation ist charakteristisch, was Lukas irgendwann nach dem Jahr 80 im Vorspann zu seinem Evangelium schreibt: »Lieber, verehrter Theophilus, ich versuche hier etwas, das schon andere versucht haben, nämlich über die großen Ereignisse zu berichten, die unter uns geschehen und nun zum Ziel gekommen sind. Augenzeugen, die von Anfang an mit dabei waren und ihre Lebensaufgabe darin sahen, unermüdlich immer neu zu berichten, haben uns davon erzählt. Und so fand ich, ich solle als ein spät Hinzugekommener den Versuch unternehmen, alle ihre Berichte von Anfang an zu sammeln, zu prüfen und in einer guten, klaren Ordnung für dich neu niederzuschreiben, denn du sollst wissen, worauf der Glaube beruht, den man dir nahegebracht hat.«

Was also haben wir in der Hand? Äußerungen von hochbeteiligten und engagierten Menschen, die nicht in erster Linie berichten wollten, was war, sondern vielmehr aufzeigen, was es bedeutete, auch was es vor allem in ihnen selbst bewirkt hatte; nicht wer Jesus war, sondern wer er für sie war, was er aus ihnen gemacht, was er ihnen an Kraft und Geist gegeben hatte. Und hinter diese Bilder der Beteiligten kommen wir nicht zurück bis zu einem Bild von Jesus, wie ihn ein Geschichtsschreiber hätte zeichnen oder ein Reporter von heute hätte fotografieren können.

Insgesamt halten wir fest: Was wir in der Hand haben, ist kein Protokoll seines Lebens, sondern die Geschichte seiner Wirkung. Es ist nicht ein Bild von ihm selbst, sondern von seiner Ausstrahlung, die über die Menschen nach ihm bis zu uns herüber gespiegelt wird. Worauf es bei uns selbst heute ankommt, ist also nicht, dass wir zur Kenntnis nehmen, was man über ihn weiß, sondern dass wir die Wirkung an uns geschehen lassen, die seine Absicht mit uns ist.

Aber das gilt nicht nur für unsere Versuche, Jesus zu verstehen. Es ist ein Grundgesetz aller Geschichte. Sie erreicht mich ja nicht so, dass da vor meinen Augen die Denkmäler bedeutender Menschen stehen und von mir bewundert werden sollen, sondern so, dass eine lange Lichterkette durch die Geschichte läuft. Ich sehe nicht Franz von Assisi vor mir, sondern ein Bild von ihm, wie es meine Zeit oder meine Kirche zeichnet oder ein Lehrer oder ein Buch es mir vermittelt. Irgendwo strahlt ein Licht auf, andere sehen es und geben seinen Schein weiter, und über Unzählige, die berichten, erklären und deuten, erreicht seine Ausstrahlung auch mich, wie abgeschwächt oder verändert sie mich auch immer treffen mag. Entscheidend an der Welt- und der Geistesgeschichte ist nicht, was war, sondern, was mich, den Heutigen, erreicht, was ich davon aufnehme und verarbeite und was am Ende von mir, der in diese Lichterkette eintritt, an widergespiegeltem Licht ausgeht.

Ich höre möglichst einfach zu. Ich nehme auch das ins mythologische Gewand Gehüllte und das Legendäre ernst und versuche, es zu verstehen. Denn was wir »mythisch« nennen oder »legendär«, ist nicht notwendig falsch oder entbehrlich. Das Bildhaft-Anschauliche ist vielmehr die Sprache, in der alles Religiöse ausgesagt werden muss, und es gibt keine andere. Auf alle Fälle werde ich allem, was dasteht, zumindest die Dignität und die Unangreifbarkeit eines originalen Ausdrucks von Erfahrung eines beteiligten Menschen zugestehen.

Die ersten Spuren

Er kommt aus einem abgelegenen Winkel der Welt

Zunächst einmal ist klar zu sagen: Jesus hat gelebt. Er ist eine Gestalt der wirklichen Geschichte. Wer das bestreiten will, muss persönliche Gründe haben. Die frühchristliche Wanderbewegung hatte ihre Kraft aus ihrem Ursprung. Die Berichte über ihn hatten ihren Hintergrund. Sie wären nicht erklärbar, stellte man sich vor, sie seien aus dem Nichts entstanden. Und Fantasie ist es auch nicht, wenn der jüdische Geschichtsschreiber Josephus aus dem Jahr 62 berichtet, der Hohepriester Hannas, der Jüngere, habe Jakobus, den Bruder des »so genannten Christus«, im obersten jüdischen Gerichtshof verhört. Nein, wer das geringste Gespür hat für geschichtliche Tatsachen, kommt niemals auf die Idee, Jesus sei ein Produkt fantasievoller Märchenerzählung. Jesus war eine Person der Geschichte so gewiss wie Kaiser Augustus oder Napoleon.

Als zweites ist zu notieren: Jesus war Jude. Jesus stand ganz und gar in der religiösen Überlieferung dieses Volkes. Seine Nachfolger mögen Gründe gehabt haben, mit ihrer Botschaft über die Ränder des Judentums hinauszugehen. Jesus selbst befindet sich klar innerhalb des Judentums. Es ist merkwürdig, dass man das immer noch und immer wieder betonen muss.

Er stammt aus einem Winkel Palästinas, dem Hügelland westlich des Sees Kinneret, aus dem kleinen Ort Nazaret. Was dieses Palästina heute ist und wie es dort zugeht, macht uns jede Nachrichtensendung deutlich: Scharen junger Menschen werfen mit Steinen, Soldaten schießen dagegen mit Tränengas und Gummigeschossen, fast täglich sterben die Opfer, Häuser werden abgeräumt, Autos von Bomben zerrissen. Und das mit Unterbrechungen praktisch seit Jahrzehnten. Ein Ende, ein Ziel, ein Friede ist nicht abzusehen.

Das Fest, an dem unsere Gedanken besonders gerne dort verweilen, ist der Geburtstag des Meisters. Und dieses Fest schildert mit seinen Krippenspielen und Weihnachtsliedern eine friedliche Welt, in der der große Friedensbringer Jesus von friedlichen Hirten willkommen geheißen wird. Aber Weihnachten eignet sich nur dann zur Familienidylle, wenn wir ganz und gar nicht wissen, was damals dort geschah. Denn so anders als heute ist die politische Szenerie jener Zeit nicht vorzustellen.

Nehmen wir an, Jesus sei im Jahr 7 vor unserer Zeitrechnung geboren. Darauf hat sich die Wissenschaft mittlerweile geeinigt. Wenn das zutrifft, dann verbringt er seine Jugend in einer brutalen Folge von Kriegen. Drei Jahre alt ist er, als in Galiläa ein Aufstand gegen den Sohn des Herodes, der sich nach dem Tode seines Vaters der Krone bemächtigen will, losbricht. Daraufhin marschiert der römische Feldherr Varus, derselbe, den wir aus der Schlacht im Teutoburger Wald, 13 Jahre später, kennen, mit drei Legionen, das heißt wohl etwa dreißigtausend Mann, ins galiläische Bergland ein. Im Zentrum des Aufstands liegt Sephoris, eine Stadt sechs Kilometer nordwestlich von Nazaret, aber es ist keineswegs das erste Mal, dass diese Stadt und ihre Umgebung einen Krieg erlebt. Einer Überlieferung nach stammten Marias Eltern von dort, und es wird erzählt, sie hätten flüchten müssen, als Maria ein Kind war, also wohl zehn Jahre früher, weil die Stadt von römischen Truppen geplündert und zerstört worden sei, und sie hätten sich danach in Nazaret niedergelassen. Varus also tut, was die Herrenvölker schon immer getan haben: Er zerstört die Stadt, und was das für die Bewohner auch der Nachbarorte bedeutet, ist hinreichend bekannt: Raub, Vergewaltigung, Brand, Folter, Vertreibungen, Massenkreuzigungen. Danach marschiert Varus nach Jerusalem und lässt unterwegs zweitausend Juden kreuzigen.

Dasselbe wiederholt sich, als Jesus zwölf Jahre alt ist, mit allen Gräueln, denn die Widerstandskämpfer der Juden finden sich nie damit ab, dass ihr Land von einer fremden Macht beherrscht und ausgebeutet wird. Aus den vielen Höhlen des Kalkgebirges ihrer Heimat heraus führen sie ihren Kampf, und immer endet er damit, dass man wieder ein paar von ihnen ergreift und umbringt. Aber das ist nicht alles.

Die Bibel erzählt: »Kaiser Augustus ordnete eine Steuerschätzung an.« Nichts gegen Kaiser Augustus. Er war einer der tüchtigsten und gerechtesten Herrscher der Alten Welt. Wenn man seine Herrschaft von oben her betrachtet, von seiner Hofhaltung oder seiner politischen Kraft her, dann ist seine Gestalt von geradezu religiösem Glanz umstrahlt. Sieht man sie von unten, wo die Menschen sind, wirkt sie nicht ganz so segensreich. Wenn erwähnt wird, es finde da eine »Schätzung« statt, und jedermann habe sich in seine Vaterstadt zu begeben, um seine Steuer festlegen zu lassen, so steht dahinter eine Gewaltmaßnahme von unvorstellbarer Brutalität.

Sie geschah in zwei voneinander unabhängigen Schritten: einmal in der »Aufschreibung«, das heißt der namentlichen Erfassung aller Personen, die über Grund- oder Hauseigentum oder sonstigen Besitz verfügten, zum anderen in der »Schätzung«, das heißt der Festlegung der Summe, die der Betreffende als Steuer abzuführen hatte. Die beiden Schritte konnten Jahre auseinanderliegen.

Eine Inschrift, die in Ankara gefunden wurde, berichtet, Augustus habe dreimal während seiner Regierungszeit diesen »Census« angeordnet: Im Jahr 28 vor Christus für die römischen Bürger, vom Jahr 12 an für die einzelnen Provinzen des Reiches, dazu zählt der im Jahr 8 vor Christus befohlene Zensus für »Syrien«, den Großraum zwischen dem Südrand von Anatolien und der Grenze Ägyptens, und im Jahr 14 nach Christus für das ganze Reich. Es stimmt also, was die Weihnachtsgeschichte erzählt: »Diese Schätzung war« – in diesem Raum – »die erste.« Da aber diese Steuererhebung die Bewohner des Reiches immer mit brutaler Härte traf, revoltierten im Jahr 12 vor Christus die Gallier, im Jahr 11 vor Christus die Dalmatier, im Jahr 10 vor Christus die Ägypter und so weiter.

Wie es aber bei der »Aufschreibung« zuging, berichtet der römische Schriftsteller Lactantius: »Die Zensoren erschienen allerorts und brachten alles in Aufruhr. Die Äcker wurden Scholle für Scholle vermessen, jeder Weinstock und Obstbaum wurde gezählt, jedes Stück Vieh jeder Gattung wurde registriert, die Kopfzahl der Menschen wurde notiert, in den autonomen Städten wurde die städtische und ländliche Bevölkerung zusammengetrieben, alle Marktplätze waren verstopft von herdenweise aufmarschierenden Familien, jedermann erschien mit der ganzen Schar seiner Kinder und Sklaven, überall hörte man die Schreie derer, die mit Folter und Stockschlägen verhört wurden, man spielte die Söhne gegen die Väter aus und presste die treuesten Sklaven zu Aussagen gegen die Herren, die Frauen gegen die Ehemänner. Wenn alles vergeblich durchprobiert war, folterte man die Steuerpflichtigen, bis sie gegen sich selber aussagten, und wenn der Schmerz gesiegt hatte, schrieb man steuerpflichtigen Besitz auf, der gar nicht existierte. Es gab keine Rücksicht auf Alter und Gesundheitszustand. Kranke wurden herbeigeschleppt und Gebrechliche, das Lebensalter wurde nach Schätzung notiert, das Alter der Minderjährigen heraufgesetzt, das der Greise herabgesetzt, alles war erfüllt von Kummer und Jammergeschrei.« Da auch Ehefrauen erscheinen mussten, entspricht der Bericht des Lukas durchaus der Rechtslage.

Das Jahr, in dem Jesus zur Welt kam, war darüber hinaus das Jahr einer schweren Krise im Lande der Juden. Herodes hatte ohne Erlaubnis des Kaisers einen Feldzug gegen ein Nachbarvolk unternommen. So nahm Augustus ihm den Rang eines »verbündeten Königs« und machte ihn zum bloßen Untertanen. Weil in diesem Zusammenhang nun von allen Bewohnern von Judäa, Samaria und Galiläa der Treueid dem Kaiser gegenüber als dem »Gott« des römischen Reiches gefordert wurde und dies dem Glauben der Juden widersprach – sie wollten nur einen Gott haben und nicht noch andere neben ihm –, kam es zu Massenhinrichtungen frommer Juden. Die Aufschreibung des Landes war mit diesem Glauben ebenso wenig zu vereinbaren. Der Jude sah sein Land als Eigentum Gottes an und die Aufschreibung als Übergriff. So kam es zu Aufständen. In eben jenen Tagen einer landesweiten politischen Erregung wandern Josef und Maria nach Betlehem. Auch das ist noch nicht alles: Im Jahr 14, als Jesus 21 Jahre alt ist, bricht eine neue Steuererhebung über das Land herein mit allen sozialen Folgen: Armut, Hunger, Verschuldung, Sklaverei. Die Verzweiflung der Menschen muss unermesslich gewesen sein.

Die Familie, in der er aufwuchs, war arm wie die meisten Bewohner dieses Landstrichs. Kaum jemand außer den wenigen Großgrundbesitzern hatte mehr als das Feld, das er bebaute, und darüber hinaus kaum mehr, als er auf dem Leib trug. Nazaret aber war ein kleiner Ort, in dem die Menschen mehr in Höhlen als über der Erde lebten. Man fand ungefähr 65 Höhlenwohnungen, die zum Teil drei Stockwerke übereinander aus dem Felsen gehauen waren. Und wenn von Josef gesagt wird, er sei ein Häuserbauer gewesen, so war er kein Zimmermann, wie man ihn auf altdeutschen Bildern gern malte, sondern einer, der Lehmhütten errichtete oder Wohnungen aus dem Felsen schlug. Ernst Bloch hat mit Recht gesagt: »Eine so geringe Herkunft des Stifters einer Religion wird nicht erfunden. Die Sage macht keine Elendsmalerei und sicher keine, die sich ein Leben lang fortsetzt. Der Stall am Anfang und der Galgen am Ende – das ist aus geschichtlichem Stoff.« Hätte man Jesus aus mythischem Stoff gemacht, so wäre er gewiss ein Königssohn gewesen, wie es Buddha war.

Wer als Tourist nach Nazaret kommt, hat die Vorstellung im Herzen, die die altdeutschen Maler ihm seit Kindertagen vermittelt haben. Er denkt an die friedliche Zimmermannswerkstatt, die stillen, bescheidenen Häuser, die sanften, grünen Hänge, an denen das Kind Jesus spielte, oder den schattigen Weg unter Bäumen, den Maria mit dem Krug zum Brunnen ging. Was er antrifft, ist ein ratterndes Touristenzentrum mit von Autos verstopften Straßen, dazwischen Händler mit den üblichen Andenken drittklassigen Geschmacks, Reklamen, Wellblech, wahllos kreuz und quer gezogene elektrische Leitungen und vergraute Fassaden eines ehedem gewiss nicht unfreundlichen Ortes. Das idyllische Nazaret der deutschen Maler ist es nicht. Es ist so nie gewesen. Es war schon immer ein Wunschtraum der deutschen Seele.

Aber auch das Nazaret der Kirchen täuscht. Es ist nicht leicht zu verstehen, warum der stille, der Welt entrückte

Vorgang, von dem die Bibel in der zarten Geschichte von der Verkündigung an Maria erzählt, warum die Kindheit Jesu in den Höhlen von Nazaret, warum die Menschwerdung Gottes unter den Ärmsten dieser Welt eines so monumentalen Überbaus wie der neuen Kathedrale bedarf.

Wenn es also auch die Kathedrale nicht ist, wo findet der ratlose Besucher noch etwas von Nazaret? Er findet es allenfalls in den Höhlen und Löchern in dem Felsen, auf dem die Hütten des alten Nazaret standen. Er findet es tief in der Erde unter der triumphierenden Architektur. Und mag es auch nicht nachzuweisen sein, dass diese Höhle, die man als die Höhle der Heiligen Familie bezeichnet, dem Kind Jesus als Heimat gedient habe – in den Löchern, die noch hier und dort zugänglich sind, war er zu Hause.

Aber liegt für uns etwas daran, ob Jesus in der Grotte unter der Geburtskirche zur Welt kam oder anderswo? Ob er in dem Felsgrab in der Rotunde der Grabeskirche zur Ruhe gebettet wurde oder anderswo? Uns heutigen Europäern liegt es nahe, zu sagen: nein. Nichts liegt daran. Es ist gleichgültig. Und doch: Was wissen wir von Geschichte, solange uns an der Geschichte nur Zahlen und Fakten interessieren und solange wir von ihnen aus unser Urteil über das innere Wachsen und Werden, das Leben und Sterben von Menschen, von Völkern, von Kulturen und Religionen bilden? Wir kommen als Touristen nach Israel und finden Betlehem oder die Grabeskirche in Jerusalem degoutant, weil uns die Frömmigkeit der Menschen, die dort leben, nicht auf der Höhe unserer Bildung zu stehen scheint. Und so sind wir immun gegen die Wahrheit, die an einem Ort und seiner Atmosphäre, seiner Dichte und Konkretheit erfahren werden kann, etwa auch die Wahrheit von der Geburt im

Stall, der nachzudenken gerade für uns Abendländer hilfreich wäre.

Viel mehr als seine Herkunft aus ärmlichen Verhältnissen und als sein Ende durch eine brutale Hinrichtung wissen wir nicht. Er ist sozusagen plötzlich da. Er redet. Er wirkt als Heiler. Er kämpft gegen allerlei Missstände. Er scheitert und wird beseitigt. Nichts wissen wir über seine Vorbildung. Nichts wissen wir über seinen Familienstand, ob er ledig oder verheiratet war und ob er vielleicht Kinder hatte. Alles ist möglich. Nur wenige Namen von Orten werden genannt, in denen er aufgetreten sei. Einigermaßen fest steht nur, dass er sich von seiner Familie unabhängig gemacht hat und dass alles, was er sagte oder tat, von einem deutlichen »Zug nach unten« bestimmt war, zu den sozial Schwachen, den Ausgegrenzten, den Leidenden des Leibes und der Seele.

»Die Herren der Welt haben den Christus nicht erkannt«, schreibt Paulus. Und Ernst Bloch: »Wären statt der heiligen drei Könige Konfuzius, Laotse und Buddha aus dem Morgenland zur Krippe gezogen, so hätte nur einer, Laotse, die Unscheinbarkeit des Allergrößten wahrgenommen, obzwar nicht angebetet.« Konfuzius und Buddha stammten aus der Oberschicht und hatten eine für die Oberschicht ihrer Gesellschaft charakteristische Weltsicht. Laotse allein blieb der unauffällige Einzelne im Unterwegs. Für Jesus ist die Unscheinbarkeit das Bezeichnende, die Armut, die soziale Niedrigkeit; aus diesem engen Raum heraus aber erwächst seine universale Bedeutung für die Menschheit dieser Erde.

Die beherrschende Frage jener Zeit war: Wie überlebt man das Elend?

Wie überlebt man eine so blutige Zeit von Hunger und Elend? Das war die Grundfrage, die durch das Land ging und die Menschen spaltete. Die Parteien und Gruppen jener Zeit gaben je ihre charakteristischen Antworten. Vier davon sind zum Verstehen der Geschichte Jesu vor allem wichtig.

Die erste Antwort war: unauffällig leben. Sich politisch nicht exponieren. Sich zurückziehen in den privaten Raum, in eine das ganze persönliche Leben erfassende Frömmigkeit, und das Heil nicht von der Gegenwart, sondern von der Zukunft erwarten. Die so dachten, waren die »Pharisäer«. Das Wort bedeutet: die sich herauslösen, sich absondern. Diese Frömmigkeit im Abseits hatte das charakteristische Merkmal, dass sie sich um das überlieferte Gesetz bemühte und hoffte, wenn man es nur peinlich genug erfüllte, werde Gott diesem Volk am Ende doch noch eine Zukunft eröffnen. Die Pharisäer waren keineswegs nur die Heuchler, als die sie in der polemischen Sicht der christlichen Berichterstatter erscheinen, sondern vor allem ernst und diszipliniert lebende Menschen. Sie waren zum Großteil Bauern oder Handwerker, wie man sie bis zum heutigen Tag in den Synagogen Obergaliläas die Bibel oder die Kabbala studieren sieht. Sie waren es, die im Gegensatz zum Priestertum am Tempel den laizistischen Typus des »Schriftgelehrten« hervorbrachten, und sie wurden in der Folgezeit zu den Vätern der jüdischen Orthodoxie. In ihren Kreisen galt eine große Freiheit der Schriftauslegung, aber auch eine sehr offene und mitunter harte Streitkultur. Wir nehmen heute an, dass Jesus und seine Familie diesen Kreisen angehörten. Dass Jesus sie zugleich aufs schärfste angriff, ist kein Widerspruch dazu.

Ganz anders die Antwort, die eine andere Gruppierung gab: die »Sadduzäer«. Sich anpassen war die Parole; dadurch das Vertrauen der Römer, Einfluss und begrenzte Macht gewinnen, so dass die Dinge nicht gar so blutig abliefen und wenigstens Ordnung im Lande herrschte. Diese Gruppierung stellte die Priester am Tempel in Jerusalem, sie war die soziale und politische Oberschicht. Die Römer verließen sich auf ihre Loyalität, und die Sadduzäer vermieden alles, was nach Widerstand aussah. Ihre politische Rolle war ihnen oft wichtiger als ihre religiöse Funktion. Aber das schiedlich-friedliche Zusammenleben mit den Römern, das sie forderten, war der Grund, dass sie im Volk unbeliebt und weitgehend verachtet waren. Ihre Partei dürfte es vor allem gewesen sein, die den Prozess gegen Jesus in einer Nacht- und Nebelaktion durchzog. »Es ist besser, es stirbt einer, als dass das ganze Volk verdirbt«, sagte einer. Ruhe war ihm die erste Bürgerpflicht.

Wie überlebt man? Eine dritte Antwort gaben die »Essener«: Man ziehe sich aus allem heraus, auch aus dem normalen wirtschaftlichen und regionalen Zusammenhang, in dem die anderen blieben. Man gehe in die Wüste und lebe dort nach eigenen Gesetzen, klosterähnlich, als ein Verband von Mönchen mit angeschlossenen Laien. Ob sie tatsächlich mit dem Wüstenkloster Qumran am Toten Meer in Verbindung zu bringen sind, erscheint inzwischen fraglich. Dass Jesus selbst ihren Kreisen angehört habe, dürfte widerlegt sein. Freilich gab es im ganzen Land eine Art essenischer Peripherie, Sympathisanten also ihres Versuchs.

Wie kann dieses Volk noch ein Zukunft haben?, fragte eine vierte Gruppe: die »Zeloten«. Indem man widersteht und zwar mit allen Mitteln, auch wenn man keine Chance hat, den Feind aus dem Land zu jagen. Sie wollten ein freies Israel, das aber war nach ihrer Meinung nur zu erreichen durch einen rücksichtslosen Partisanenkrieg, durch eine »Intifada«, sagen wir heute. Man nannte sie auch »Sikarier«, nach dem lateinischen Wort sica, dem Dolch, den sie im Gewand trugen. Sie galten als die eigentlichen Nationalhelden. Nicht selten endeten sie am Kreuz, und sie waren darauf gefasst und darauf vorbereitet, diesen Tod zu erleiden. Manches, was Jesus über das »Auf-sich-Nehmen des Kreuzes« oder auch über Gewaltbereitschaft und Gewaltverzicht gesagt hat, ging in Richtung auf diese Partei, die wohl auch im Jüngerkreis durch den einen oder anderen vertreten war.

Man mag zu diesen vier Gruppen noch die der »Ebionim« oder »Anawim« als fünfte hinzuzählen. Sie waren die »Armen« im sozialen wie im geistigen Sinn, die von Priestern wie von Pharisäern verachteten »Leute vom Lande«, wie man sie nannte, die ohne Schulbildung heranwuchsen, die vom Gesetz der Juden keine Kenntnis und an seiner Erfüllung kein Interesse hatten. Es waren die »Armen«, die Jesus vor Augen hatte, wenn er sagte, er sehe sie vor sich wie Schafe, die keinen Hirten haben, verlassen und verwahrlost. Sie dürften die gewesen sein, die unter den Brutalitäten jener Zeit am wehrlosesten zu leiden hatten. Von ihnen ist in Johannes 7,49 die Rede, wenn dort ein Pharisäer sagt: »Verflucht sei dieser gottlose Pöbel, der das Gesetz nicht beachtet. Nur er ist es, der Jesus anerkennt.«

Zu ihnen mag man eine andere Gruppe von Ausgegrenzten zählen: Die »Samaritaner« oder »Samariter«, die im 7. Jahrhundert vor Christus als Angehörige eines fremden Volks von den Assyrern in die Mitte des jüdischen Siedlungsgebietes verpflanzt worden waren und die von den Juden nie als ihresgleichen angesehen wurden. Sie wollten Juden sein, aber sie hielten sich wie die Sadduzäer nur an die Tora im engeren Sinn, die fünf Bücher Mose, und sie hatten ihr Zentrum nicht in Jerusalem, sondern auf dem Berg Garizim beim heutigen Nablus, dem alten Sichem. Jesus selbst hatte ein zwiespältiges Verhältnis zu ihnen: Zum einen wies er seine Jünger an, mit ihrer Botschaft nicht zu den Samaritern zu gehen, zum andern hob gerade er die übliche Distanz zu ihnen so sehr auf, dass er einen Samariter in seinem Gleichnis zum Muster eines liebenden Menschen machen konnte.

Dazu kommt noch die Gruppe, die das Neue Testament die »Herodianer« nennt (Markus 3,6), der Hof des Herodes Antipas in Tiberias und seine Beamten im Land, von denen gesagt wurde, sie trachteten Jesus nach dem Leben. Von diesem Herodes spricht Jesus als von einem »Fuchs«, und er meint nicht den Listigen, sondern das Raubtier; die Pharisäer nannten ihn einen »Narren«, und sie meinten damit einen Bösewicht.

Zwischen all diesen Gruppen hat Jesus sich bewegt. Mit allen hatte er zu tun, im guten wie im gefährlichen Sinn. Eine sehr eigene Position aber innerhalb des sozialen und religiösen Gefüges nahm eine Einzelgestalt ein: der prophetische Prediger, den wir den »Täufer« nennen und in dessen Umkreis wir Jesus zum ersten Mal wahrnehmen. Dieser Johannes gehörte – wie auch die Essener, Jesus selbst und viele Pharisäer – jener breiten Strömung an, die man bisher, ohne sie genau fassen zu können, die »jüdische Apokalyptik« nannte. Das war jenes endzeitliche Denken, das die Gegenwart als die Zeit einer Krise sah, die Zukunft als eine Folge von Katastrophen und das Ende der Geschichte als ein göttliches Gericht, dem zuletzt für die Gerechtgesprochenen die Herrlichkeit des Gottesreichs folgen sollte, das den Mächten der Erde das Ende, den Treuen aber den Frieden und die Gerechtigkeit bringe. Im Mittelpunkt dieser Vorstellungen war eine Gestalt gedacht, die all das repräsentierte und bewirkte, eine Heilbringergestalt, die man den Messias nannte, den Gesalbten Gottes, der mit königlicher oder priesterlicher Würde ausgestattet war. Die ganze Erwartung derer, die so auf das Ende der Dinge hin lebten, galt ihr. Woran würde man ihn erkennen, wie würde er auftreten, als religiöse Gestalt oder als politische? Man dachte beides. Und so wurde auch an Johannes die auf diese Gestalt hin gezielte Frage gestellt: »Was sagst du von dir selbst, wer du bist?« Und an Jesus stellt Johannes seinerseits die Frage: »Bist du der, der kommen soll, oder sollen wir auf einen anderen warten?« Johannes selbst sah sich, jedenfalls in der Sicht der christlichen Berichterstatter, als Vorboten, als Ankündiger, dessen Aufgabe darin bestand, Menschen zu gewinnen, die bereit waren, diesen »Messias« oder »Christus« bei seinem Kommen zu empfangen und bei seinem Werk zu unterstützen. Zur Vorbereitung reinigte er sie mit einer Taufe im Jordan.

Eine gewisse Zeit lang muss Jesus sich in seinen jüngeren Jahren im Umkreis des Johannes aufgehalten haben. Er wurde von ihm getauft, war also sein Anhänger, und er trennte sich später von ihm, als er seine eigene Arbeit aufnahm. Das muss nicht im Streit geschehen sein; es geschah wohl einfach deshalb, weil Jesus sich zu seinem eigenen Auftrag berufen wusste und weil er sich in vielem von Johannes sehr unterschied. Johannes war ein Asket, der weder Brot aß noch Wein trank. Jesus aber ließ sich um der fröhlichen Gastmahle willen, die er mit den Armen von Galiläa feierte, einen »Fresser und Weinsäufer« schelten. Johannes war ein strikter Moralist, Jesus war die Gemeinschaft mit den um ihrer Unmoral willen Ausgegrenzten wichtiger als die Moral; er galt als »der Sünder und Zöllner Geselle«. Auch einige aus dem Kreis der Jünger scheinen ursprünglich zum Jüngerkreis des Johannes gehört zu haben und später zu Jesus übergewechselt zu sein.

Wofür wollte Jesus eintreten?

Von hier aus gehen wir aber nun keineswegs nach Galiläa, um mit seinem Wirken zu beginnen, sondern zuerst in die Wüste, die an der Stelle, an der Johannes taufte, beginnt. Diese Steppen- und Wüstengebiete des Nahen Ostens habe ich immer wieder aus ganzer Seele genossen. Denn wer sich selbst finden will, dem empfehle ich nicht den Palmenstrand am Meer, sondern die wirkliche Wüste. Er sollte ein paar Wochen lang allein sein zwischen Sand und Felsen. Bei Jesus waren es vierzig Tage.

Eine Wüste führt uns rasch an unsere Grenzen. An die Grenze unserer Kräfte. An die Grenze auch zwischen Leben und Tod. An die Grenze zu allem, was über unsere vordergründige Wirklichkeit hinausliegt. Sie fordert eine Wachheit, eine Aufmerksamkeit, wie kaum irgend sonst eine Landschaft. Allein sein in der Wüste kann auch in eine tiefe Panik führen. Ein Afrikaner beschrieb diese Panik der Verlassenheit und Einsamkeit in einem kurzen Gedicht:

Irgendwer ist besser als niemand.
In dürrer Dämmerung ist sogar die Schlange,
deren Spirale Schrecken zeichnet in den Sand,
besser als niemand in diesem öden Lande.

Alleinsein mit sich selbst. Man lernt, mit sich selbst zu reden, weil man sonst niemanden hat. Man begegnet sich selbst an der Grenze und erkennt sich selbst in irgendeinem trockenen Busch oder irgendeinem Felsklotz. Um diese Begegnung an den Grenzen des eigenen Menschen mit dem Fremden, ganz Anderen, Feindlichen geht es in der Geschichte von der Versuchung Jesu in der Wüste.

»Danach trieb der Geist Gottes Jesus in die Wüste. Er fastete dort vierzig Tage und Nächte, bis der Hunger übermächtig wurde. Da trat der Versucher an ihn heran und flüsterte ihm ein: ›Bist du wirklich der Sohn Gottes? Dann sprich ein Wort, und aus diesen Steinen wird Brot!‹ Jesus gab zur Antwort: ›In der Schrift steht: Der Mensch lebt nicht vom Brot allein, sondern von jedem Wort, das Gott zu ihm spricht.‹ Da nahm der Teufel ihn mit sich in die heilige Stadt, stellte ihn auf das Dach des Tempels, hart an den Rand, und sagte: ›Bist du wirklich Gottes Sohn, dann spring hinab! Gott hat doch gesagt, er werde seine Engel senden, die würden dich auf Händen tragen, und du würdest deinen Fuß an keinen Stein stoßen.‹ Jesus antwortete: ›Es steht geschrieben: Du sollst dich nicht über Gott, deinen Herrn, erheben, indem du ihn herausforderst!‹ Zuletzt trug ihn der Teufel auf einen sehr hohen Berg und zeigte ihm alle Reiche der Welt mit ihrem Glanz und mit all ihrer Macht: ›Das alles will ich dir geben, wenn du niederfällst und mir auf den Knien huldigst!‹ ›Weg mit dir, Satan!‹, fuhr ihn Jesus an, ›die Schrift sagt: Gott allein sollst du anbeten und niemanden sonst.‹«

Die Geschichte wird zweimal erzählt, bei Matthäus und bei Lukas (Matthäus 4,1–11 und Lukas 4,1–13). Bei Matthäus schließt sie: »Da ließ der Teufel von ihm ab, Engel aber kamen, um ihn zu versorgen.« Bei Lukas lautet ihr Schluss: »Da verließ ihn der Teufel am Ende und hielt sich von ihm fern bis zu gelegener Zeit.« Dieser Schluss ist wichtig: »Bis zu gelegener Zeit.«

Dieser Geschichte ging eine andere voraus. Die erzählt, wie Jesus seine Berufung erkannte, im Namen Gottes zu den Menschen zu gehen und ihnen eine Botschaft von Gott zu sagen. Die Geschichte von seiner Taufe im Jordan. Nun also geht er in die Wüste, um sich die ganze Ungeheuerlichkeit dieses Auftrags vor Augen zu führen.

Es ist nicht anzunehmen, sie habe sich so, wie sie berichtet wird, an einem bestimmten Tag abgespielt, und auch nicht, die Evangelisten hätten sie sich so vorgestellt. Nein, in solche Erzählweise fasste man von jeher Vorgänge, die sich ständig während eines Lebens wiederholen, die man aber nicht immer wieder neu schildern wollte. In ihr formulierte man, was ein Leben lang sich abspielt, was ein Leben lang erfahren oder erlitten wird, was immer wieder geschieht oder droht. Denn das dürfte die Frage gewesen sein, mit der Jesus sich während der ganzen Zeit seines öffentlichen Wirkens täglich auseinanderzusetzen hatte: Was will ich tun mit den Kräften, die mir gegeben sind? Als wer oder was will ich von den Menschen angesehen sein? Welche Hilfen will ich ihnen schaffen? Welche Ziele lohnen den Einsatz meines Lebens? Was will Gott von mir? Und was will eigentlich ich selbst? Und diese Fragen waren ständig begleitet von der Versuchung, die konkretere Hilfe zu leisten oder seine Vollmacht so zu beweisen, wie die Menschen sie verstehen konnten, und sich am Ende als König einsetzen zu lassen.

Und da hört er also: Du sollst ein Wohltäter der Menschen sein. Du musst das Brot schaffen, von dem die Menschen leben können. Den sozialen Wohlstand. Gerechtigkeit. Brot zum Essen – was sonst?

Die Menschen aber müssen den Boten Gottes an dir erkennen. Dann musst du ihnen zeigen, dass du mehr kannst als andere. Zeige ihnen deine wunderbaren Fähigkeiten! Fliege vom Dach des Tempels hinab ins Tal.

Die Menschen brauchen Frieden. Sie brauchen Gerechtigkeit. Also suche die politische Macht. Als Einzelner wirst du nichts erreichen. Nur die Macht ändert die Verhältnisse.

Diese drei Überlegungen werden hier in kurzen Redewechseln zusammengefasst, auch wenn sie tagelang hin- und hergegangen sein dürften. Und unsere Geschichte urteilt so: Das alles sind verlockende, sinnvolle Gedanken. Es lässt sich viel für sie sagen. Aber sie sind Abwege. Sie führen dich ab von deinem Auftrag. Sie verlocken dich, deinen eigenen Gedanken nachzuhängen, statt dem Willen Gottes zu entsprechen.

Jesus antwortet sich selbst so, dass er sich bei jeder dieser Fragen auf eine Weisung Gottes, auf die Logik seines Glaubens beruft. Und unsere Geschichte schließt insofern sehr befriedigend, als sie den Anschein erweckt, damit seien diese drei Irrwege ein für alle Mal ausgeschlossen und erledigt. Aber wir wissen aus dem, was wir sonst in der Bibel lesen, dass sie Probleme, die ein ganzes Leben etwa des Propheten Elia durchzogen, in einer kurzen Geschichte zusammenfasst. Dass sie also in einem kurzen Redewechsel konzentriert sagt, was in einem ganzen Leben immer wieder zu tun oder zu erleiden war.

Und dass Jesus diese Versuchungen nicht in einem einzigen Anlauf überwunden und hinter sich gelassen hat, wird sehr deutlich beim letzten Abendmahl, als er seinen Jüngern für ihre Treue dankt. Da sagt er: »Ihr habt bei mir ausgeharrt in meinen Versuchungen« (Lukas 22,28). Aber die Jünger waren in der Wüste bei dem Gespräch mit dem Teufel ja noch gar nicht dabei. Was waren das also für Versuchungen? Es dürften Versuchungen der Art gewesen sein, wie sie in unserer kurzen Geschichte angedeutet sind.

Während er das Elend und die Armut in den Dörfern seiner Heimat vor Augen hatte, dürfte ihn diese Vorstellung verfolgt haben: Eigentlich muss ich diesen Ärmsten hier in den Hütten zuerst Brot schaffen. Wie Bert Brecht sagt: »Erst kommt das Fressen, dann kommt die Moral.« Also Brot für alle. Brot aus den Steinen, die hier überall auf den Äckern liegen. Wenn ich doch im Auftrag Gottes handle, dann muss die soziale Gerechtigkeit mein erstes Ziel sein. Das Überleben der Menschen. Nicht irgendwelche frommen Gedanken.

Und während er als der unbekannte Wanderprediger durchs Land zog und die Menschen heilte, also die besondere Kraft entdeckte, die in ihm war, muss er sich doch gefragt haben: Wie kann ich erreichen, dass die Menschen die Nähe Gottes begreifen, die in mir zu ihnen kommt? Müsste ich nicht Wunder über Wunder tun? Müsste ich ihnen nicht die Augen öffnen für die größere Welt, von der ihre kleine Welt umgeben und durchdrungen ist? Vielleicht nicht gerade von den Mauern des Tempelplatzes frei in die Tiefe fliegen, aber Dinge tun, durch die sie erkennen, wer ich bin und wie wichtig das ist, was ich zu sagen und zu bringen habe? Vielleicht damit, dass ich ihre Krankheiten und Gebrechen heile? Denn sie sollen doch

Hoffnung fassen in ihrer tristen Lage, Hoffnung auf ein Gottesreich, das anders ist als alle Reiche dieser Erde.

Wenn aber alles fehlschlüge? Wenn sich beides, der Traum von der Gerechtigkeit für die Armen oder der Traum vom kommenden Gottesreich als illusorisch erweisen sollte – was könnte ich dann tun? Diese Menschheit versteht vor allem die Sprache der überlegenen Macht. Sie versteht den Aufmarsch militärischer Kolonnen, aber nicht die sensible Wahrheit von Zielen, die ohne Gewalt zu erreichen sind. Muss ich nicht in die Politik gehen? Muss ich nicht das Schwert nehmen und mir die Mittel der Machtpolitik aneignen? Die Phrasen der politischen Leitwölfe aus dem politischen Leben hinausschaffen und die Menschen begeistern für ein ehrliches, irdisches Reich, mit dem all ihre Probleme gelöst werden können?

Ähnliche Entscheidungsfragen wie die, die Jesus bedrängten, trafen auch Buddha oder Zarathustra. Und ähnliche Fragen stehen vor jeder Kirche heute: Was ist wichtig? Unsere gesellschaftliche Geltung? Unsere sittlichen Werte? Unsere sozialen, unsere kulturellen Leistungen? Unsere Unentbehrlichkeit für den Staat, in dem wir zu leben haben? Oder unser Auftrag am Wort Gottes in seiner ganzen, nirgends populären Unbedingtheit?

Wenn wir danach das Vaterunser verstehen wollen, so muss unser Augenmerk darauf gerichtet sein, dass Jesus die drei Fragen des Teufels mit einem dreifachen »Dein« beantwortet: »Dein Name soll mir heilig sein. Dein Reich ist das einzig Wichtige. Dein Wille ist das einzig Maßgebende.« Und wir dürfen annehmen, dass ihm eine solche Antwort nicht einfach als höfliche Anrede an Gott von den Lippen gegangen ist, sondern als je neue harte Entscheidung an jedem Tag seines Wirkens.

Ist uns das öffentliche Ansehen unserer Kirche das Wichtige? Oder wissen wir noch, dass wir einer ganzen Menge an öffentlicher Verachtung begegnen werden, wenn wir genau bei unserem Auftrag bleiben? Welche Rolle spielen unter uns die zauberhaften Gewänder, die herrlichen Rituale, mit denen wir den Menschen unseren himmlischen Auftrag vor Augen führen, in die die Menschen sich so gerne kuscheln? Die Würden und Ämter und Titel, die zeigen sollen, dass einer, der diesen Titel trägt, sicherlich ganz dicht mit Gott zu tun hat?

Und zum Dritten: Welche Rolle spielt der politische Einfluss der Kirche? Kein Zweifel: Er ist nützlich. Man kann eine Menge damit bewirken. Für viele Journalisten sind das einzig Interessante an den Kirchentagen die Politiker, die sich da einfinden. Und wie gehorsam werden wir dabei der politischen Macht gegenüber? Den Zeitströmungen? Und wissen wir noch, wie abseits aller Macht Jesus gelebt hat? Und dass seine arme, wehrlose Gestalt das Muster ist, dem wir miteinander nachzuleben haben?

Und vielleicht finden wir von hier aus auch Zugang zu den offensichtlichen Widersprüchen in seinem Leben und seinen Worten. Ich vermute, dass die Irrwege, die ihm der Teufel zeigt, nie ein für alle Mal ausgeschlossen und vermeidbar waren, als Jesus nach Galiläa ging, sondern dass ihn die Auseinandersetzung mit der Verständnislosigkeit und der Feindseligkeit vieler Menschen unter seinen Zuhörern immer wieder an den Rand solcher Alternativen brachte. Immer wieder zeigen sich die Spuren.

Es ist doch, wie gesagt, sehr bezeichnend, dass unsere Geschichte bei Lukas so endet: »Da verließ ihn der Teufel und hielt sich von ihm fern bis zu gelegener Zeit.«

Da hat Jesus an den Hängen des Golan die Menschen

mit wenig Brot satt gemacht Dann wollten sie ihn zum König ausrufen, er aber stößt sie vor den Kopf mit der ihnen völlig unverständlichen Umdeutung dieses Brots auf sich selbst: »Ich bin das Brot, das euch das Leben gibt.« So als sollte diese Speisung der vielen nichts mehr bedeuten. Und sie gehen kopfschüttelnd davon.

Da hat er eben einen Menschen geheilt, da wischt er das Wunder sofort wieder aus und geißelt seine Zuhörer mit dem Vorwurf, sie wollten immer nur Wunder sehen. Es gehe aber nicht um Wunder. Da reitet er feierlich mit seinem Gefolge in die Stadt Jerusalem ein, obwohl oder weil er weiß, dass dieser Auftritt von den Festpilgern als das Kommen eines politischen Heilbringers missverstanden werden muss, aber danach erfüllt er nichts von den Erwartungen, die die Menschen auf ihn gesetzt hatten.

Noch im Garten Getsemani weiß er: Mein Schicksal kommt mir zu aus dem Willen meines Vaters im Himmel. Und schon bei seiner Gefangennahme ist es plötzlich der Teufel, der ihm sein Schicksal zumutet. Da sagt er plötzlich: »Das ist eure Stunde! Hier hat das Reich der Finsternis die Macht.«

Der Hebräerbrief fasst alles zusammen in dem Wort: »Er hat Versuchungen erlitten genau wie wir.« Die Gefahr, dass er auf einen Abweg geriet, blieb bis zuletzt gegenwärtig. Immer wieder muss er sich klarmachen, was er eigentlich soll. Nein, Jesus war sich seiner selbst und seines Auftrags keineswegs so sicher, wie wir es von einem Beauftragten Gottes erwarten möchten. Das Dogma sagt: Er war ein »wahrer Mensch«. Ein Mensch wie wir. Das Besondere an ihm war, dass er den Gefährdungen, die uns Menschen ständig bedrohen, nicht erlegen ist.

Da hat er gesagt: »Widersteht nicht dem Bösen« und »Wer das Schwert zieht, der wird durch das Schwert umkommen«, und ein andermal sagt er: »Wer keine Waffe hat, verkaufe seinen Mantel und kaufe ein Schwert«; und er zeigt sich befriedigt darüber, dass zwei Schwerter zu seinem Schutz und dem Schutz der Seinen vorhanden sind (Lukas 22).

Nein, Jesus war »kein ausgeklügelt Buch«, sondern ein Mensch mit seinen inneren Mühen und Zweifeln, ein Mensch, der ständig vor der Notwendigkeit stand, die jetzt richtige und angemessene Entscheidung zu treffen. Die Versuchung durch den »Teufel« dürfte ihn wohl oft berührt haben. In ihr aber, das gilt es zu erkennen, berührte ihn nicht der Teufel, sondern der Mensch in ihm selbst. Ihn berührten seine eigenen Wünsche und Gefährdungen. Und wenn er danach Worte von Gott zitiert, so bringt er damit nicht die Reden des Teufels, sondern sich selbst dem Willen Gottes zum Opfer.

✾

Aber wir stellen eine zweite Frage: Noch etwas ganz anderes deutet sich in unserer Geschichte an. In unzähligen Geschichten der Bibel und anderen Dokumenten der geistigen Tradition bis hin zu Sagen und Märchen geht es immer um drei Stufen. Und erst die dritte bringt den Höhepunkt. Die eigentliche Aussage. Sie fangen mit einer einfachen Szene an, gehen weiter zu einer schwierigeren und enden mit einem tiefen Rätsel oder mit einer glücklichen Lösung. Nicht die erste bringt die entscheidende Erkenntnis und nicht die zweite, sondern erst die dritte. Nun fällt uns aber auf, dass die Reihenfolge der drei Versuchungen bei Matthäus und Lukas nicht dieselbe ist. Matthäus, der nach Lukas sein Evangelium schrieb, bringt das Brot, dann das Fliegen vom Tempel, am Ende die Macht. Für ihn ist also die politische Macht die entscheidend gefährliche Versuchung. Lukas vertauscht die zweite und die dritte. Er beginnt mit dem Brot, geht weiter über die politische Macht und zielt am Ende auf den Sprung vom Dach des Tempels. Was also ist für Lukas die letzte und härteste Versuchung, mit der Jesus zu tun hat?

Was ist der Sinn dieser Versuchung? Soll es die Versuchung sein, ein Wunder vorzuführen? Diese Art Zauberei kann es eigentlich nicht sein, das Wunder wurde bei der ersten Versuchung bereits abgeschmettert. Es muss etwas anderes gemeint sein. Was ich jetzt sage, das ist meine Vermutung. Es ist mir trotzdem wichtig, weil es auf das Bewusstsein Jesu und seine ganze Mühe mit seinem öffentlichen Wirken ein scharfes Licht werfen könnte, wenn es zuträfe.

Zunächst einen Blick zur Seite: Als Elia, der große Prophet, erkannte, dass alle seine Arbeit vergeblich sein würde, ging er eine Tagereise weit in die Wüste, setzte sich unter einen Wacholder und wünschte zu sterben. Und er sprach: »Es ist genug. Nimm, Herr, mein Leben von mir. Ich tauge nicht zu mehr als alle vor mir.« Legte sich hin und schlief ein.

Als Paulus an denselben Punkt kam, an dem ihn die Vergeblichkeit seiner Arbeit überfiel, als er sozusagen in der praktischen Sinnlosigkeit seines Wirkens unterging, schrieb er: »Ich möchte sterben und bei Christus sein. Das wäre bei weitem das Beste. Aber euretwegen ist es besser, ich bleibe hier« (Philipper 1,21–24).

Wer jedenfalls wie Jesu seinem Volk einen heilvollen Weg zeigen will und zugleich weiß, dass dieses Volk ihn nicht gehen wird, wer so über die ganze Zeit seines Wirkens gegen den Unverstand kämpft, wer so mühsam immer nur kleine Schritte tun kann und weiß, dass er sie alsbald wieder zurücknehmen muss, wer so genau sieht wie Jesus, dass ihm ein täglich wachsender Hass entgegenschlägt und aller Einsatz und alle Liebe vergeblich bleiben werden – wer andererseits weiß, dass seine eigene Zukunft letztlich ganz anderswo liegen wird als auf dieser Erde und zwischen ihren Mächten, wer weiß, dass es eine Heimkehr zum Vater geben wird – wie sollte der nicht täglich nach dieser Alternative Ausschau halten, den Ausweg suchen aus Unheil und Gefahr und Vergeblichkeit? War es nicht vielleicht doch die Stimme nicht des Teufels, sondern Gottes, des Vaters, die ihm sagte: »Spring von der Zinne des Tempels.« »Ich werde meinen Engel senden; du wirst deinen Fuß nicht an einen Stein stoßen.« »Spring! Die ganze Mühsal wird von dir abfallen! Im selben Augenblick wirst du bei mir sein!« Mir scheint es jedenfalls durchaus vorstellbar, dass die Möglichkeit, den großen Ausweg in die Freiheit über den eigenen Tod zu suchen, Jesus mehr bedrängt hat, als die Chance der Weltherrschaft ihn faszinieren konnte.

✽

Und so sehe ich ihn durch die Dörfer Galiläas wandern. Ich höre ihn angesichts der Hoffnungslosigkeit seines Bemühens ausrufen: »O diese Menschheit! So unfähig zum Glauben! So verwirrt und verbohrt! Wie lange soll ich noch bei euch sein? Wie lange soll ich euch noch tragen?« (Matthäus 17,17). Und ich höre, wie er auf sein kommendes Leiden hinweist und Petrus ihn beschwört, diesen Weg doch ja nicht zu gehen. Da steht Jesus ihm gegenüber wie dem Teufel in der Wüste und fährt ihn an: »Verschwinde, du Satan! Du Versucher! Du bist mir im Weg!« Und den übrigen Jüngern zugewandt, fährt er fort:

»Wer zu mir gehören will, der denke nicht an sich selbst und sehe von seinem eigenen Leben ab. Er nehme den Kreuzbalken, an den sie ihn hängen werden, auf seine Schulter und folge mir nach.« Hatte Jesus nicht beide Tode vor Augen: Den, der ihm drohte, und den, der ihn verlockte? Wäre es nicht erlösend gewesen, »auszusteigen« und sich dem Glück des selbst gewählten Verschwindens zu überlassen?

Natürlich weiß ich nichts darüber. Ich taste mich nur durch bis an eine mir wesentlich scheinende Stelle, denn könnte durch solche Überlegungen nicht vieles, das er sagte oder tat, an Tiefenschärfe gewinnen? Galt es für ihn nicht täglich, den Auftrag, der ihm zugemutet war, den Pflug sozusagen, mit dem er dem Gottesreich den Boden bereiten sollte, neu anzufassen, und nicht hinter sich oder seitab zu blicken, sondern geradeaus, wo der Tod war?

Die Alternative zu dem erlösenden Sprung vom Tempel in die Tiefe war der mühsame Weg durch Schmerzen und Verlassenheit und bis in den entsetzlichen Tod am Kreuz, und eben ihn ging Jesus mit vollem Bewusstsein und in voller Freiheit.

Und er ging ihn besonders auch für die vielen, für die dieser Ausweg aus dem Leben die verlockende Lösung aller Probleme scheinen würde. Geht hinter mir her, sagt er ihnen. Euer Weg geht weiter. Und er ist kurz. Er führt an ein Ziel. Ihr könnt ihn schaffen. Gott wird euch begleiten.

Und später? Wie ist es denn zu beurteilen, wenn im 4. Jahrhundert nach unserer Zeitrechnung das Christentum in Gestalt von christlichen Kaisern die Weltherrschaft antrat? War es die Stimme Gottes oder vielleicht eine ganz andere, die dem Kaiser Konstantin vor der entscheidenden Schlacht das Kreuz zeigte und sagte: »In diesem Zeichen wirst du siegen!«? Nein, die Sache mit der

Versuchung durch den Teufel ist wahrhaftig kein Märchen, das man Kindern erzählt, sondern brutale und weiterdauernde Wirklichkeit.

Bei seinem ersten Auftritt schrillten die Alarmglocken

Man kann sich fragen: Was ist denn das Wichtigste am christlichen Glauben? Das Charakteristische? Das Unterscheidende? Sind es seine schönen Gedanken? Ist es die ordnende Kraft seiner Ethik? Die spannenden Geschichten der Bibel? Oder die Gottesdienste in einer großen, schönen Kirche? Das alles mag seine Bedeutung haben. Aber im Grunde kommt es immer nur auf eins an: auf den schmalen, einsamen Mann aus dem Dorf Nazaret, der in dem fernen Landstrich Galiläa vor zweitausend Jahren eines Tages in irgendeinem Dorf stand und redete. Es war zwischen dem Jahr 27 und dem Jahr 30 nach unserer Zeitrechnung. Nur diese maximal drei Jahre lang. Das ist ein Nichts im Vergleich mit den Epochen der Geschichte. Aber dieser kurze Augenblick hat den Lauf der Geschichte verändert und in eine neue Richtung gelenkt. Viel am christlichen Glauben ist entbehrlich. Er selbst nicht.

Etwa Dreißigjährig wandert er von Dorf zu Dorf. Durch ein Land von großer, intimer Schönheit. Um einen wunderbar blauen See, durch fruchtbare Täler, über die Felder und durch steppenhaftes Grasland. Wohin er kommt, sammeln sich die Menschen. Wo immer er an dem Ufer entlanggeht, wollen sie ihn hören. Die einen verehren ihn, die anderen greifen ihn an. Sie fragen ihn, und wir tun es mit ihnen über den Abstand der Zeit hinweg: Hast du einen Weg? Können wir den gehen? Hast du etwas zu sagen? Wenn ja, dann sage es. Wenn nicht, müssen wir uns selbst helfen.

✾

Es begann in einem der armseligen Dörfer des oberen Galiläa. Es war Sabbat. Ruhetag. Man begab sich in die Synagoge, um zu feiern, und es sollte dabei zugehen, wie es immer zuging. Einer las ein Stück aus den Schriftrollen, aus der Bibel, und redete eine Weile darüber. Man betete, man sang den einen oder anderen Psalm. Man ging danach wieder nach Hause, und es war, wie es immer gewesen ist. Während dieser Versammlung nun stand einer von den jungen Männern auf – es war Jesus: »Ich will etwas sagen!« Man reichte ihm eine Schriftrolle, er drehte an den Stäben, auf die sie gewickelt war, und hatte schließlich ein Wort des Propheten Jesaja vor sich. Er las:

»Mich treibt der Geist Gottes!
Er gab mir den Auftrag,
den Leidenden Freude zu bringen.
Er sendet mich, wunde Herzen zu verbinden,
Gefangenen die Freiheit anzusagen
und den Gefesselten die Erlösung.
Die Vereinsamten soll ich trösten,
die in Trauerkleidern gehen,
in Festgewänder hüllen.
Den Schwermütigen, die stumm sind in ihrem Leid,
soll ich ein Lied singen,
einen fröhlichen Lobgesang.
Gott hat mich festlich geschmückt,
wie ein Bräutigam trage ich die Krone.

Wie eine Braut den Brautschmuck.
Alles ist gut zwischen Gott und mir.
Wie die Erde Getreide hervorbringt
und der Garten Früchte,
so wächst nun auf dieser Erde
unter den Menschen sein Heil.«
Jesaja 61,1–3.10–11

Er rollte die Schrift wieder zusammen und gab sie dem Diener zurück. Die Augen aller richteten sich auf ihn. Was wird er sagen? »Das ist heute!«, begann er, »Das geschieht hier! Nicht irgendwann, sondern jetzt! In diesen unseren Tagen erfüllt sich, was da steht, Stück für Stück! In mir! Ich bin der Bräutigam, von dem Jesaja spricht, und ich bin auf dem Weg zu dieser Braut, meinem Volk.«

Die Leute staunten. Das war mehr als der erlaubte Anspruch eines Lehrers der heiligen Schriften. Da redete einer mit Kraft und mit Vollmacht. Und sie empfanden: Hier redet die Gnade Gottes selbst. Der meint es ernst! Aber sie sträubten sich auch: Den kennen wir doch von klein auf. Wir kennen seine ganze Familie. Das ist doch der Sohn des Josef. Und wie kann der sagen, was die Schrift meint? Er hat sie doch nicht gelernt!

Nun hatten sie schon gehört, was man über ihn redete. Drüben am See, in Kafarnaum, so sagte man, habe er einige Kranke durch Handauflegung gesund gemacht. Und sie riefen alle durcheinander: Das musst du beweisen! Drunten in Kafarnaum hast du Kranke geheilt. Tu das hier! Jetzt, vor unseren Augen! Anders glauben wir dir nicht.

Aber Jesus wies ihre Forderung ab. Ein Wunder kann man nicht fordern. Man kann von Gott nicht fordern: Was du dort getan hast, musst du auch bei uns tun. Gott ist frei. »Es gab zur Zeit des Propheten Elia in der großen

Hungersnot viele hungernde Witwen in unserem Land, aber zu keiner kam die Hilfe des Propheten als allein zu einer, die in Sarepta wohnte. Es gab viele Leprakranke in Israel zur Zeit des Propheten Elisa, und keiner wurde geheilt als allein der Syrer Naeman.«

Da erhob sich die Versammlung wie ein Mann, zornig über die Worte. Sie packten ihn und stießen ihn zur Stadt hinaus und führten ihn auf einen Felsen, auf dem ihr Dorf lag und wollten ihn hinabstürzen. Aber sie konnten nicht. Er ging mitten durch ihre Menge hindurch und wandte sich einem anderen Ort zu (Lukas 4,16–30).

Wie ihn die Menschen seines Landes erlebten

Er stand im Boot und erzählte eindringliche Geschichten

Woran also erinnern sie sich, die Frauen und Männer jener begeisterten Gruppen, die in der ersten Generation nach Jesus durch das Land zogen, von Dorf zu Dorf, mit der Überzeugung, sie dürften nicht davon ablassen, das Große, das sie erlebt hatten, an alle weiterzugeben, denen sie begegnen würden? Was stand ihnen vor Augen?

Das Bild zum Beispiel, wie ein zunächst unbekannter junger Mann auf einem Markt stand und zu den Menschen sprach. Wie da ungewohnte Dinge zu hören waren, neue, andere, als die man sonst hören konnte, und wie die Menschen dastanden, näher kamen, wie sie aus allen Gassen drängten, und der einsame Mann Geschichten erzählte, einfache Geschichten von Fischern und Bauern, von Hirten oder von Hausfrauen, und sie begriffen: Der redet von uns! Der redet von unserem Elend und von unserer Hoffnung, der redet von dem, was sein könnte und was nicht ist, der redet dabei von einem anderen, besseren, schöneren Leben mitten in unseren miserablen Verhältnissen. Der verlangt, dass wir nicht immer nur an das denken, was wir erleiden oder was wir mühsam zuwege bringen, sondern an etwas, das kommt.

Die späteren Berichterstatter erinnern sich an die Szenerie: an die Boote der Fischer, an die bescheidenen Dörfer, an die Herden von Schafen und Ziegen. Und sie erinnern sich, wie er immer wieder an einer anderen Stelle erscheint, dasteht, redet, mit den Menschen spricht, und wie ihn die einen umjubeln, die anderen ihn angreifen. Wie sie ihn fragen: Was hast du zu bringen? Weißt du einen Weg aus unserem Unglück? Können wir den gehen? Wenn du etwas zu sagen hast, dann sag es!

Sie erinnern sich an einen Alltag. Alles geht seinen gewohnten Gang. Die Männer stehen in den Booten und flicken ihre Netze, die Kinder spielen am Ufer, die Frauen sitzen vor ihren Feuerstellen, die Händler lärmen auf dem Markt. Da geht dieser Mann das Ufer entlang und bleibt stehen. Sieht zwei Männer im Boot. »Kommt!«, ruft er hinüber, »Was fangt ihr Fische? Es gibt Menschen, denen das Wasser bis zum Hals steht. Holt sie heraus! Ich brauche euch!« Die Männer schauen, starr und reglos, dann kommen sie. Lassen ihr Boot. Steigen aus. Gehen mit. Und die Leute am Hafen staunen: Na, so was! Dann, als die Menge sich an der Anlegestelle drängt, bittet er den einen von den beiden: »Lass mich in dein Boot treten! Am Ufer stehen sie zu dicht, da kann ich nicht sprechen.« Und er fährt ein paar Meter vom Land und spricht vom Schiff aus.

Und so steht er im Boot oder ein andermal auf einem Markt oder auf einem einsamen Berg und erzählt: Denkt euch einen Hirten. Denkt euch einen Bauern. Denkt euch eine Hausfrau. Denkt euch einen Großgrundbesitzer. Denkt euch einen Familienvater. Und in seinen Geschichten deutet er ihnen, was in ihrem Leben geschieht, was sie erfahren, was sie erleiden, was sie hoffen, was sie tun und ändern können. Er zeigt ihnen, was aus ihnen selbst werden kann. Er zeigt ihnen eine Zukunft, in der es möglich ist zu leben. Er erzählt seine Geschichten in Bildern. Die hören sich wie Märchen an, aber die Sprache der »Märchen« eignet sich bis zum heutigen Tag in einem sehr tiefen Sinn zur Sprache der Wahrheit.

Sie erinnern sich an einsame Plätze, an die sie ihm nachgingen, auf einen der Hügel am See zum Beispiel, wo er sich auf einen Stein setzte und zu ihnen redete. Wie er sagte: Schaut hinauf in die Berge! Dort liegt Safed! Tausend Meter über eurem Tal. Eine Stadt, die in der Sonne liegt und herabglänzt. So müsst ihr leben, nicht in euer Elend geduckt, sondern frei und aufrecht, und ihr müsst sagen und zeigen, was die Hoffnung ist, in der ihr lebt. Ihr könnt das Licht sein, das in diesem Land aufgeht. Glaubt nicht an euer Unglück, sondern an eure Zukunft. Glaubt an das Heil, das kommt! Denn glücklich wird ein Mensch nicht durch das, was er hat, sondern durch das, was er erwartet und was auf ihn zukommt. Erfüllung findet er nicht dadurch, dass es ihm gut geht, sondern dadurch, dass er für die Zukunft nachdenkt, für sie wirkt, für sie arbeitet und sie nicht aus den Augen lässt.

Es ist alles voll Unrecht, voll Gewalt, voll gesellschaftlicher Korruption und Fäulnis. Aber ihr könnt das Salz sein, das der Fäulnis widersteht. Das Salz der Erde. Ihr könnt glücklich sein dadurch, dass ihr für Gerechtigkeit lebt, für eine Gerechtigkeit, die besser ist als das so genannte Recht der Mächtigen, und die im Frieden und mit friedlichen Mitteln zu gewinnen ist. Ihr seid gewohnt, dass man nicht sagt, was man denkt, dass man täuscht und getäuscht wird, dass man hinter einem Ja immer auch ein verborgenes Nein bereithält und dass man damit sein kleines Glück im Winkel rettet. Nein! Ihr könnt dastehen, klar und eindeutig. Euer Ja kann ein Ja sein, euer Nein ein Nein. Denn ihr seid nicht die Nichtse, als die man euch behandelt. Ihr seid nicht die Geknechteten, die Machtlosen, die Verachteten. Ihr seid die, die das Reich Gottes vor Augen haben. Ihr seid die, in denen es sich spiegelt, und was ihr tut, das wirkt weiter. Auch gegen allen Widerstand, auch wenn keiner es bemerkt. Nichts, was ihr tut, wenn es denn um Gerechtigkeit geht, kann verloren sein. Es bleibt, es wirkt weiter in der geistigen Welt, im Reich Gottes und auf der Erde.

Sie erinnern sich an eine kleine Szene. Jesus in einem Dorf. Um ihn her Kinder und ihre Mütter: »Gib ihnen deinen Segen!«, bitten sie. Aber ein paar Männer, die ihn begleiten, treiben sie weg: »Er hat Wichtigeres zu tun!« Aber sie sehen ihn noch vor sich, wie er die Mütter und die Kinder wieder zurückruft und wie er über ihnen einen Segen ausspricht: »Seid behütet! Seid gesegnet! Denn Gott liebt euch, und er wird euch durch euer Leben geleiten, auf dem Weg in sein Reich!« Und wie er sich dann an die Menschen wendet, und ihnen sagt: »Kinder sind nicht nur Anfänger, wie ihr meint. Sie sind im Gegenteil eure Vorbilder. Wenn ihr nicht werdet wie sie, wird das Gottesreich nicht in euer Dorf und in eure Herzen einkehren. Wenn ihr euch nicht Gott zuwendet, so hingegeben, wie ein Kind an sein Spiel hingegeben ist, so ganz, dann werdet ihr das Reich nicht wahrnehmen und das leise Wort nicht hören, mit dem Gott euch anspricht. Kinder sind Wesen, die ihre Zukunft vor sich haben. Kraft und Durchsetzungsvermögen sind es nicht, was Kinder in ihr Leben einbringen können, aber sie vertrauen, und wenn alles gut ist, wissen sie sich geliebt. Ihr sucht nach den Riesenkräften, mit denen ihr die Verhältnisse in eurem Land verändern könnt, und seht doch immer, dass ihr sie nicht habt. Wichtiger aber sind die Kräfte, mit denen Gott euch verändern will und mit euch zugleich die Verhältnisse.«

Sie erinnern sich, was immer wieder am Ende seiner Reden deutlich war, was ihnen blieb und was sie nun ausrufen wollten auf ihren mühsamen Reisen von Stadt zu Stadt. Das alte Gesetz forderte: Ihr sollt euch einfügen, wo immer im Namen Gottes und seiner Ordnungen gesprochen wird! Ich aber sage euch: Nicht einfügen sollt ihr euch, sondern heraustreten aus dem, was bisher galt! Tut, was aussichtslos scheint! Tut das Unerhörte, das Verwegene! Das Irreguläre! Ihr werdet immer wieder als Außenseiter und Weltfremde diffamiert werden, als religiöse oder politische Anarchisten beschimpft oder auch ganz einfach als Verrückte an den Rand geschoben. Aber ihr werdet tun, was die Zukunft fordert. Auf das, was Gott in der Zukunft vorhat, werdet ihr vorausgreifen. Ich sage nicht, ihr sollt verachten, was bisher gegolten hat. Eure Tradition ist kostbar. Sie ist die Stimme desselben Gottes, der euch heute begegnet. Aber lasst, was vergangen ist, nicht zu einer Last werden, die euch erdrückt und euch hindert an dem, was ihr heute tun könnt.

Aber meint nicht, das sei nun alles groß und schwer und sei eine neue Last, die ihr auf euch nehmen müsst. Was ich euch zeige, ist ein Weg, den ihr als freie Menschen gehen könnt. Euer Leben wird leichter um die Sorge, die ihr weglegt, leichter um den Zwang, der sich von euch löst. Wer auf sein tägliches Überleben allein starrt, lebt schwer. Wer von sich weg zu schauen vermag auf das hin, was zu glauben ist, und wer zu vertrauen vermag, lebt leicht. Ich weiß, ihr lebt mühsam und seid beladen mit allen Sorgen, die sich ein vom wirklichen Leben Ausgeschlossener machen muss. Aber hört mir zu: Was ich euch sage, könnt ihr leisten. Was ich euch auferlege, ist leicht zu tragen.

Und sie erinnern sich, wie sich die merkwürdigsten Leute überzeugen ließen. Am Ortsrand von Kafarnaum war die Zollstelle zwischen zwei verschiedenen Ländern, durch die die große Handelsstraße zum Meer hin führte. Da saß einer, der die Gebühren einzog oder auch mehr, als er eigentlich einziehen durfte. Der da saß, hatte einen guten Job. Er arbeitete für die verhasste Besatzungsmacht. Die Leute fürchteten ihn. Sie verachteten ihn. Aber man sagte nicht laut, was man über ihn dachte. Als Jesus vorbeikam und ihn anredete: »Lass dein Geld. Ich weiß etwas Besseres für dich. Komm mit!«, da stand er auf. Er ließ seinen gut bezahlten Platz hinter sich und begab sich in die Ungesichertheit eines Wanderlebens mit dem fremden Mann. Er trat heraus aus dem Schutz der Besatzungsmacht. Nun war er vogelfrei. Nun konnte man ihm allen zurückgehaltenen Hass zeigen. Nun konnte man ihm nachrufen: »Du Schwein!« Aber er ging mit. Was muss dieser Jesus für eine Ausstrahlung gehabt haben!

Er war nicht einzuordnen, dieser Jesus aus Nazaret. Er legte die Bibel aus, aber er tat es anders als die überall tätigen Ausleger. Er redete vom kommenden Gottesreich, aber anders als die Propheten jener Zeit. Er sprach von Freiheit, aber er tat es anders als die Freiheitskämpfer in den Höhlen der galiläischen Berge. Er sprach von Gerechtigkeit, aber er meinte damit etwas anderes als die Rechtsgelehrten seines Landes. Auch in unserem so genannten christlichen Abendland ist Jesus so leicht nicht unterzubringen. Was er sagte, war schön, war hilfreich und tröstlich, und es war zugleich unerhört hart und kantig. Und es war so, dass es bis heute nur sehr schwer möglich ist, ihm nachzuleben. Er verließ seinen Beruf. Er verließ seine Mutter und seine ganze Familie, wie es auch Gautama Buddha tat oder Franz von Assisi. Aber wer will das von uns verlangen? Als einmal vor dem Haus, in dem er redete, seine Mutter und seine Brüder standen und ihn nach Hause holen wollten, weil sie sagten: »Er hat den Verstand verloren«, und man ihm das meldete, da verwies er auf die Menschen, die innen im Haus seine Zuhörer waren: »Meine Familie? Wer ist das? Seht her! Die hier sind meine Mutter und meine Geschwister. Wer tut, was Gott will, der gehört zu mir.« Das wird bis heute niemand in einem christlichen Familienprogramm oder in einem christlichen Generationenvertrag unterbringen können. Es passte nicht in seine Zeit. Es passt in keine. Und so hörten sie, die uns berichten, ihn sagen: »Meint ihr denn, ich bringe Ruhe? Friede, Freude, Eierkuchen? Stallwärme und Geborgenheit? Nein. Ich bringe Streit. Ich sage nicht: Lasst alles beim Alten! Bleibt schön zusammen in euren Häusern! Bleibt schön untertan eurer Obrigkeit. Bleibt schön dienstbar euren politischen Parteien. Nein, an mir können gewachsene Gemeinschaften auch zerbrechen. Wer mich hört, riskiert die Konfrontation. Er steht auf und geht. Er wagt den aufrechten Gang.«

Haben wir Jesus verstanden? Kann es bei dem sanften Bild bleiben, zu dem unsere lange Überlieferung ihn stilisiert hat? Es ist zu befürchten, dass vieles an ihm ganz anders war und ist. So nämlich, dass man auch heute wieder ganz neu von ihm reden muss.

Er feierte seine Feste mit Gerechten und Ungerechten

Woran erinnerten sie sich, unsere ersten Berichterstatter? An allerlei schockierende Vorgänge, die so eigentlich nicht hätten geschehen dürfen und die doch eben geschehen sind. Da wandert Jesus mit Anhängern und Mitarbeitern durch die Orte seiner Heimat, oben im Bergland, unten am See. Er versammelt eine Runde Menschen um sich, spricht zu ihnen, wendet sich irgendeinem Kranken zu, zieht weiter. Abends kommt er in ein Dorf, Gespräche finden statt, am Ende lädt ihn jemand zum Essen ein. Betritt nun Jesus das Haus eines gastfreundlichen Menschen, so sind seine Begleiter mit eingeladen. Aber darüber hinaus kann es geschehen, dass Leute, die nicht mit eingeladen sind, hereindrängen. Und so füllt sich das Haus auch mit einigen, die bei den Gastmählern der Frommen nicht erwünscht sind: mit Ungebildeten, Tagelöhnern, Kollaborateuren, auch mit allerlei Leuten, die man zu den Gesetzlosen zählte. Dann speist Jesus mit seinen Begleitern, und jedermann hat Zutritt zu seinem Tisch. Aber das ist anstößig, denn Tischgemeinschaft bedeutet eine Ehrung des Gastes. Wer einen Gast einlädt, bietet ihm Frieden an, gewährt ihm Vertrauen, schließt mit ihm Bruderschaft. So ist es im Orient seit Jahrtausenden, so ist es, wo noch orientalisch empfunden wird, bis heute. Mit einem »Ungläubigen« zu Tisch zu sitzen, ist gegen alle Ordnung und Regel.

Oder anders: Jesus trifft an der Zollstelle den jungen Mann, der im römischen Auftrag dort Dienst tut, ruft ihn; der Mann steht auf und wird sein Jünger. Danach lädt er Jesus zu sich ein, und das Haus füllt sich mit allerlei anrüchigen Leuten, Ungläubigen, Betrügern und Erpressern wie den Zöllnern und anderen. Jesus heißt sie willkommen, und sie essen, trinken und unterhalten sich, das Mahl wird zu einem fröhlichen Fest, und die improvisierte Gemeinschaft der Verlassenen und Ausgegrenzten wird zum Bild eines neu entstehenden geschwisterlichen Gottesvolks. Sie dürfen sein, was sie sind. Sie dürfen sich zeigen. Sie dürfen ein Fest feiern, obgleich sie eigentlich zu grauer Bescheidenheit verpflichtet wären. Sie wissen sich angenommen. Hoffnung erhebt sich aus der erbärmlichen Szene, Zuversicht aus den Lehmhütten und den miserablen Verhältnissen.

An diesen Mahlzeiten muss viel Fröhliches, viel Heiteres gewesen sein. Für Jesus jedenfalls war ein solches Essen eine Art von Hochzeitsfest, das Fest der Hochzeit Gottes mit seinem Volk, das Fest der Errichtung des Gottesreiches unter den Menschen. Er sah sich selbst als den Bräutigam, der die Braut, die Gemeinschaft der Menschen, heimführt. »Hochzeitsgäste können nicht traurig sein, wenn und solange der Bräutigam unter ihnen ist« (Matthäus 9,15), sagt er einmal. Da ist der Tisch frei für jeden, der mitfeiern will, und da versammelt sich weder die religiöse Elite noch der soziale Abschaum, sondern das Gottesvolk der Reichen und der Armen, der Gerechten und der Ungerechten. Nicht weniger drückten sie miteinander aus als die große Hoffnung auf eine neue, andere Welt. Komm, sagt Jesus, hier, wo wir miteinander feiern, findest du Gott und du findest zugleich deinen Platz unter befreiten Menschen. Denn es geht Jesus nicht um Gesetz und Ordnung, sondern um die Liebe zu denen, die aus Gesetz und Ordnung abgedrängt sind.

Aber nun tritt eine Störung ein. Die Leute aus dem Dorf laufen zusammen und sehen sich die Sache an. »Das darf doch nicht wahr sein, dass der berühmte Mann mit dem Gesindel feiert, von dem wir alle uns so sorgfältig fernhalten!« Es bildet sich eine Front des Widerstandes draußen vor dem Zaun. Und als Jesus sieht, was da vorgeht, geht er hinaus, wie ich mir vorstelle, an den Eingang des Hofs und tut, was man auf einem orientalischen Fest immer tut: Er erzählt eine Geschichte. Und zwar eine Geschichte, in der sie alle vorkommen, die drinnen und die draußen. Es ist die berühmte Geschichte vom »verlorenen Sohn«:

»Denkt euch einen Familienvater. Einen Bauern. Der hatte zwei Söhne. Der jüngere von den beiden kam eines Tages zu ihm und forderte: ›Vater, gib mir das Teil deines Geldes, das mir zusteht. Ich will von meinem Erbe weiter nichts haben.‹ Der Bauer gab schließlich nach und teilte das Vermögen unter die beiden. Danach packte der Jüngere seine Sachen und reiste in ein fremdes Land. Er suchte das große Abenteuer. In der Fremde aber fing er an, in Saus und Braus zu leben, mit Freunden und Liebhaberinnen sein Vermögen zu verludern. Als er alles verbraucht hatte, kam eine schwere Hungersnot über jenes Land, und er wusste nicht mehr, wovon er leben sollte. Schließlich fragte er einen Bürger von dort, ob er nicht Arbeit für ihn habe, zum Beispiel als Schweinehirt. Und so ging er auf dessen Felder und hütete die Schweine. Er schlief bei den Schweinen, brachte seine Tage bei ihnen zu und ernährte sich bestenfalls von ihrem Futter.

Endlich überlegte er: Das kann doch nicht alles sein! Dafür bin ich doch nicht in das große Abenteuer gegangen! Zu Hause gibt es Brot, während ich hier am Hunger sterbe. Ich will nach Hause gehen und zu meinem Vater sagen: ›Ich habe Unrecht getan. Ich bin nicht mehr wert, dein Sohn zu heißen. Mach mich zu einem deiner Knechte!‹ Und er ließ den Schweinestall hinter sich und begab sich auf die Heimreise. Als er sein Elternhaus von weitem sah, erblickte ihn auch schon sein Vater. Dem tat es weh, ihn so zu sehen, so abgerissen und elend, und er tat ihm leid. Er lief ihm entgegen, fiel ihm um den Hals und küsste ihn. Der Junge wehrte sich: ›Ich habe mein Leben verpfuscht. Ich bin nicht mehr wert, dein Sohn zu sein. Mach mich zu einem deiner Tagelöhner.‹ Aber der Vater ließ ihn kaum ausreden und rief: ›Schnell, bringt das beste Kleid und legt es ihm an! Gebt ihm einen Ring an seinen Finger und Schuhe an seine Füße zum Zeichen, dass er noch mein Sohn ist. Bringt auf den Tisch, was das Haus hat. Schlachtet das gemästete Kalb und lasst uns essen und fröhlich sein. Denn dieser hier, mein Sohn, war tot und ist wieder lebendig. Wir hatten ihn verloren und haben ihn wiedergefunden.‹ Und sie feierten ein großes, ein rauschendes Fest!

Der ältere Sohn aber, der zu Hause geblieben war, war eben auf dem Feld. Als er kam und auf das Haus zuging, hörte er Musik und Reigentanz. Da rief er einen der Knechte und fragte: ›Was soll das bedeuten?‹ Der antwortete: ›Dein Bruder ist zurückgekommen. Da hat dein Vater das gemästete Kalb geschlachtet, weil er ihn gesund wieder hat.‹ Da wurde der ältere Bruder zornig und wollte nicht hineingehen. Ausgerechnet für den! Ein Fest! Der Vater sah ihn von drinnen, kam heraus und bat ihn: ›Komm herein!‹ Er aber antwortete: ›Das musst du verstehen! Ich arbeite für dich so viele Jahre. Für mich hast du nie ein Fest gegeben oder für meine Freunde. Jetzt aber, da er, dein Sohn, kommt, der sein Geld mit den Huren verludert hat, schlachtest du das gemästete Kalb.‹ Der Vater antwortete: ›Kind, du bist immer bei mir. Alles, was mir gehört, gehört auch dir. Es ist aber wichtig, dass wir ein Fest feiern und uns freuen, denn er, dein Bruder, war tot und ist wieder lebendig. Wir hatten ihn verloren und haben ihn wiedergefunden‹« (Lukas 15,11–32).

Ich stelle mir vor, dass Jesus den Leuten draußen wie jener Vater dem ältesten Sohn zurief: »Kommt herein!«, und dass keiner kam. Dass er ihnen die Hand bot und keiner einschlug. Und dass Jesus wieder hineinging, traurig, zu dem Fest der Armen, die die Hochzeit Gottes mit den Menschen feierten, ihre eigene Heimkehr in das Haus des Vaters.

Für mich ist diese Szene, wie sie ihr Fest feiern, und diese dazugehörige Geschichte die Mitte und das Herzstück des Evangeliums, das heißt der guten Botschaft, die Jesus im Namen Gottes gebracht hat. Es ist das zentrale Symbol, von dem alles ausstrahlt, was wir sonst im Neuen Testament finden. Die Geschichte von der Gemeinschaft der Guten und der Bösen, der Gerechten und der Ungerechten, der Anerkannten und der Außenseiter, der Geehrten und der Verachteten. Und die Geschichte von einer neuen Familie, die ihren Platz findet im Haus Gottes, das durchaus in einer armseligen Hütte aus Lehm und einem Hinterhof zwischen anderen Hütten bestehen kann und doch voll ist von Freundlichkeit und Hoffnung und unerwartetem Glück.

Noch einmal: Immer wieder geschieht das, was uns hier wichtig ist. Ich stelle mir vor, wie Jesus von Matthäus zum Essen eingeladen wird und wie mit ihm seine Jünger und seine Freunde, aber auch allerlei andere Leute ins Haus drängen, Arme und Reiche, krumme Gestalten und Korrekte, wie sie zu den Sündern oder den Gerechten zählen. Ich stelle mir vor, wie er diesem Zustrom nicht widersteht, sondern sie alle willkommen heißt zu dem Fest, das er mit ihnen feiern will. Wen lässt Jesus zu? Jeden, der kommt. Er stellt keine Bedingungen. Er verlangt keine Gesinnungsänderung, keine Bescheidung, kein Bußbekenntnis, keine Beichte, keine Wiedergutmachung, keine Bestrafung. Er sagt zu jedermann: Lass, was dich belastet, vor der Tür liegen und komm! Lass, an was du verzweifeln willst, vor der Tür. Lege ab, was du getan hast, Gutes und Böses. Es spielt keine Rolle. Nichts, was du getan hast, interessiert mich. Was mich interessiert, bist du selbst. Komm, ich will mit dir feiern! Wenn dich dein Gewissen belastet oder deine Vergangenheit, dann höre auf die Einladung. Die Einladung zum Mahl, die ich ausspreche, ist die Vergebung der Sünden. So einfach ist das. Zu sagen: Komm, es ist alles gut, ist der Anfang, von dem aus alles gut wird. Zu sagen: Es ist alles gut, es wird alles gut sein, das und nichts anderes ist das Evangelium.

Hätte ich einem Kreis von Kindern die Rechtfertigungslehre zu erklären, so würde ich diese Szene ausmalen. Etwa so: Da steht Jesus in der Tür und empfängt seine Gäste. Nun kommt ein Gerechter, ein Ehrenmann, und Jesus sagt zu ihm: Du bist willkommen. Aber lass hier draußen liegen, was du hier nicht brauchst: dein Renommee, deinen Rang, deine Position, deine Qualitäten, deine Orden und Ehrenzeichen. Leg es hier hin. Es gilt nichts. Und dann komm! Danach kommt ein anderer. Ein schlechter Mensch, der die Schuld eines langen Lebens mit sich herumträgt. Und Jesus sagt: Freund, komm! Lass alles hier draußen liegen, was du getan hast. Es soll zwischen uns nicht gelten. Lege alles ab. Allen Schmutz, alle Gemeinheiten. Alle deine Ausreden. Alle deine Angst. Komm herein und feiere mit uns. Du bist so, wie Gott dich haben will, wenn du mit uns am Tisch bist. Dann kommt ein Dritter. Der schleppt seine Mahlzeit in seinen Taschen mit. Zur Sicherheit. Man kann ja nie wissen. Und Jesus sagt zum ihm: Das brauchst du hier nicht. Hier drinnen gibt es genug. Lass das hier draußen liegen und nimm es nachher wieder mit nach Hause.

Danach sind sie alle ihre Last los und gehen als fröhliche Menschen hinein. Die Gerechten sind von ihrer Gerechtigkeit befreit und die Ungerechten von ihrem Unrecht. Sie alle dürfen leben. Sie dürfen dazugehören. Die

Einladung und das Befolgen der Einladung und der Willkommensgruß Jesu sind miteinander die »Vergebung«. Sie dürfen glücklich sein. Und miteinander dürfen sie in ein fröhliches Lachen ausbrechen. Und zu ihnen allen sagt Jesus: Macht euch keine Sorgen derer wegen, die draußen stehen bleiben und mit strenger Miene fragen: Wie kommt euer Meister dazu, mit solchem Gesindel zu Tisch zu sitzen? Sie werden mich töten wollen, weil es ihrem Gesetz so widerspricht. Aber diesen Tod, mit dem ich eure Befreiung bezahle, nehme ich auf mich. Für dich und für dich. Für euch alle.

Diese Begrüßung an der Tür zum festlichen Raum nennen wir die »Rechtfertigung«. Ihnen allen, den Gästen, wird eine Freiheit geschenkt, eine Entlastung, aufgrund derer sie ihrem Platz am Tisch Jesu »gerecht werden«.

Er überschritt viele Grenzen von Ordnung und Sitte

Wer war eigentlich mit dem »verlorenen Sohn« gemeint? Manche unter den frommen Juden damals sagten: Das Reich Gottes kommt, wenn ein einziges Mal alle Juden das Gesetz erfüllen. Wer also verhinderte das Reich Gottes? Es waren die, die das Gesetz nicht erfüllten, teils weil sie es nicht kannten, teils weil sie nicht konnten, teils weil sie nicht wollten. Es war jener »Pöbel vom Land«, der »am haarez«, der das Gesetz nicht kannte (Johannes 7,49). Die Zöllner zählte man dazu, die Schweinehirten – der verlorene Sohn diente als Schweinehirt –, auch Kranke und Behinderte, die Dirnen, die man zwar benützte, aber verabscheute, die Armen, jene Anawim, die sich als Tagelöhner verdingten, die Verschuldeten, also Leute, von denen viele sich zu Tode schufteten, um überhaupt leben zu können. Aber letztlich gehörten auch die Frauen und die Kinder zu ihnen. Der jüdische Religionsphilosoph Schalom Ben-Chorin (1913–1999) erzählt, es habe Schriftgelehrte gegeben, die eine Heirat zwischen einem der Ihren und einem Mädchen aus dem am haarez verboten, weil eine solche Heirat dasselbe sei wie Unzucht mit Tieren.

Nun wendet sich Jesus nicht ausschließlich, aber mit deutlicher Vorliebe jenen Armen am Rand seines Volks zu, und zwar deshalb, weil er das ganze Israel will, nicht nur seine Elite, sondern das schwesterlich-brüderlich verbundene Volk. Er unterscheidet nicht zwischen Würdigen und Unwürdigen und feiert mit allen die Hoffnung auf das kommende Gottesreich. Und diese Feste waren so gesellig und so fröhlich, dass sie bei den Bedächtigen unter den Zuschauern Anstoß erregten. So sagte man: »Seht den Menschen! Ein Fresser und Weinsäufer! Ein Kumpan von Ausbeutern und Gesetzlosen!« (Matthäus 11,19). Und dahinter stand: So einer will ein Prophet sein!

Was aber musste sich an den Gästen zuvor ändern? Nichts. Sie mussten nur eben der Einladung Folge leisten. Mit der schlichten Tatsache, dass Jesus zu ihm sagte: »Du gehörst zu uns«, oder »Wir feiern miteinander« oder »Es ist alles gut«, »Komm und iss!«, war Tischgemeinschaft gestiftet. Und in sie bezog er auch die Frauen ein. So segnete er auch die Kinder. Später sagte Paulus im selben Sinn: »Bei uns gibt es nicht mehr Juden oder Nichtjuden, Sklaven oder Freie, Männer oder Frauen. Sie sind vielmehr alle eins in Christus« (Galater 3,28).

Und wenn einer Jesus sagte: Aber der doch nicht! Oder die! Dann erzählte Jesus wieder eine Geschichte: »Ich kann mir nicht denken, dass einer unter euch anders verfährt als jeder Schafhirt. Nehmt an, er hat hundert Schafe. Eins davon läuft ihm weg. Er lässt auf der Stelle die neunundneunzig allein und macht sich auf die Suche nach dem einen verlorenen. Er geht ihm nach, bis er es findet. Wenn er es gefunden hat, nimmt er es auf die Schulter und freut sich, und wenn er nach Hause kommt, ruft er seinen Freunden und Nachbarn zu: Freut euch mit mir! Ich habe das Schaf wieder, das weggelaufen war! Ich sage euch: So freut man sich im Himmel über jeden einzelnen Gottlosen, der zu Gott umkehrt, mehr als über neunundneunzig Fromme und Gerechte, die eine Umkehr, eine Änderung ihrer Gedanken und ihrer Lebensführung, scheinbar nicht nötig haben« (Lukas 15,4–10).

Für Jesus war die Einbeziehung einzelner Menschen nicht das Ganze. Ebenso dringend war in seinen Augen die Heilung der Risse und Brüche in den Dorfgemeinschaften, in den religiösen Gruppen und Parteien, im gemeinsamen Leben überhaupt. Vor seinen Augen bröckelte eine ganze Schicht vom heiligen Volk ab: Dirnen, Zuhälter, Opportunisten, Betrüger und Erpresser, aber auch machtgierige Herren, Reiche und Regierende. Die Gesetzlosen stürzten ins Bodenlose, und die Hüter des Gesetzes erhoben sich über sie im Namen einer scheinbar heilen Ordnung.

Er aber suchte das geschwisterliche Volk. Er stieg die lange Wendeltreppe hinab zu den Verrufenen, den Ausgegrenzten. Ich höre Jesus sagen: Ich bin nicht interessiert daran, mein Gesicht zu wahren, wohl aber das Gesicht aller Menschen. Ich bin nicht an meiner Freiheit interessiert, wohl aber an der Freiheit aller. Ihr sucht einen Prediger, der euch bestätigt, euch und eure sozialen Abstufungen, und messt die Nähe zu Gott, die einem Menschen zukommt, an Gesetzen und religiösen Ordnungen, an eurem Bild von Frömmigkeit, an euren Vorstellungen vom elitären Einzelnen. Aber für mich geht das gemeinsame Leben vor der Selbstverwirklichung der Besonderen, und das Einstehen des Einen für den Anderen vor dem Glück der Stärkeren.

Für Jesus selbst freilich war diese Nähe zu den Armen eine akute Gefahr, denn damals galt auch umgekehrt: Wer mit Gesetzlosen umgeht, wird dabei selbst zu einem Gesetzlosen. Wenn aber ein Gesetzloser gar behauptet, er handle im Auftrag Gottes, dann wird er unerträglich. Es ist erwiesen, dass er Gott verspottet, also das Leben verwirkt hat. Und am Ende konnte Jesus seine Liebe zu den Armen von Galiläa nur noch dadurch zum Ausdruck bringen, dass er den Tod des Gotteslästerers auf sich nahm.

Eines Tages war Jesus zu Gast im Haus eines Gerechten. In jener Stadt lebte eine Frau mit schlechtem Ruf. Wir nehmen an, sie sei eine Dirne gewesen. Die hörte, er sei da, nahm eine Alabasterflasche mit Salbe und trat ans Fußende seines Lagers, weinte und fing an, seine Füße mit ihren Tränen zu netzen, trocknete sie mit den Haaren ihres Hauptes, küsste seine Füße und salbte sie. Der Gastgeber sah das, er sah auch, dass Jesus sich alles gefallen ließ, und dachte: »Wäre der ein Prophet, so wüsste er, wer das ist, nämlich eine Gesetzlose.«

Jesus wandte sich an ihn: »Simon, ich habe dir etwas zu sagen.« Er erwiderte: »Meister, sprich!« Und Jesus fuhr fort: »Ein Geldverleiher hatte zwei Schuldner. Der eine war ihm fünfhundert Denare schuldig, der andere fünfzig. Da sie nicht bezahlen konnten, schenkte er sie beiden. Wer von ihnen wird ihn mehr lieben?« Simon erwiderte: »Ich vermute der, dem er mehr geschenkt hat.« »Du hast Recht«, antwortete Jesus, und, indem er sich der Frau zuwandte: »Siehst du diese Frau? Ich bin in dein Haus gekommen, und du gabst mir kein Wasser für meine Füße. Sie aber wusch sie mit ihren Tränen und trocknete sie mit ihrem Haar. Du gabst mir keinen Kuss. Sie aber küsst unablässig meine Füße. Du gabst mir für mein Haupt kein Öl. Sie aber salbte mit Salbe meine Füße. Ich sage dir: Ihre vielen Sünden sind ihr vergeben, denn sie gibt viel Liebe. Wem wenig vergeben wird, der hat wenig Liebe zu geben.« Und zur Frau gewendet: »Dein Glaube ist ein Geschenk Gottes an dich. Geh im Frieden!« Ich kann mir denken, dass die Frau mit einem inneren Jubel zurückging in ihr Haus, an all den Menschen vorbei, die sie verachteten, von einer Zentnerlast befreit, und ich kann mir denken, dass sie ihr Leben neu gepackt hat.

Jesus fragte also nicht: Was ist ihre Schuld? Sondern: Woher kommt ihre Liebe? Antwort: Aus der vergebenden Liebe Gottes. Er schützte seinen guten Ruf nicht. Er ging mitten hinein in den tiefen Schatten, der über der Landschaft einer Seele lasten kann. Er beugte sich hinab in die Dunkelheit und umarmte den von der Dunkelheit verdüsterten Menschen. Er kam aus dem Licht, ging in den Schatten und fürchtete nicht, sich dabei zu verlieren. Er nahm die untere Hälfte der Welt an und machte sie eins mit der Welt Gottes. Denn auch die verrufene Frau soll nun ihre gebundenen, missbrauchten Kräfte einbringen dürfen in das Fest der Söhne und Töchter Gottes.

Übrigens wird von Buddha Ähnliches erzählt: Die Hure Ambapali bestieg eine Kutsche und fuhr, Buddha zu sehen. Sie näherte sich ihm zu Fuß und setzte sich, nachdem sie ihn gegrüßt hatte, in respektvoller Entfernung nieder. »Würde der Herr meine Einladung annehmen, morgen mit mir zu speisen?« Schweigend stimmte er zu.

✾

Immer wieder werden als die Gegner Jesu die »Schriftgelehrten« genannt. Wer war das? Wer heute im oberen Galiläa durch die alten Synagogen geht, kann sie dort finden.

Als ich einmal in Merom durch die Räume einer solchen Synagoge ging, fand ich in einer abgelegenen Kammer einen einsamen Mann, vertieft in ein großformatiges Buch. Er war deutlich kein Gelehrter, sondern ein Bauer oder Handwerker. Als ich näher kam, sah ich, dass er in dem Buch »Sohar« las, einem alten, ehrwürdigen Dokument der jüdischen Mystik. Mit den breiten Händen eines Handwerkers blätterte er um, sehr langsam und vorsichtig, laut vor sich hin singend, was er las, mit der unbeweglichen Ruhe und Gelassenheit, die einer im langen Einüben und Wiederholen von Gedanken und Bildern gewinnt.

Wer »Schriftgelehrte« sucht, muss sie hier suchen. Sie lehren nicht an einer hohen Schule. Sie sind Handwerker oder Bauern und bleiben in ihrem Beruf, aber sie lehren an den Sabbattagen in ihrer heimischen Synagoge. Sie treten im Evangelium als Gegner Jesu auf. Aber wir sollten sehen, dass die meisten von ihnen sehr ernsthafte und sehr verantwortlich denkende Autoritäten in ihren Dörfern waren. Sie forschten konsequent nach dem Willen Gottes, der sich im jüdischen Gesetz darstellt. Und die Meisten waren alles andere als Heuchler, wie wir allzu leicht meinen.

Immer wieder wird von Jesus berichtet, die Menschen hätten gestaunt über seine Lehre, man hätte sich gewundert, man sei erschrocken, man habe sich entsetzt.

Denn es ist nicht nur so, dass Jesus sich als großer Gegensatz zu herrschenden Kräften des Judentums von diesem und seiner ganzen Tradition nur abgehoben hätte. So wäre er begreiflich gewesen, so hätte man ihn einordnen können. Aber so, wie Jesus war, waren die Zuhörer ratlos, auf irgendeine Weise verloren sie den Boden unter den Füßen.

Offenbar war Jesus auf eine atemberaubende Weise einzigartig und immer wieder ganz anders, als selbst seine Anhänger ihn einschätzten. Immer wieder lesen wir, dass seine Zuhörer nach seiner Rede die Köpfe zusammensteckten, um sich zu bereden, wer denn dieser Mensch eigentlich sei, oder gar um zu beschließen, dieser Mensch müsse umgebracht werden.

Einer der Punkte, die hier immer wieder mit fassungslosem Staunen gesehen und mit Leidenschaft diskutiert wurden, war seine Art, mit Frauen umzugehen. In der Umgebung Jesu und in der gesamten antiken Welt geht die Frage um, ob denn die Frau mehr dem Menschen oder mehr den Tieren zuzuordnen sei. Ob sie an Gottes Geist teilhabe oder nicht. Immer ist die Frau von der Gegenwart Gottes im Kult weiter entfernt als der Mann, und in den Synagogen, auch in Kafarnaum, saßen die Frauen fern auf der Empore, wenn die Männer das Gotteswort auslegten.

Liest man das Evangelium, so gewinnt man den Eindruck, Jesus gehe auf völlig freie und gelassene Art mit Frauen und Männern gleich um. Er berührt beide, er lässt sich von beiden berühren, er wendet sich Frauen und Männern gleichermaßen zu, er redet – was ein Rabbi jener Zeit nicht tat – in aller Öffentlichkeit mit Frauen wie mit Männern. Er kümmert sich um Mütter mit Kindern, er nimmt Frauen in seine wandernde Schülergruppe auf, und es ist nicht zufällig, sondern spiegelt, was da während seines Lebens geschehen war, wenn am Ende, als er am Kreuz starb, die Frauen seiner Schülerschaft bei ihm aushielten, während die Männer – außer Johannes – längst das Weite gesucht hatten.

Ich könnte mir denken, dass Jesus sich, wenn die Welt der grimmigen politischen und geistigen Kämpfe ihn wieder einmal gründlich müde gemacht hatte, an Kindern erquickte. Dass er wünschte, so möchten doch die Erwachsenen sein. Nicht, weil Kinder so »rein« wären. Das sind sie nicht. Nicht, weil sie so freundlich miteinander umgingen. Das tun sie so wenig wie die Erwachsenen. Nicht, weil es bei ihnen keinen Konkurrenzneid, kein Habenwollen und kein Rechthaben gäbe. Das alles anzunehmen ist in der Tat Romantik. Vielleicht schon eher deshalb, weil für Kinder noch nicht alles festgelegt und festgebannt ist. Vielleicht weil sie noch fähig sind, Neues mit offenen, großen Augen aufzunehmen. Vielleicht, weil sie zu den Leidenden mehr gehören als zu denen, die Leid zufügen. Vielleicht, weil sie machtlos sind und erwartungsvoll zugleich. Vielleicht, weil es für ein Kind jederzeit möglich ist, dem Menschen, den es erlebt als einen, der ihm Leid zufügt, zuzutrauen, dass er trotzdem kein rabenschwarzer Teufel sei. Vielleicht, weil Kinder sehr viel weniger als Erwachsene an ihre Vorurteile gebunden sind und viel weniger an vorgefertigte Feindbilder. Und vielleicht auch deshalb, weil für ihn Kinder nicht erst auf dem Weg waren, Menschen zu werden, sondern es schon waren: ganze, vollständige Menschen mit eigenem Wesen, eigenem Recht, eigener Würde.

Das Volk Gottes war für ihn offenbar eine Gemeinschaft der Menschen überhaupt, in der es Unterschiede weder zwischen Juden und Heiden gab noch Unterschiede der Rasse oder der Herkunft oder der sozialen Schicht oder des Alters. Die Familien mit ihren Autoritätsstrukturen lösten sich für ihn auf, und es entstand so etwas wie die Wahlverwandtschaft der Familie Gottes, in der das Gottesreich anfing zu wachsen. Wo immer patriarchal gedacht wird, sind solche Vorstellungen nicht möglich. Sie erscheinen illusionär. Aber eben dies, was den »vernünftig«, das heißt in Ordnungen und Machtverhältnissen Denkenden illusionär scheint, war für Jesus die Wahrheit. Die Wahrheit einer Welt, die wieder aus einem Stück ist zwischen oben und unten, verbunden in der Güte Gottes und der Güte der Menschen.

Nach Jesus können Trennungen überwunden werden

Eine Geschichte, in der Johannes besonders anschaulich erzählt, wie Jesus mit den Wänden umgehe, die die Menschen gegeneinander errichten, ist die von jener Frau aus Samaria, mit der Jesus – aller Regel zum Trotz – ein geistliches Gespräch führt.

Auf einer Reise kam Jesus in eine Stadt Samarias, nahe bei dem Feld, das der Erzvater Jakob vor über tausend Jahren seinem Sohn Josef gegeben hatte. Dort war auch der Brunnen Jakobs.

Als nun Jesus müde war von der Reise, setzte er sich auf den Brunnenrand, und es war um die sechste Stunde. Da kam eine Frau aus Samaria, Wasser zu schöpfen. Jesus bat sie: Gib mir zu trinken! Da antwortete die samaritische Frau: »Wie kannst du mich bitten, dir zu trinken zu geben; du bist doch ein Jude und ich eine samaritische Frau?« Denn die Juden haben keine Gemeinschaft mit den Samaritern.

Mit einer Frau zu reden war schon sehr ungehörig für einen Lehrer des Gesetzes. Aber Jesus tat es. Es war eine noch größere Ungehörigkeit, als Jude mit Samaritanern, die ja keine Juden waren, zu verkehren. Die Samaritaner waren siebenhundert Jahre zuvor aus irgendeiner Ecke des Nahen Ostens von den Assyrern an diese Stelle in der Mitte des heiligen Landes verpflanzt worden. Aber Jesus führt mit dieser Frau ein langes Gespräch. Und immer wieder überschreitet Jesus irgendeine der Grenzen, die ein Jude seiner Zeit zu respektieren hatte. Und dieser Mensch will ein Prophet sein, ein Botschafter des Gottes Israels?

Jesus antwortete ihr: »Wenn du die Gnade Gottes begreifen würdest, wenn du verstündest, wer der ist, der zu dir sagt: Gib mir zu trinken – du würdest die Bitte umkehren und sagen: Gib du mir zu trinken! Denn wer von diesem Wasser trinkt, den wird wieder dürsten. Wer aber von dem Wasser trinkt, das ich ihm gebe, den wird ewig nicht dürsten, sondern umgekehrt: Das Wasser, das ich ihm gebe, das wird in ihm selbst zu einer Quelle werden, die in das ewige Leben einmündet.«

Da fragt ihn die Frau: »Wie ist das? Unsere Väter haben auf diesem Berg angebetet. Ihr sagt, in Jerusalem sei der Tempel, in dem man anbeten solle.« Jesus antwortete: »Frau, glaube mir, es kommt die Zeit, in der ihr weder auf diesem Berg noch in Jerusalem den Vater anbeten werdet. Es kommt die Zeit, und sie ist schon jetzt da, in der die wahrhaftigen Anbeter den Vater anbeten werden im Geist und in der Wahrheit. Denn solche Menschen will Gott, die ihn so anbeten. Gott ist Geist, und die ihn anbeten, die müssen ihn im Geist und in der Wahrheit anbeten.«

Die Frau antwortete ihm: »Ich weiß, dass der Christus kommen wird. Der wird es uns alles verkündigen.« Und Jesus schloss das Gespräch ab: »Ich bin es, der mit dir redet.«

Jesus auf der Wanderung. Er geht zu Fuß vom Süden nach dem Norden seines Landes und kommt dabei durch das Gebiet zweier Konfessionen des mosaischen Glaubens: der Juden und der Samaritaner. Und es heißt: Jesus sei müde gewesen. Müde wie mancher von uns, der sich sein halbes Leben darum bemüht hat, die christlichen Kirchen und Konfessionen einander näher zu bringen, und der doch keinen Fortschritt sieht.

Als junger Student, eben aus dem Krieg nach Hause gekommen, habe ich 1946 die erste ökumenische Eucharistiefeier miterlebt. Das ist sechzig Jahre her. Damals feierten ein orthodoxer Bischof, ein römisch-katholischer Abt und ein evangelischer Kirchenpräsident miteinander. Es war ein Osterfest, und wir erlebten den Tag wie eine Auferstehung nach dem Ende der alten Konfessionsgeschichte.

Aber was hat sich seither zwischen den Amtskirchen bewegt? Außer Absichtserklärungen erlebe ich kaum etwas, das über jenen Tag hinausgeführt hätte. Die Frucht von fast sechzig Jahren hingebender Bemühung vieler Menschen scheint vertan zu sein. Und man wird dabei manchmal ein wenig müde. Und setzt sich im Bereich der anderen Konfession auf den Rand eines Brunnens und hofft, dass da endlich die Stimme durchdringt, die sagt: »Ich habe lebendiges Wasser für dich.«

Die Geschichte beginnt damit, dass Jesus dasitzt, der Wanderer zwischen den Konfessionen, und um ganz schlichtes Wasser bittet. Eine Frau steht da. Und Jesus mutet ihr zu, aus den Sitten und Gesetzen ihrer samaritanischen Konfession herauszutreten und einfach einen fremden Menschen wahrzunehmen. Sie soll ihr religiöses Feindbild ablegen und den Fremden wenigstens so weit lieben, dass sie ihm Wasser reicht. Aber sie wundert sich zunächst nur: Warum und wieso erwartet dieser konfessionsfremde Mensch etwas von mir? Und Jesus antwortet ihr: Darin, dass ich etwas von dir erwarte, liegt eine Gnade Gottes. Mach deine Augen auf; in jedem, der etwas von dir erwartet, begegne ich dir, ich, Christus. Und ich höre ihn weiterreden von den Konfessionen der Christenheit:

Wie absurd, wenn da zwei am Brunnen des lebendigen, geistlichen Wassers stehen oder sitzen und der eine sagt zum anderen: Du kannst aus meinem Krug trinken. Ich habe die wahre Christusgemeinschaft. Aber ich kann nicht aus deinem Krug trinken, denn du hast die wahre Christusgemeinschaft nicht.

Da fragt nun die Frau am Brunnen in Samarien: Aber das geht doch nicht! Man kann doch nicht einfach über die Wahrheit hinweggehen! Was wahr ist, muss doch wahr bleiben! Und die Wahrheit kann doch nicht auf allen Seiten sein. Entweder haben die Leute in Jerusalem Recht, oder die Leute in Samarien auf dem heiligen Berg Garizim. Aber doch nicht beide! Wie ist das nun: Unsere Väter haben gesagt, man müsse Gott auf diesem Berg anbeten. Die Juden sagen: In Jerusalem. Was ist wahr?

Da antwortet Jesus: Ich sage dir, es kommt die Zeit, da werdet ihr euren religiösen Mittelpunkt weder hier noch dort haben, weder auf diesem Berg noch in Jerusalem, weder in Wittenberg noch in Rom, noch in Genf, noch in Konstantinopel oder sonstwo. Ihr werdet nicht mehr meinen, man müsse, um Gott würdig zu verehren, sich an einem heiligen Ort orientieren, an einer Lehre, an einem Kirchengesetz, an einem Oberhaupt. Es kommt die Zeit, da werden die wahren Anbeter des Vaters ihn verehren im Geist und in der Wahrheit.

Und diese Zeit, sagt Jesus, diese Zeit ist schon jetzt, da ich mit dir rede. Die Orte, an denen ihr euch orientiert, die Autoritäten, an denen ihr euch ausrichtet, sind schon jetzt, nämlich damit, dass ich mit dir rede, überholt, vergangen, wesenlos. Und was wollt ihr damit erreichen dass ihr, wie ihr sagt, das Profil eurer Konfession schärft?

Gott will, dass wir ihn in der Wahrheit anbeten, sagt Jesus. Ich bin die Wahrheit, sagt er. In mir werdet ihr den Vater anbeten.

Wenn aber Christus die Wahrheit ist, dann werden wir der Wahrheit nicht dienen können, indem wir für die Wahrheit streiten. Wer für die Wahrheit eintritt, die Christus heißt, hat keinen Feind. Wer noch im Streit für die Wahrheit eintritt, verkündet nicht das Evangelium.

Die Wahrheit ist ein Licht. Wahrheit stellt man auf einen Leuchter. Wahrheit lässt man strahlen. Die Wahrheit ist kein Knüppel. Mit Wahrheit schlägt man nicht zu. Wer mit der Wahrheit zuschlägt, hat nicht die Wahrheit in der Hand, sondern die Waffe seines eigenen ungereinigten Wesens. Wahrheit macht frei, Wahrheit fesselt nicht, Wahrheit engt nicht ein. Wahrheit nimmt Lasten ab, so gewiss Christus die Wahrheit sagt: Ich nehme euch eure Last ab. Ein Wort, das Christus einem von uns eingibt, ist daran kenntlich, dass es irgendeinem Menschen eine Last abnimmt. Wahrheit ist, wo der Horizont weit und frei ist, wo die Probleme der Menschheit transparent werden, wo das Leid gesehen wird und die Angst sich löst. Die Wahrheit ist keine Mauer, Wahrheit trennt nicht, das tun nur die kleinkarierten Wahrheiten der Menschen. Wahrheit ist ein Weg. Ich bin der Weg, sagt Jesus. Wahrheit ist eine Brücke. Die Wahrheit verkündigen heißt, über eine Brücke zu anderen Menschen hinübergehen, wie Christus hinübergehen über den tiefen Abgrund des Hasses, hinüber zu der Frau am Brunnen in Samaria.

✽

Gott will, sagt Jesus, dass wir ihn im Geist anbeten. Geist – der Geist Gottes hat seine Besonderheit darin, dass er sich auf die Erde herabbegibt, dass er dorthin absteigt, wo Menschen oder andere Geschöpfe Gottes sind, und dass er dort unten, auf unserer Erde, Leben gibt, Kraft, Glauben, Hingabe, Liebe, Hoffnung.

Er kommt wie der Tau des Himmels von oben und macht die Erde fruchtbar und das Herz lebendig.

Gottes Geist schwebt über dem Chaos, und es gestaltet sich eine Welt. Er kommt über einen Propheten, und der Prophet spricht über soziale Fragen oder praktische Politik. Er kommt zu einer jungen Frau, und die Frau bringt ein Kind zur Welt. Er fährt herab, und aus einem traurigen, ratlosen Haufen von Menschen entsteht die Kirche. Der Geist Gottes sagt: Steig ab, du Christ. Nimm die Menschen an. Nimm die Erde an. Nimm auch deine Kirche an, die sich so tief in dem lichtlosen Keller ihrer Eigensüchteleien, ihrer konfessionellen Eitelkeiten, ihres ungeistlichen Stehvermögens befindet.

Du kannst Hoffnung für sie haben. Denn es ist Christus, der mit dir absteigt zu den Gefesselten, um sie frei zu machen.

✻

Am Ende unserer Geschichte sagt die Frau am Brunnen zu Jesus: »Ich weiß. Ja. Ich weiß. Das wird einmal sein. Irgendwann in der Zukunft, wenn Gott den Christus sendet. Irgendwann, wenn ich nicht mehr lebe.« Irgendwann wird Gott, so sagen wir mit ihr, auch diese eigensinnigen Kirchen zusammenführen.

Da antwortet Jesus: »Nein, nicht irgendwann. Jetzt. Die Zeit ist jetzt.« Jetzt, da ich mit dir rede, sind die alten Konfessionen aufgehoben. Und der die Kirchen und Gruppen zusammenführt, bin ich, der seit zweitausend Jahren zu euch redet, und dessen Willen, dass ihr eins sein sollt, ihr nie erfüllt habt.

Ich fürchte, wenn es von den Konfessionen abhängen soll, ob die Kirche zusammenwächst, dann werden wir lange warten. Das Sitzfleisch und das Stehvermögen werden stärker sein.

Es sei denn, der Geist Gottes treibe sie von den Ruhesitzen ihrer Rechthaberei.

Jesus öffnete den Menschen den Blick für die größere Wirklichkeit

Er trat als Heiler auf. Daran besteht kein Zweifel

Was den Menschen in den galiläischen Dörfern am Anfang am meisten auffiel, das war, dass Jesus als Arzt auftrat. Als Heiler. Noch in den ersten Jahrhunderten war für viele dies das Wichtigste an Jesus. In den Katakomben in Rom findet sich an den Gräbern der Christen nicht das Kreuz, sondern viele Abbildungen seiner Heilungen. Diese heilende Tätigkeit ist keine fromme Erfindung späterer Berichterstatter, auch wenn wir über die Art und Weise seines Heilens nichts wissen. Dass es auf diesem Feld viele uns nur andeutungsweise begreifliche Wege des Heilens gibt, das können wir auf der Grundlage einer heutigen Psychologie oder Psychosomatik wieder wissen.

Dass Jesus sich Kranken, Verwirrten und Behinderten liebevoll und barmherzig zugewandt hat und dass dabei immer wieder Heilungen geschahen, scheint mir so charakteristisch für Jesus, dass ich diese Berichte nicht beiseite tun kann und will. Ich sehe ihn, wie er die Hände auf die Augen eines Blinden legt, wie er die zerstörte Haut eines Aussätzigen berührt, wie er dringlich und direkt einen Kranken fragt, ob er denn glauben könne, um ihn danach zu heilen. Immer geht er mit der Hoffnung, einem Vertrauen zu begegnen, auf Menschen zu, und wenn das beiderseitige Vertrauen zusammengeflossen ist, kommt es zu seinem Eingriff in die Krankheit. Und nicht nur die körperlichen, sondern auch die seelischen Leiden und die geistige Verwirrung sind es, die Jesus, indem er durch seine Nähe den Menschen von sich selbst löst und ihn von seiner Angst und seiner Vergangenheit befreit, heilbar macht.

Vielleicht wissen wir Heutigen zu wenig über die hauchfeinen Verbindungen zwischen Seele und Leib eines Menschen, aber es mehren sich die Zeichen, dass Ärzte inzwischen mehr davon verstehen lernen, als der Schulmedizin unserer Tage zugänglich ist. Man beginnt heute zu verstehen, dass Materie keineswegs materiell zu verstehen ist. Dass in den Energiefeldern, aus denen die Wirklichkeit besteht, ebenso die natürlichen Kräfte wie auch die Kräfte der Seele und des Geistes wirken. Dass alles in der Welt mit allem verbunden ist wie in einem großen Netzwerk. Dass der Mensch keineswegs als das geistige Haupt der Schöpfung herausragt aus der Natur, sondern in ihr und mit ihr und durch sie lebt in durchgehender Abhängigkeit von ihr. Dass der Mensch sich von der Natur nicht dadurch unterscheidet, dass er Bewusstsein hat, sondern dass die ganze Natur von einem großen Bewusstsein durchdrungen ist, das auch das kleine Bewusstsein des Menschen an seine Arbeit setzt. Für mich ist es nicht das Erstaunliche, dass Jesus Kranke geheilt hat. Das haben die Schamanen der alten Naturreligionen immer getan. Und wenn es unter ihnen auch Betrüger gab oder wenn andere ihren eigenen Versprechen nicht gewachsen waren, so ändert das nichts an der Tatsache, dass es immer Menschen gegeben hat, die in die sensiblen Zusammenhänge zwischen Geist, Seele und Leib von Kranken und Leidenden heilend eingriffen.

Das »Wunder« besteht ja nicht darin, dass Naturgesetze außer Kraft gesetzt werden, sondern darin, dass wir Vorgänge schauen, die uns sonst entgehen, nicht darin, dass Naturgesetze aufgehoben werden, sondern darin, dass es offenbar Naturgesetze gibt, die wir nicht kennen. Das Wunder verändert nicht die Wirklichkeit, wohl aber die Art, wie wir in die Wirklichkeit blicken. Es führt uns nicht über die erfahrbare Welt hinaus, wohl aber hilft es uns, mit unseren Erfahrungen anders umzugehen. Es sucht nicht unsere Ratlosigkeit, sondern unsere Sensibilität. Und gerade in unserer Zeit einer weltweiten, sehr unsensiblen Zerstörung natürlicher Zusammenhänge wäre eine andere Sicht der Wirklichkeit dringend nötig. Achtsamkeit und Feinfühligkeit könnten sich als die lebensnotwendigen Fähigkeiten kommender Generationen erweisen.

Ebenso wenig hilfreich, wie Jesus solche Heilungen abzusprechen, wird es freilich auch sein, sie erklären zu wollen. Er hat nie eine Methode vorgeführt, sondern immer nur eine Begegnung zum Anlass genommen, etwas zu tun, was einem Menschen helfen könnte. Wenn Jesus die Menschen sah, die ihm begegneten, taten sie ihm leid, »denn sie waren abgehetzt und heruntergekommen, verwahrlost wie Schafe, die keinen Hirten haben« (Matthäus 9,36). Und so zog er Tag um Tag weiter und sprach davon, es habe Sinn, der Liebe Gottes zu vertrauen und seiner heilenden Barmherzigkeit. Und zum Zeichen, dass das wahr sei, heilte er. Doch nirgends finden wir bei ihm etwas wie Trance oder Tricks; nichts wirkt trivial. Und diese Heilungen zielten auf mehr als nur auf leibliche Gesundheit. Sie waren »Zeichen« für das, was Gott will und tut. Zeichen sind Hinweise. Wenn Jesus Menschen gesund machte, stellte er gleichsam an die Umstehenden die Frage: Wo wollt ihr denn Gott finden? Gott ist zu sehen in den Gesichtern von leidenden Menschen! Und er ist zu spüren in der Barmherzigkeit derer, denen das schwere Leiden erspart ist.

Und so sah er in seiner Fähigkeit zu heilen keineswegs eine Ausnahmeerscheinung. Als er seine Jünger aussandte, in die Dörfer zu gehen und zu den Menschen vom nahen Gottesreich zu reden, sagt er ihnen ausdrücklich: »Heilt die Kranken! Macht die Aussätzigen gesund! Treibt die Geister der Wirrnis aus!« (Matthäus 10). Er scheint der Auffassung gewesen zu sein, dass ein Mensch, der im nahenden Gottesreich lebt, solche Kräfte hat. Dazu gehört, dass er es immer wieder von sich gewiesen hat, wenn Menschen ihn deshalb plötzlich verehrten, weil er eine Heilung zuwege gebracht hatte. Für die Offenbarung dessen, was er selbst war, hielt er diese Wundertaten gerade nicht für geeignet. Und wenn die Menschen von ihm Wunder verlangten, dann wehrte er sich: »Wunder wollt ihr sehen! Der bloßen Neugier werde ich keine Wunder zeigen.« Wenn aber, wie in seiner Heimatstadt Nazaret, kein Vertrauen da war, so war er außerstande, »auch nur einen einzigen Machterweis dieser Art zu zeigen« (Markus 6,5). Für Jesus wie für alle solcherweise Heilenden in der Geschichte der Menschheit war das Heilige zugleich das Heilende. Wer heilen will, ohne sich des Heiligen bewusst zu sein, wird schnell an die Grenze seiner Versuche kommen.

✽

Was also muss in uns selbst geschehen, ehe wir uns sinnvoll mit den »Wundern« Jesu beschäftigen können? Jesus appelliert immer wieder sehr dringlich an unser Wahrnehmungsvermögen: »Wer Ohren hat, höre!«, sagt er. »Sieh!«, sagt er. »Tu die Augen auf!« »Wer Augen hat, schaue!« Und wir können ergänzen aus dem, was er sonst getan und gesagt hat: Wer ein Herz hat, liebe! Wer einen Kopf hat, denke nach! »Hören« ist nicht akustisch gemeint, es bezeichnet die Achtsamkeit eines Geistes und den Willen zu verstehen, was zu hören ist. »Sehen« ist nicht optisch gemeint, es bezeichnet die Bereitschaft, Zusammenhänge zu verstehen, die bislang nicht begegnet sind, von Bildern der Seele aus die Wirklichkeit durchlässig zu machen, und von den Erfahrungen mit den Geheimnissen der Wirklichkeit aus neue Bilder zu sehen. Alle Gleichnisse Jesu haben diesen Sinn. »Lieben« bedeutet nicht sosehr, Gefühle zu entwickeln, sondern bezeichnet den Mut, die eigenen Interessen zugunsten irgendeines Menschen zurückzustellen. Nachdenken heißt nicht rechnen, sondern alle seine Kräfte zu versammeln, um der Wahrheit ansichtig zu werden. Hören heißt hier vor allem auch hören auf das, was jenseits der Worte liegt. Schauen ist achten auf das, was sich dem normalen Blick entzieht. Lieben ist ein Sich-Zuwenden zu nicht liebenswerten Menschen und ihren Leiden. Nachdenken beginnt mit dem Weglegen dessen, was man zuvor gedacht hat.

Wir müssen endlich begreifen, dass unsere Wirklichkeit Zonen und Bereiche hat, in die wir nicht eindringen. Nicht weil uns bis jetzt die Werkzeuge fehlen, sondern grundsätzlich. Wir sind gewohnt, von einer Außenwirklichkeit zu reden, die wir mit Sinnen und Gedanken verstehen, und von einer Innenwirklichkeit, die sich dem Psychologen erschließt. Aber das ist zu wenig. In diesen beiden Wirklichkeiten finden weder Wunder statt noch Visionen. Mit ihnen sind weder Engel vorstellbar noch eine Auferstehung vom Tode. Wir werden so weder sinnvoll von Gott noch von der Vollmacht eines Menschen reden; wir werden weder an den Sinn eines Gebets rühren noch an den eines Glaubens. Gleichnisse wie die von Jesus verlieren für uns ihren hinweisenden Sinn, und Ahnungen, Fernwirkungen und Fernerfahrungen finden allenfalls noch in den Kindermärchen Raum. Nein, es gilt für uns Erben der Aufklärung, wieder sensibel zu werden für die Dinge, die wir erfahren, aber nicht deuten können, die vielleicht durch uns hindurch geschehen können, aber nicht durch uns bewirkt werden. Denn noch einmal: Das »Wunder« besteht nicht darin, dass Naturgesetze aufgehoben werden, sondern darin, dass uns die Augen aufgehen für die größere Wirklichkeit.

Nun geschah aber mit der einen oder anderen Erzählung eines Wunders zwischen seiner unmittelbaren Erfahrung und der Abfassung der Berichte darüber – immerhin vierzig Jahre später – eine Veränderung. Das ist nicht weiter verwunderlich. Es gab Augenzeugen, die erlebten, wie ein Kranker zu Jesus gebracht wurde und wie er aufstand. Schon sie dürften kaum verstanden haben, was da wirklich vorging. Sie staunten. Und was sie erlebt hatten, vergrößerte sich später in ihren Augen. Die Wunder wuchsen immer mehr ins Breite und ins Allgemeine, so etwa, wenn man erzählte, es hätten »unzählige Menschen ihre Lahmen, Verkrüppelten, Blinden, Taubstummen und viele andere« zu Jesus gebracht und sie ihm »vor die Füße geworfen«, er aber habe sie alle geheilt (Matthäus 15,30 und öfter) oder Jesus habe »alle Krankheiten und Leiden im Volk« geheilt (Matthäus 4,23).

Noch etwas geschah: Wenn die wandernden Prediger in ein Dorf kamen und den Menschen von Jesus erzählten, dann redeten sie etwa auch davon, er sei seinen Begleitern in einem Sturm auf dem Meer erschienen. Natürlich wurden sie sofort gefragt: Wie soll man sich das vorstellen? Und die es erzählten, mussten nun erklären, was ihnen selbst ein Geheimnis war. So fügten sie an: »Gegen Morgen, in der vierten Nachtwache, kam Jesus zu ihnen, indem er auf dem Meer ging« (Matthäus 14,25). Dass Jesus ihnen erschienen war, das war die reale Erfahrung. Dass er auf dem Meer ging, war die Erklärung. Erfahrungen dieser Art verbinden, was außen und was innen in den Menschen geschieht. Sie kommen von außen, wo Nacht, Sturm und Meer sind. Und sie wecken etwas in den Menschen. Am Ende ist unwichtig, was außen und was innen geschieht. Der Sturm beherrscht die Szene nicht mehr. Es ist eine rettende Macht gegenwärtig. Das Schiff hält stand, der Morgen kommt und der Mensch macht sein Boot am Ufer fest. Aber die später hinzukommende Erklärung »er ging auf dem Wasser« macht nicht das Wunder begreiflich; sie verstellt es.

Dass die Berichterstatter der Zeit nach Jesus immer wieder in solchen Erklärungsnotstand gerieten, ist nicht verwunderlich. Um so erstaunlicher ist die Zurückhaltung, die sie sich gerade mit Erklärungen auferlegt haben. Wenn sie zum Beispiel erzählten, bei einer Versammlung von fünftausend Menschen an einem einsamen Ort, als nichts zu essen da war, seien für Jesus und seine Jünger nur fünf Brote und zwei Fische zur Verfügung gewesen, die fünftausend aber seien alle satt geworden (so Matthäus 14 und 15, Markus 6 und 8, Lukas 9), so folgt nicht die naheliegende Erklärung, Jesus habe das Brot »vermehrt«. Solche Erklärungen wurden erst später versucht, obwohl uns doch deutlich gesagt ist, Jesus habe das Herbeizaubern von Brot für einen Vorschlag des Teufels gehalten. Was aber hat sich wirklich zugetragen? Man kann etwa Folgendes versuchen: Die Menschen sitzen irgendwo auf dem Golan vor Jesus zu Tausenden. Es fehlt an Brot. Unter dem bewegenden Eindruck der Worte und der Gestalt dieses Jesus, der vor ihnen steht und vom Reich Gottes, von der Gerechtigkeit und von der Sorge des einen für den anderen spricht, entdecken die, die Brot bei sich haben, dass dieses Brot auch für den Nebenmann bestimmt ist, und sie beginnen zu teilen. Sie werden alle satt. So mag man erklären. Wichtig allerdings bleibt, dass es solche Erklärungen eben nicht gibt. Unsere Fantasie ist frei, sich etwas auszudenken; die Geschichte selbst bleibt bei der Andeutung einer erstaunlichen, nicht erklärbaren Erfahrung.

Aber das meiste bedarf einer solchen Deutung nicht. Jesus geht durch ein Krankenhaus in Jerusalem. In den Hallen liegen Kranke, Gelähmte, Matte an Matte. Jesus sieht einen, der achtunddreißig Jahre lang krank gelegen hat, gelähmt. Er fragt ihn: »Willst du gesund werden?« Der antwortet: »Ich habe keinen Menschen, der mich in das Wasserbecken trägt, wenn das Wasser sich bewegt, und nur dann könnte ich gesund werden.« So glaubte man von jener intermittierenden Quelle am Grund des Wassers. »Immer steigt einer vor mir hinein, und nur der erste, der hineinsteigt, wird gesund.« Jesus sagt zu ihm: »Steh auf! Nimm deine Matte und geh.« Und der Mann steht auf und geht. Noch einmal: Der Kranke sieht Jesus stehen. Er weiß nicht, ob er überhaupt gesund werden will. Er hört: Steh auf! Und er steht auf. Er hört: Du kannst tragen. Und er nimmt die Matte in die Hand. Er hört: Du kannst gehen. Und geht. Einen Augenblick lang steht dieser seltsame, starke, brüderliche Mensch vor ihm, stellvertretend für ihn, und zieht seinen schwachen Willen auf sich. Dann gibt er ihn verwandelt zurück, und der Kranke steht auf in der Kraft, die er von Jesus empfängt.

Irgendwo laufen ihm zwei Blinde nach, die schreien: »Ach, du Sohn Davids, hilf uns!« Jesus fragt sie: »Glaubt ihr wirklich, dass ich euch helfen kann?« Sie antworten: »Ja, Herr!« Da rührt er ihre Augen an: »Was ihr glaubt, soll geschehen!« Und ihre Augen gehen auf (Matthäus 9,27–30). Einer Frau begegnet Jesus, die gekrümmt geht und sich nicht aufrichten kann. »Sei frei von deinem Leiden!«, sagt er und legt ihr die Hände auf. Sie fängt an, sich aufzurichten, und hebt ihr Gesicht. Was sie in dem Wort »Sei frei von deinem Leiden!« hören kann, das ist: Du darfst da sein. Ich sehe dich. Nimm an, was ich dir gebe. Dehne dich, wachse und gedeihe. Und fürchte nichts.

Dschelaleddin Rumi, der große türkische Mystiker und Dichter des 13. Jahrhunderts, ein Moslem, sagte etwas vom Schönsten, das je über die Wunder Jesu gesagt worden ist:

> »Wenn dich jemand fragt:
> ›Wie hat Jesus die Toten lebendig gemacht?‹,
> dann führe ihn zu mir, gib mir einen Kuss
> und sage: ›So!‹«

Ein Mann wendet sich an ihn: »Meister, ich habe meinen Sohn hergebracht. Er ist von einem bösen Geist besessen. Der reißt ihn zu Boden. Dann hat er Schaum vor dem Mund, knirscht mit den Zähnen und wird starr und steif. Wenn du etwas kannst, dann hilf uns!« Jesus antwortet: »Wer glaubt, kann alles.« Da ruft der Vater des Jungen: »Ich glaube, lieber Herr, hilf meinem Unglauben!« Glauben besteht in der brennenden Hoffnung, es möge in dieser Welt eine Kraft geben, die allem überlegen ist, das krank macht. Es möge mich einer fassen, wenn ich die Hand ausstrecke. Glauben ist ein Sprung über den eigenen Unglauben und das Vertrauen, dass mich einer auffängt, wenn ich springe.

Jesus sieht auch Menschen, die »von Dämonen besessen« sind, also, wie wir heute sagen würden, Nerven- oder Geisteskranke, Neurotiker, Neurastheniker oder Menschen, denen das Bewusstsein ihrer Identität verloren gegangen ist. Ihre Krankheit äußert sich in Verwirrtheit, in

Zwangshandlungen, in Wahnvorstellungen. Wir brauchen dabei nicht an Dämonen zu denken, auch wenn sich die Berichterstatter von damals eine solche Krankheit nicht anders deuten konnten als so, dass ein Dämon am Werk sei. Aber wir täten auch dann immer noch gut daran, von einer den Menschen beherrschenden dunklen »Macht« nicht als von einem primitiven Aberglauben zu reden, sondern noch lange offenzuhalten, inwieweit es nicht wirklich Klarheit schaffte, wenn wir solche Dunkelheiten als »Mächte« verstünden. Vielleicht würden wir ihnen dann eher gewachsen sein.

Ist das »Dämonische« eine Wirklichkeit? Nun, es ist so wirklich wie die Macht irgendeines autonomen Komplexes oder eines Über-Ichs, das die Menschen beherrschen, besetzen, versklaven und gefügig machen will. Wer das Reich Adolf Hitlers erlebt hat, wird nicht mehr sagen, dies sei nicht wirklich. Wir haben die Menschen gesehen, die im wahrsten Sinn des Worts »besessen« waren. Und wir hatten genug damit zu tun, uns selbst von dieser uns besetzenden Macht einigermaßen freizuhalten. Das »Dämonische« ist das Ende der Freiheit, das Ende der Würde von Menschen. Und es ist das Ende einer wirklichen Gotteserfahrung. Denn dieses Über-Ich will ja über dem Ich sein, wie Gott über dem Menschen ist. Es will Gott verdecken, verdrängen, ins Unwirkliche abtrennen. Es will an der Stelle stehen, an der der Glaube an die Liebe und Freundlichkeit Gottes stehen sollte. Wer dem Über-Ich, das so auftritt, gehorcht, findet den Zugang zu Gott verschlossen. Ist das Dämonische wirklich? Es ist so wirklich wie ein Stein oder ein Wald. Und es ist so schwer zu tragen wie ein Berg, der auf einer Seele lastet.

✻

Entscheidend wichtig aber scheint mir, dass Jesus, wenn er von »Wundern« spricht, dafür manchmal das Wort »Zeichen« wählt. »Ich gebe Zeichen.« Nicht: Ich tue Wunder, oder gar: Ich bin ein Wundertäter!, sondern: Was durch mich geschieht, sind Zeichen. Ein »Zeichen« ist etwas, das etwas zeigt, das etwas vor Augen stellt. Es spricht uns etwa so an: Du siehst irgendwo in einer Großstadt ein Schild, auf dem ein Flugzeug abgebildet ist, das steil nach oben abhebt. Oder ein anderes Schild, auf dem ein Bett abgebildet ist. Nun könntest du das auch missverstehen und sagen: Da ist ja ein Flugzeug!, könntest dich auf eine Parkbank setzen und warten, ob irgendwann ein Flugzeug einschweben wird. Oder du könntest sagen: Hier ist ein Bett angezeigt, also kann ich hier übernachten. Nein, das Flugzeug sagt dir: Wenn du in der Richtung, die mein Abbild anzeigt, aufbrichst, dann kannst du in einer halben Stunde dort sein, wo die Flugzeuge starten und landen. Und wenn du dem Schild nachgehst, auf dem das Bett gemalt ist, kannst du hinter der übernächsten Ecke ein Hotel finden. Dich von der Stelle rühren musst du schon, wenn du ein Zeichen siehst. Es will, dass du ihm nachgehst.

So sagt Jesus: Geh dem nach, was du siehst, bedenke es, lass dich von ihm berühren, lass dich wach machen! Es ist unwichtig, wie du es dir erklärst. Es ist unnötig, dass du die Grafik bewunderst. Es ist unwichtig, ob du mich als den großen Macher anstaunst. Wichtig ist, dass dir die Augen aufgehen für die andere, die größere Wirklichkeit in deiner eigenen Seele, für die größere Wirklichkeit, für die ich in dieser Welt stehe, und für die große, tief geschichtete Welt Gottes.

Ein »Zeichen« ist ein Fenster, durch das Licht aus einer anderen Wirklichkeit zu uns hereinkommt. An der Stelle, an der ein »Zeichen« geschieht, ist die Wand durchscheinend geworden zwischen hier und dort, zwischen diesseits und jenseits, zwischen heute und morgen, zwischen begreiflich und unbegreiflich.

Aber das Zeichen fügt hinzu: Es gibt nicht, wie du jetzt meinen könntest, zwei Wirklichkeiten. Die Welt hat ihre Einheit und Ganzheit in Gott. Die Welt ist eine. Sie hat ihr Geheimnis und ihre Grenzenlosigkeit; aber der Kopf des Menschen ist nun einmal nicht groß genug, das Ganze wahrzunehmen.

✾

Was sagt denn Jesus zu dem Menschen, dem er als Heilender gegenübertritt? Im Grunde dies:

Lass dir sagen, wer du sein kannst. Nein: Wer du bist. Du bist ein Garten, über dem die Sonne scheint und der Regen fällt. Aus dir soll nun aufwachsen, was in dich gelegt ist. Du bist ein Acker, über den einer geht und Samen auswirft. Nun soll Getreide aufwachsen und Frucht tragen. Das Wort fällt in dich, und was aufwachsen soll, ist nicht nur der neue Mensch in dir, sondern viel mehr: das Reich Gottes. Du bist gesegnet. Nun lebe, wachse und gedeihe.

Jesaja sagt schon fünfhundert Jahre vor Christus: »Deine Seele soll sein wie ein wasserreicher Garten« (Jesaja 58,11), und Jesus sagt nichts anderes. In dir soll etwas wachsen und reifen. Es soll Lebenskraft ausströmen auf andere wie aus einer Quelle. Über dir ist Gott wie der Himmel, unter dir wie die Erde, um dich her wie die Luft und der Wind; du lebst, um ihn zu preisen, das Reich seiner Gegenwart zu schauen und nach dem Maß deiner Kräfte dafür zu wirken. Der Garten bist du, der neue, der verwandelte Mensch. Er ist Teil des Reiches Gottes.

Einmal kam er nach Kafarnaum und es sprach sich herum, dass er im Haus (des Simon) sei. Da strömten die Menschen zusammen, so dass sie keinen Raum mehr hatten, auch nicht draußen vor der Tür, und er redete zu ihnen. Da kamen auch einige, von denen vier einen Gelähmten trugen. Als sie aber im Gedränge nicht zu Jesus durchkamen, gruben sie das Lehmdach auf, unter dem er stand, machten eine Lücke und ließen das Tragbett, auf dem der Kranke lag, hinab. Als Jesus sah, mit wie festem Vertrauen sie gekommen waren, sprach er den Gelähmten an: »Mein Sohn, was du Böses getan hast, soll dich nicht mehr von Gott trennen!« Es saßen aber in der Runde auch einige Schriftgelehrte, die dachten hin und her in ihren Herzen: »Was nimmt der sich heraus? Er tut, als wäre er Gott! Wer kann denn Verfehlungen vergeben außer Gott selbst?«

Jesus erkannte, was sie dachten, und fragte sie: »Warum denkt ihr so? Was ist leichter, dem Gelähmten zu sagen: ›Deine Verfehlungen sind dir vergeben‹ oder: ›Steh auf, nimm deine Matte und geh umher‹? Ihr sollt sehen, dass ich Vollmacht habe, auf der Erde Sünden zu vergeben. Ich will also tun, was schwerer scheint.« Und er wandte sich an den Gelähmten: »Ich sage dir: Steh auf! Nimm deine Matte und geh nach Hause!« Der stand auf, nahm im selben Augenblick seine Matte und ging vor aller Augen aus dem Haus. Da gerieten sie alle außer sich und rühmten Gott. »So etwas«, sagten sie, »haben wir noch nie gesehen!« (Markus 2,1–12).

Dass Jesus Kranke geheilt hat, ist etwas vom Sichersten, das wir über ihn wissen. Es mag sein, dass der eine oder andere unter den Berichterstattern in seiner Begeisterung ein wenig übertrieben hat. Aber dass Jesus als Arzt durchs Land zog, war für die Zeitgenossen so wichtig, dass sie ihm den Namen »Heiler« beilegten, den wir heute mit »Heiland« übersetzen.

Das Evangelium ist seinem ganzen Wesen nach Heilung. Was nicht heilt, was nicht gesund macht an Leib oder Seele oder Geist, kann nicht das Evangelium sein.

✽

Was sehe ich denn in der Welt? Realitäten sehe ich, oder was ich dafür halte. Ich sehe Streit. Ich sehe Leiden. Ich sehe eine unendliche Mühe, mit der sich das Leben auf dieser Erde durchhält. Aber ich sehe nichts von Gott.

Wenn Jesus vor den Menschen stand, die Hand hob und ihre Augen berührte, ging ihnen ein Licht auf. Sie begannen zu sehen. Sie sahen mehr. Sie sahen: Hier ist ein Mensch, in dem Gott mir nahe kommt. Und Gott ist mir freundlich. Ich kann ihm vertrauen. Und ihr Glaube begann, die Flügel zu regen. Ein Wahrnehmen erwachte. Ein Schauen. Es ist gut, wenn Christen auch über das Schauen nachdenken, das ihnen verliehen ist, und nicht nur über den Glauben.

Was ist denn das erste? Dass einer zum Vertrauen findet oder dass er die Augen öffnet? Für Jesus hing eins am andern. »Was ihr glaubt, soll geschehen.« Und ihre Augen gingen auf. Wenn aber die Augen aufgegangen sind, kommt alles darauf an, was einer sieht. Ob er Gott begegnet in dem, was er wahrnimmt.

Er zeigte Wege zu einem dauerhaften Glück

Jesus verstand sich und wirkte als Arzt. Und er sah, wohin er blickte, die Zeichen der Krankheit. Die Verängstigung, die Zwänge, die Auszehrung der Leiber und der Seelen, die Gespaltenheit, die Mutlosigkeit, die Kraftlosigkeit, die vergebliche Suche nach Glück und Erfüllung, die Lebenslügen und die Friedlosigkeit. Er wusste: Sie brauchen einen Arzt. Einen Arzt, der nicht an den Symptomen herumkuriert, sondern der Krankheit an die Wurzel geht.

Er zeichnet ein Bild vom gesunden Menschen. Von der Überwindung der inneren und der äußeren Krankheiten. Er zeichnet immer dann an diesem Bild des gesunden Menschen einige Striche, wenn er sagt: Die oder die sind glücklich. Selig. Weil ich aber nun, liebe Leserin, lieber Leser, gerne möchte, dass Sie das Folgende nicht nur lesen, sondern meditieren, Zeile für Zeile und immer wieder meditieren, so biete ich es in kurzen Sinnzeilen an, die langsam und tief in Sie eindringen möchten. Nichts daran ist selbstverständlich. Wenn es aber mit seiner ganzen Fremdheit Ihre Zustimmung gefunden hat, so hat sich Ihnen ein Weg zur Heilung und zum Glück gezeigt.

✻

Glücklich sind, sagt Jesus,
die nicht meinen, sie müssten alles selbst können.
Sie werden darum auch nicht an sich zweifeln müssen.
Glücklich sind, sagt er, die,
die sich ihrer Armut und Schwäche bewusst sind
und alles Gute, das sie suchen, von Gott erwarten.

Er sagt: Ich will eure Last, die ihr zu tragen habt,
leichter machen.
Die Hauptlast, die ihr mit euch herumtragt,
ist der Anspruch an euch selbst,
ihr müsstet eurer Glück erkämpfen, verdienen, beschaffen,
durch Leistung oder Anpassung oder sonstwie.
Ihr werdet am Ende sehen, dass ihr es nicht konntet.
Glücklich sind die Armen, die annehmen können,
was Gott ihnen geben will.
Das erste, das er gibt, ist Entlastung.
Vor allem Entlastung von allen Zwängen.

Glücklich sind, die Leid tragen, sagt er.
Nicht, weil sie Leid tragen, sondern weil ihnen ihr Leid
zu einer ganz anderen,
ungewohnten Sicht ihrer Welt verhilft.
Wenn sie nie wirkliches Leid erfahren,
kennen sie die Welt nicht.
Sie dringen nie in den Hintergrund ein,
aus dem sie hören können:
Ich sehe dich. Ich trage dich. Ich halte dich.
Ich führe dich an dein Ziel.
Glücklich sind, die ihr Leid tragen,
die es nicht wegwerfen wollen,
nicht hassen, sondern tragen.
Sie hören: Ich, dein Gott, trage dich mit deinem Leid.

Glücklich sind, mit sich selbst und ihrem Schicksal eins,
die Geduldigen und Freundlichen.
Die sich am Kampf um die guten Plätze
nicht beteiligen müssen.
Die nicht darum kämpfen, irgendetwas zu erreichen,
irgendeine Rolle zu spielen,
irgendeine Bedeutung zu erlangen.
Glücklich sind sie, denn ihnen steht zur Verfügung,
was aus der großen Stille leise hervorwächst,
die größere Kraft Gottes.
Glücklich sind, die keiner Gewalt bedürfen.
Keiner Lüge, keines So-tun-als-ob.

Sie haben ihre Gespaltenheit überwunden.
Sie werden leben können auf dieser Erde.
Und die Erde wird mit ihnen leben können.
Sie müssen nicht triumphieren. Sie können leben.

Glücklich sind, die hungert und dürstet
nach der Gerechtigkeit.
Sie hören auf, für sich selbst allein zu sorgen.
Sie kämpfen um Gerechtigkeit für alle,
denen sie vorenthalten wird.
Für alle, die Brot suchen oder Freiheit.
Sie werden nicht nach dem Sinn ihres Lebens
hungern müssen,
sie werden ihn erfüllen. Sie werden satt werden.
Durch ihre Hand werden andere satt werden.
Und ihre eigene Seele wird dabei erfüllt sein
mit dem Glück der Gerechtigkeit.

Glücklich sind die Barmherzigen.
Sie bemerken es, wenn neben ihnen ein Mensch leidet
oder irgendein lebendiges Wesen.
Sie wenden sich ihnen zu und versuchen zu helfen.
Den Wehrlosen, den in ihrem Leiden Gefangenen,
den Verlassenen.
Glücklich, die ein Auge haben für die wortlose Klage,
eine Hand für die hilflose Schwäche.
Eine offene Seele, in die etwas eintreten darf,
was kein Haus hat.
Sie stehen in dem großen und weiten Raum und Wirkkreis
der Barmherzigkeit Gottes.
Und wenn sie selbst sie brauchen,
wird die Liebe Gottes ihnen durch ihr Leid hindurchhelfen.

Glücklich sind die reinen Herzen.
Wissen wir, was Reinheit ist?
Rein ist ein Mensch,
der sich ohne Rücksicht auf seine Reinheit
die Hände schmutzig macht,
wenn es um eines anderen Menschen willen nötig ist,

und dem kein Schmutz etwas anhaben kann.
Sie kennen die Angst vor der Unreinheit ihres Tuns,
die Fragwürdigkeit und Mangelhaftigkeit.
Aber sie werden Gott schauen.
Denn Gott ist zu sehen im Schmutz der Erde.
In jedem beschmutzten Menschen,
von dem man sich fernhalten möchte.
Gott ist Mensch geworden im tiefen Schmutz der Erde.
Ein Herz ist rein so, dass es liebt
und den Schmutz nicht fürchtet.
Ein Herz ist rein so, dass es den Weg des Liebens geht.
Es wird in der Unreinheit dieses Menschenlebens
Gott schauen.

Glücklich sind, die Frieden schaffen,
denn sie sind die Töchter und die Söhne Gottes.
Sie sind die Beauftragten Gottes, die Bevollmächtigten.
Glücklich sind, die den Streit beenden, ehe es Nacht wird,
und nicht ausschauen nach einem Sieg.
Sie bedürfen keiner Waffen.
Glücklich sind,
die den Frieden in sorgsamen Händen schützen.
Sie spiegeln das Reich des Friedens, das Gottesreich
auf dieser Erde. Sie empfangen Frieden,
und sie geben von ihrem Frieden weiter.
Und durch sie wächst das Friedensreich Gottes
in dieser Welt.

Glücklich sind, sagt Jesus, die verfolgt werden,
weil sie Gerechtigkeit suchen.
Weil sie die Wahrheit beim Namen nennen,
weil sie die Würde von Menschen anmahnen.
Ihnen gibt Gott den Mut und die Kraft.
Sie werden mit Jesus zusammen in seinem Leiden stehen.
Sie werden das Reich der Gerechtigkeit auch öffnen
für die, die sie verfolgen.
Sie werden das Reich des Friedens
auch denen zeigen können,
die ihre Kraft aus ihrem Hass ziehen.

Als die Verfolgten werden sie die Liebenden sein
für alle Verfolgten und für die Verfolger zugleich.

Und sie alle, die Glücklichen, hören Jesus sagen:
Komm heraus aus deiner Enge,
und folge mir auf meinem Weg.
Du wirst die Kraft finden, die du brauchst.
Das Wort, das du sagen kannst,
den Menschen, die verloren zu gehen drohen.
Und das Ziel, die Freiheit
und die Schönheit meines Reichs.
Deine Auferstehung wird deine Erlösung sein.

Und Jesus fügt noch zwei solcher Sätze an.
Er sagt: Glücklich ist, wer sich an mir nicht ärgert.
Wer an den Paradoxien nicht Anstoß nimmt,
die in diesen klaren Lebensgesetzen zu liegen scheinen.
Wer wahrnimmt, was wahr ist,
und den Weg mit mir wagt.
Mein Weg scheint in tiefem Dunkel zu enden.
In Wahrheit endet er in strahlendem Licht.

Und:
Glücklich sind,
die ein an sie gerichtetes Wort von Gott hören
und ihm Raum geben in ihrem Herzen.
Das Leid der Welt hat seine Ursachen
nicht nur in den Schicksalen,
sondern auch in der Unfähigkeit zu hören.
So ergehen die Vorwürfe gegen Gott oder seine Leugnung.
Glücklich sind, die es hören mit dem Ohr ihrer Seele,
wenn ihnen eine Erfahrung begegnet,
mit der Gott sie anspricht.
Die solche Anrufe Gottes hören,
finden ihre Aufgaben, ihr Bild von sich selbst,
den Sinn und die Erfüllung ihres Lebens.
Und wenn sie dieses Wort bewahren,
wenn sie ihm in ihrem Herzen, ihrer Seele, Raum geben,
so dass es sie zu verändern beginnt,

wenn sie alle Kräfte um es versammeln,
so werden sie das Kostbarste gefunden haben,
das es in einem glücklichen,
einem gelingenden Leben zu finden gibt.

Die Menschen ehrten ihn mit uralten Würdetiteln

Die einfachen Menschen, zu denen Jesus sprach, gaben ihm in ihrer Dankbarkeit und Verehrung Namen, wie sie höher nicht gedacht werden konnten. Wer war denn dieser Jesus für sie?

»Herr!«, redeten sie ihn an. Das heißt: Wir sehen eine Autorität in dir, der wir uns anvertrauen. »Herr« war einer der Namen Gottes. »Meister«, sagten sie, »Lehrer«. Damit wollten sie sagen: Was du sagst über das Leben, das wir führen sollen, ist besser, als was wir selbst uns ausdenken könnten. Wir wollen tun, was du sagst. Einen »Helfer« nannten sie ihn. Einen »Heiler«, einen »Heiland«. Einen »Retter«, einen »Erlöser«, als sie sahen, wie er mit den Kranken umging, mit den Gestörten, mit den Belasteten.

Einen »Propheten« nannten sie ihn. Ein Prophet ist einer, der ansagt, was Gott von uns Menschen will und nicht will, der anzeigt, was politisch zu tun ist oder sozial, wie ein Rechtssystem in einem Volk funktionieren soll oder wie die Energie des Einzelnen in das gemeinsame Leben einzubringen ist. Und vielleicht war dies der ursprünglichste Titel, den sie ihm zusprachen: der eines Propheten.

Aber auch den »Messias« sahen sie in ihm, den »Gesalbten«, den »Christus«, das heißt, den Bevollmächtigten Gottes. Den »Gottessohn« nannten sie ihn um seiner unbegreiflichen Vollmacht willen, die er von Gott hatte. Den »Richter«, den »Weisen«, den »Dämonenbeschwörer«. Oder den »Logos« sahen sie in ihm, das heißt den, der in Gottes Namen überall wirkt, auch im Kosmos, in der Natur, in der Schöpfung, der für sie praktisch an Gottes Stelle trat.

War er all das? Es hat jedenfalls seinen Sinn, dass sie so sprachen. Damit legten sie seinem großen Geheimnis, seiner spirituellen Macht Kleider an, wie man sie an einem Herrschenden liebt, Kleider, die in ihrer Zeit und in ihrem Land bereitlagen, um das Geheimnis Gottes damit zu bezeichnen.

Manchmal auch in der Geschichte seither verdeckten solche Kleider mehr von dem, was er wirklich war, als sie ihn zeigten. Und manchmal war die Fülle der Namen, der Titel und der Gleichnisse mehr Verkleidung als Deutung seines Wesens.

Wir wollen ihn auf seinen Wegen ein wenig weiter begleiten. Vielleicht zeigt sich uns, wer er war. Wer er ist. Vielleicht deutet ihn auch manches alte Lied aus der Überlieferung seines Volkes:

Die ihr den Frieden sucht,
schaut, was kommen wird!, spricht Gott.

Denn seht, da kommt er,
der den Frieden bringt,

der Gerechte, der Bringer des Heils.
Ohne Macht erscheint er.

Auf einem Esel reitet er,
auf dem Füllen der Eselin.

Er wird die Waffen entfernen
aus eurer Mitte, Kriegswagen und Rosse.

Die Bogen der Krieger wird er zerbrechen
und Frieden schaffen auf der Erde.

Er wird die Gefangenen befreien
aus ihrem Kerker

und euch zusammenführen
in der künftigen Stadt des Friedens.

Heute sage ich es an:
Er kommt, der den Frieden bringt.
Sacharia 9

Und vielleicht zeigt manches dieser Lieder auch, was er seinem Volk geben und war er ihm eröffnen wollte, etwa das Folgende:

Stärkt die müden Hände,
spricht Gott.

Sagt den verzagten Herzen:
Fürchtet euch nicht!

Seht, da ist Gott!
Er kommt und wird helfen.

Dann gehen die Augen des Blinden auf,
und die Ohren des Tauben öffnen sich.

Der Lahme springt wie ein Hirsch,
und die Zunge des Stummen preist Gott.

Wasser brechen auf in der Wüste
und Ströme im dürren Land.

Freuen werden sich die Verlassenen,
glücklich sein die Verzagten.

Denn ihr werdet einen Weg sehen,
eine Straße wird sich auftun vor euch.

Befreit von Drohung und Angst
werdet ihr wandern.

Ein Ziel wird vor euch erscheinen:
die heilige Stadt.

Wie die Sonne über euch leuchtet,
wird die Freude über euch glänzen.

Das Glück wird Gast sein in eurem Haus,
und Fröhlichkeit bei euch einkehren.

Und ferne, wie ein Flüchtling,
der sich in der Erde verbirgt,

wird das Seufzen sein,
denn ich bin es, der euch nahe ist.
Jesaja 35

Sein Schlüsselwort hieß »Reich Gottes«

Im trockenen Gras, in der Sonne zwischen den Basaltblöcken im Osten des Sees oder auf den weißen Kalkfelsen im Westen saßen sie. Am Ufer standen sie gedrängt, auf den offenen Plätzen. Und immer wieder dasselbe Wort: Reich Gottes. »Das Reich ist nahe!« »Es kommt!« »Es ist bei euch!« »Es ist mitten unter euch!« »Es ist in euch!« Es war sein Schlüsselwort. Aber es war nicht nur seines. Um dieses Wort ging in seiner Zeit überall der Streit. Zwischen den politischen Parteien, zwischen den Gelehrten, zwischen den Falken und den Tauben im Kampf gegen Rom.

Vielleicht hätte Jesus statt von einem »Reich Gottes« auch nur einfach von Gott selbst reden können. Dann hätte er die Weise gemeint, wie Gott in uns ist, oder die Weise, wie wir Gott in den anderen Menschen begegnen, oder die Weise, wie sich Gott am Ende uns zeigen wird. Die Leute jedenfalls erschraken, wenn er vom Reich Gottes sprach. »Hat je einer so geredet wie der?« Was er aber eigentlich sagen und zeigen wollte, ist für uns Heutige nur noch schwer ergründbar. Ich habe in sechzig Jahren an vielen Wörtern der christlichen Sprache meine Versuche angestellt mit dem Ziel, sie aus dem christlichen Sprachgebrauch in ein allgemein verstehbares Deutsch zu bringen. An keinem bin ich so hoffnungslos gescheitert wie an diesem, und zwar auch deshalb, weil das Wort »Reich« für meine Generation zu den schwer belasteten Wörtern gehört. Haben wir nicht für das »Deutsche Reich« gekämpft? Und hat Hitler nicht mit großer Emphase vom »tausendjährigen Reich« geträumt, und hat er dieses Wort nicht jener Sprache entnommen, die einst ihre große Rolle in den apokalyptischen Bewegungen der christlichen Geschichte gespielt hat? Was aber ist danach eigentlich ein »Reich« und wofür kann es als Gleichnis stehen?

Bei Jesus selbst scheint das Reich Gottes drei Aspekte zu vereinen. Er spricht einmal von einem Reich, das in uns selbst sei, in uns selbst wachse und seiner Vollendung entgegenreife. Ein andermal spricht er von einem Reich, das unter den Menschen entstehen solle dadurch, dass Gerechtigkeit geschaffen wird, dass Friede entsteht und die zerstrittene Menschheit sich zusammenfindet zu einer Gemeinschaft von Schwestern und Brüdern. Und endlich spricht er auch von einem Reich, das entstehen werde nach dem großen Umbruch, der mit dem Ende der Geschichte der Menschheit verbunden sei.

Ein »Reich« in diesem Sinn ist der Raum, in dem gilt, was der will, der die Macht hat. Es ist der Raum seiner

Reichweite. Es ist der Wirkraum, in dem er das verwirklicht, was in seiner Absicht liegt. Reich Gottes ist alles, wohin seine Herrschaft reicht. Es ist also zunächst die Welt selbst. Ein »Reich« steht gegen den Raum, in dem ein anderer Wille gilt. So redet Jesus auch über das Reich des Dämonischen, des Satanischen. Das Reich der Gottesfeindschaft. Und er schildert seine eigene Aufgabe so, dass er als der Agent des Reiches zu handeln habe.

Ein »Reich«, das noch nicht sichtbar ist, steht gegen die Zeit, in der es noch nicht besteht, und es steht in der Zukunft. Es ist erst ein Ziel, das Ziel einer Entwicklung oder eines Umbruchs. Und wer das Reich Gottes ins Auge fasst, blickt in die Zukunft. Wenn aber das Reich Gottes in den Menschen entstehen soll, dann ist es gegenwärtig. Dann ist es nah. Dann trennt uns von ihm nicht mehr als die Zeit, in der ein Mensch sich zu wandeln vermag oder in der seine Wandlung bewirkt werden kann.

Wenn es umgekehrt der ganze Machtbereich Gottes ist, dann genügt ein Schritt, den ein Mensch tut, in das Leben hinein, das er künftig führen soll. Ein Schritt aus einer vorgetäuschten Wirklichkeit in eine reale hinüber.

In dieser Vielfarbigkeit der Bilder vom Reich Gottes erwachsen für einen menschlichen Verstand Widersprüche, die nicht zu vereinigen sind. Ist es da, das Reich? Kommt es? Und wenn es kommt, wann wird das sein? Was geschieht aber dann mit all den menschlichen oder dämonischen Schattenreichen, die bisher ihre Geltung beansprucht haben? Wird da ein Kampf stattfinden mit einem Sieg des Gottesreiches? So haben es sich in der Zeit Jesu viele vorgestellt. Oder löscht das Erscheinen einer Wahrheit den Irrtum lautlos aus? Und wie vollzieht sich der Übergang vom Reich des Menschen oder dem Reich dieser Welt zum Reich Gottes? Durch eine allmähliche Entwicklung? Durch einen Umbruch? Durch eine Katastrophe des bisherigen? Fragen über Fragen. Es ist kein Wunder, dass eines der unlösbaren Probleme der Termin war und ist, zu dem das Kommen des Gottesreiches, seine Errichtung, seine Machtergreifung vorzustellen sei.

Das Reich Gottes ist das, was diese Menschheit dringend braucht. Diese Dringlichkeit kann so ausgedrückt werden, dass man sagt: Es steht unmittelbar vor der Tür! Es kommt morgen, spätestens. Es kommt heute. Das Reich Gottes aber ist nur in Anfängen unter uns wirksam. Es hat eine lange Entwicklung vor sich. Es wird kommen, wenn die Möglichkeiten, die die Menschengeschichte der Welt anbieten kann, sich ausgelebt und ausgewirkt haben. Aber wann wird das sein? In Millionen oder Milliarden Jahren? Oder irgendwann in einem der kommenden Jahrhunderte?

Für Jesus steht es nahe bevor. Nicht sosehr zeitlich, als seiner Dringlichkeit nach. Und es erscheint als Beendigung aller Macht- und Geltungsansprüche der Reiche, die es in dieser Welt gibt. Aber genauer sagt er es nicht. Und es genauer zu fassen, wäre auch nicht sinnvoll. Bei einer genaueren Durchzeichnung dieses Reiches, seines Aussehens und seiner kommenden Wirklichkeit ginge viel verloren, was es auch ist, was es auch sein wird, was es herbeiführt oder hindert. Es ist gut, dass es je nach der Situation, in der ich mich als Mensch vorfinde, ein anderes Gesicht hat, etwas anderes von mir fordert, etwas anderes mir zusagt. Es ist Gegenwart und Zukunft. Es ist außen um mich her und es ist in mir. Es ist eine geistige Wirklichkeit, und es ist alles zugleich, was leibliche, messbare, erfahrbare Konkretion ist.

Was meint Jeus zum Beispiel damit, wenn er sagt: »Mein Wort, das ich dir sage, streue ich in dich wie in einen Acker, und so wächst in dir das Reich«? Oder wenn er sagt: »Das Reich wird erwartet. Es verändert alle Dinge und Verhältnisse.« Wenn er sagt: »Es ist da.« Oder: »Es ist nahe.« Oder es kommt zu irgendeinem späteren Zeitpunkt.

Wenn das Reich Gottes kommt, so werden alle Schichten und Ebenen der Wirklichkeit davon ergriffen, verändert, neu gestaltet. Es hat also keinen Sinn, es mit den Mitteln eines menschlichen Verstandes zu definieren, das heißt eingrenzen zu wollen. Es besteht im Grunde ebenso in dir und mir, wie es »im Grund« Gott selbst und er allein ist. Sehen wir zu, dass wir den einen oder andern Zipfel seines Wesens und seiner Bedeutung erfassen, und wenn es nur mit Hilfe eines Zipfels unseres geistigen und seelischen Vermögens geschieht.

Er machte den Menschen Mut zu sich selbst

Er sagte: Du, Mensch, bist ein Acker, auf dem etwas wächst

Die entscheidende Hilfe, die die Menschen von Jesus empfingen, waren seine Reden über den Acker, von dem er sagte, jeder unter seinen Hörern sei damit gemeint. Es war sein Bemühen, die Menschen, die vor ihm saßen oder standen, neu aufzubauen. Selbstgewissheit in ihnen zu schaffen und Selbstvertrauen. Wenn er über die Äcker zwischen den Dörfern hinsah und die Menschen vor sich hatte, stelle ich mir vor, dass er etwa so sprach: Die Römer sehen euch als unnütz und störend. Die Frommen eures eigenen Landes sehen das in euch, was sie das »Volk vom Lande« nennen, das heißt ungebildet, unzuverlässig, gottfern, nicht brauchbar zum Reich Gottes. Ihr seid in ihren Augen Dreck. Der letzte Dreck. Aber ich sage euch etwas anderes: Ihr seid Erde. Erde ist etwas Schönes und Kostbares. An diesen Äckern hier könnt ihr sehen, was ihr seid.

»Ein Bauer«, so begann er,
»ging auf seinen Acker hinaus, um zu säen.
Als er die Körner ausstreute, fielen einige auf den Weg,
und die Vögel kamen und pickten sie auf.
Andere fielen auf felsigen Grund, an dem wenig Erde war.
Sie blieben an der Oberfläche liegen und gingen bald auf.
Als aber die Sonne höher stieg,
welkte die junge Saat und wurde dürr,
weil sie nicht wurzeln konnte.
Einige fielen in ein Gestrüpp,
und die Hecken wuchsen zusammen, und sie erstickten.
Das Übrige aber fiel in gute Erde
und gab Frucht, zum Teil hundertfach,
zum Teil sechzigfach, zum Teil auch dreißigfach.
Wer Ohren hat, höre!«
Matthäus 13,3–9

Seine Mitarbeiter fragten ihn, was denn der Sinn dieser Geschichte sei, und als sie wieder zu Hause waren, erklärte er ihnen:

»Ich streue das Wort aus,
wenn ich von Gottes Reich rede.
Wer nun hört, was ich sage,
es aber nicht aufnimmt und begreift,
sondern es sich gleich wieder nehmen lässt,
der ist wie der Weg, auf den die Körner fallen.

Felsigen Grund dagegen nenne ich den,
der rasch aufnimmt, was ich sage,
und mit Begeisterung.
Er hat aber keine Tiefe,
in der es Wurzeln treiben könnte,
sondern ist dem Augenblick ausgeliefert.
Wenn Schwierigkeiten kommen,
ist er sofort am Ende.

Dem mit Dornen überwucherten Teil des Ackers
vergleiche ich den,
der der Saat keine Luft lässt und kein Licht.
Er würde ihr gerne Raum geben,
aber die tägliche Mühe und das Raffen von Geld
ersticken sie, und sie geht zugrunde.

Einiges fällt auf gute Erde.
Gutes Land, das sind die,
die die Saat aufnehmen und verstehen,
die sie wachsen und reifen lassen in ihnen selbst,
so dass eine Ernte heranwächst,
hundertfach oder sechzigfach oder dreißigfach.«
Matthäus 13,19–23

Du bist also gute Erde, wenn du aufnimmst, was in dich gesät wird. Die Aussaat geschieht in dieser Stunde.

In diesem Acker, in dir, ruht etwas unendlich Kostbares.

»Ein Bauer stieß in dem Acker,
durch den er seinen Pflug führte,
auf einen vergrabenen Schatz.
Er durfte ihn aber nicht nach Hause mitnehmen,
denn der Acker gehörte ihm nicht.
So deckte er den Fund wieder zu,
ging in seiner Freude heim,
verkaufte sein Haus und seinen ganzen Besitz
und kaufte den Acker.«
Matthäus 13,44

Er machte sich zu eigen, was er selbst war, um das zu finden, was nicht aus ihm selbst kam, sondern das ein anderer in ihm verborgen hatte.

Einmal stand Jesus mit seinen Begleitern vor einem Feld voller Unkraut. »Macht euch keine Illusionen«, sagte er. »In euch wächst nicht nur die Nähe Gottes, sondern auch sehr viel, was ihr widerspricht. Ein sehr vermischtes Kraut, ein Kraut aus Vertrauen und Angst, aus Güte und Unrecht, aus Liebe und Egoismus, Glauben und Unglauben.« Und er erzählte wieder eine seiner Geschichten:

»Ein Bauer säte reines Korn auf sein Feld.
Aber ein Nachbar, der ihm seinen Erfolg neidete,
kam bei Nacht und säte giftiges Tollkraut
auf dasselbe Feld.
Die Frucht wuchs auf, aber auch das Tollkraut.
Da fragten die Landarbeiter den Bauern:
›Sollen wir durchs Feld gehen
und das Tollkraut herausreißen?‹
‚Aber nein!‹, sagte der Bauer.
›Ihr reißt sonst auch den Weizen mit heraus!
Lasst beides miteinander wachsen bis zur Ernte,
dann könnt ihr es trennen!‹«
Matthäus 13,24–30

»Geh also einigermaßen freundlich mit dir um«, meint Jesus. »Wenn du rein und heilig sein willst und aus deiner Seele ausreißen, was dir nicht gefällt, kann nichts in dir wachsen. Außerdem hat auch das, was du Unkraut nennst, ein merkwürdiges Lebensrecht, ein vorübergehendes. Überlass es Gott, zu beurteilen, was damit geschehen soll.

✽

»Denkt euch einen Bauern,
der seine Saat über seinem Acker auswirft.
Der geht nach der Arbeit nach Hause,
er schläft und wacht Nacht und Tag,
schläft ein und wacht auf, wieder und wieder,
während draußen die Saat aufgeht und wächst,
ohne dass er etwas tun muss
oder auch nur davon zu wissen braucht.
Die Erde gibt die Frucht von sich aus, von allein.

Erst kommt der grüne Halm, dann die Ähre,
dann der volle Weizen in der Ähre.
Wenn dann die Frucht reif ist, kommt seine Zeit.
Dann schickt er die Schnitter mit der Sichel hinaus,
denn es ist Zeit zur Ernte.
Die darf er nicht versäumen.«
Markus 4,26–29

Aber nun schau in dich selbst hinein: Die Erde bist du. Der Same ist das Wort, das Gott in dich hineinfallen lässt, das er in der Stille deiner Seele in dich hineinspricht. Lass wachsen, was Gott gesät hat. So wird das Reich Gottes in dir reifen, Gott selbst in dir, Gott selbst aus dir wird wachsen und Frucht werden.«

✽

Ich sehe ihn am Wegrand auf einen der wilden Senfsträucher zugehen und höre ihn sagen:

»Das Reich Gottes ist in dir selbst.
Denk dir ein Senfkorn.
Es ist das kleinste von allen Samen.
Das wirft einer auf sein Feld,
und es ist, als wäre es verloren.
Aber dann wird es groß,
größer als alle Gartenstauden
und schließlich groß wie ein Baum,
so dass die Vögel in seinem Gezweig
Nester bauen.«
Matthäus 13,31–34

Vielleicht gibt es Leute in eurem Dorf, die sagen: Diesen Menschen vom Reich Gottes zu reden, ist verlorene Liebesmühe. Daraus kann nichts wachsen. Was in euch wachsen will, ist in der Tat klein wie ein Samenkorn. Aber es kann wachsen. Es kann größer und ein Ort werden, an dem das lebendige Leben einen Ort findet. Der Baum ist das Reich Gottes. Er wächst in euch.

✽

Als sie sich einmal niedersetzten irgendwo in einem Hof zwischen den Häusern und da eine Frau saß, die Brotfladen machte auf einem runden Blech, das von der Sonne heiß war und das nur Feuer von ein paar Disteln brauchte, um darauf den Teig zu Brot zu backen, da redete Jesus zu seinen Hörern:

»Wenn Gott in euch wirken soll,
dann geht das zu
wie bei einer Hausfrau, die Brot bäckt.
Sie nimmt ein kleines Bällchen Sauerteig
und verknetet und vermischt es

mit einer großen Wanne Teig.
Dann deckt sie die Wanne zu
und wartet bis zum nächsten Tag,
bis der ganze Teig durchsäuert ist
und sie Brot backen kann,
essbares, gutes, duftendes Brot.«
Matthäus 13,33

Die Hausfrau seid ihr. Und ihr seid auch das Brot, das unter ihren Händen entsteht. Gewachsen aus der Saat, die einer über euch ausgestreut hat.

✾

Wenn du also Gott findest so nahe bei dir, in dir, in deiner eigenen Tiefe, dann entdeckst du, dass etwas für dich bereitliegt, eine Macht, die dich durchdringt, eine Klarheit, die du nicht aus dir selbst hast. Dann findest du ein Vertrauen, das nicht aus dir selbst kommt. Eine Gewissheit, die du nicht aufbrächtest, wenn nicht ein anderer sie in dich gelegt hätte. Und in all dem zeigt sich der Anfang des Reiches Gottes, das an der Stelle entstehen will, an der du stehst. Nicht irgendwo draußen, sondern in dir selbst. Und sorge dafür, dass du nicht das Gottesreich dadurch verfehlst, dass du an dem hängen bleibst, was das Leben dir an Erlebnissen oder Erfolgen anbietet.

Höre noch einmal:

»Ein Juwelier ging auf Reisen
und suchte nach guten, echten Perlen.
Da fand er eine, die war wertvoller als alles,
was er bis dahin gesehen hatte,
aber sein Geld reichte nicht, sie zu kaufen.
So ging er nach Hause,
verkaufte sein Geschäft und all seinen Besitz,
kam wieder und kaufte die Perle«
Matthäus 13,45

Das tut doch kein vernünftiger Händler!, könnte man einwenden. Weiß er, ob er einen Käufer dafür findet? Kann er von seiner Perle essen? Aber ich höre Jesus sagen: Es ist etwas in dir, das du noch nicht gefunden hast, etwas unendlich Kostbares. Wenn du zu einer großen Entscheidung fähig bist, kannst du es finden. Setze darum dein ganzes Herz ein für das, was größer ist als du selbst, was größer ist in deinem Geist als dein Geist. Was größer ist in deiner Seele als deine Seele. Denn das Reich Gottes will kommen. Vertrau darauf!

✾

Und diese drei so verschiedenen Aspekte sind eins. Du lebst, wenn das Reich Gottes in dir angefangen hat, Wurzeln zu schlagen, nicht nur »innen«; du wächst mit dem Reich Gottes ins Weite. Deine Seele wird nicht nur stiller, sondern auch sensibler. Achtsamer. Das Innere und die Welt der sichtbaren Dinge und auch die unsichtbare Welt, die über sie hinausreicht, verweben sich. Innere und äußere Welt werden größer. Sie wachsen beide um all die Dimensionen, die dir natürlicherweise verschlossen sind. Seele und Welt werden umfassender, tiefer und wunderbarer, denn sie öffnen sich beide zur Welt Gottes. Dein Ziel wird nicht der gelassene Weise sein, den nichts mehr berührt. Gleichwohl wirst du gelassener leben. Das Ziel wird nicht deine Erleuchtung sein, die dich von nicht erleuchteten Menschen unterscheiden soll. Gleichwohl wirst du das Licht erfahren, und es wird von dir ausgehen. Du lebst von innen nach außen und prägst deine kleine Welt so, dass das Reich Gottes in ihr Raum findet.

Was zu tun ist

Das »Reich Gottes« blieb für mich trotz all seiner Rätsel durch mein ganzes Leben hin die Chiffre für eine Welt, an der es etwas zu bessern gibt, die man also nicht sich selbst überlässt, um in der Stille im Frieden zu leben. Ohne dieses Bild vor Augen wäre ich weder vor Kasernen oder Raketenbasen gesessen noch hätte ich mich an den Demonstrationen für die Umwelt beteiligt, noch hätte ich mich je für Gerechtigkeit im Zusammenleben in unserem Land eingesetzt. Es war für mich immer wieder der Ruf aus der Sphäre des Privaten in die des Öffentlichen.

Einem Schriftgelehrten ging es um das Wohlergehen seiner Seele, als er fragte: »Was muss ich tun, um das ewige Leben zu gewinnen?« Jesus fragte dagegen: »Was liest du denn im Gesetz?« Er antwortete, wie er es gelernt hatte: »Du sollst Gott lieben mit allen Kräften und deinen Nächsten wie dich selbst.« Und Jesus stimmte zu: »Das ist richtig. Tu das, so wirst du leben.« Der Mann aber wollte zeigen, dass seine Frage nicht ganz so einfältig war, wie es schien, und fragte weiter: »Wer ist denn mein Nächster?« Da erzählte Jesus eine Geschichte:

»Ein Mann ging von Jerusalem hinab nach Jericho, auf der Straße, die durch die judäische Wüste führt. Unterwegs wurde er von Räubern überfallen. Die schlugen ihn zusammen, raubten ihn aus, verschwanden wieder in ihren Höhlen und ließen ihn halbtot liegen. Auf derselben Straße am Wadi Kilt kam danach ein Priester vorbei. Als der ihn sah, ging er auf die andere Seite der Straße, denn als Priester musste er rein bleiben. Er durfte sich nicht mit Blut beflecken oder gar einen Toten berühren. Und er ging vorüber. Nach ihm kam ein Tempeldiener, der war auf dem Weg zum Gottesdienst. Er musste rein bleiben für Gott, er durfte keinen Toten berühren. Das, so meinte er, fordert Gott, den er im Tempel fand. Als er den Schwerverletzten sah, ging er vorüber. Und was meinst du, was danach geschah? Da kam ein Landfremder, einer von den Ungläubigen, die wir verachten. Einer aus Samaria. Als er den Zusammengeschlagenen sah, ging er hin, linderte seine Wundschmerzen mit Öl und goss Wein auf sie, um sie zu reinigen. Er hob ihn auf seinen Esel und brachte ihn nach Jericho in eine Herberge. Am folgenden Tag gab er dem Wirt zwei Silberstücke und sagte: ›Pflege ihn! Und wenn er dich mehr kostet, will ich dir deine Auslagen ersetzen, wenn ich wiederkomme‹« (Lukas 10,25–37).

Du fragst, wer dein Nächster sei? Frage umgekehrt: Für wen bin ich der Nächste? Du fragst, wie du ewiges Leben findest? Du findest es an der einsamen Straße zwischen den Dünen der Wüste. Dort, wo die Höhlenlöcher der Räuber sind, findest du Gott und sein Reich. Denn dort gilt es zuzufassen.

Oder: Achte auf die Gerechtigkeit, mit der du die Menschen wertest! Es war neu, dass ein Rabbi Frauen in den engsten Kreis seiner Schüler aufnahm. Es war neu, dass Jesus Frauen und Männer auf ein und dieselbe Stufe stellte. Wem gehört denn eine Frau? Einige fragten ihn:

»Meister, im Gesetz des Mose steht: Wenn einer stirbt und keine Kinder hat, soll sein Bruder seine Witwe heiraten. Nun waren einmal sieben Brüder. Der erste heiratete und starb. Da heiratete der zweite seine Frau. Aber der starb auch, und so ging es bis zum siebten. Der heiratete die Frau als letzter. Zuletzt starb auch der, und schließlich starb auch die Frau. Im Himmel, wo sie alle ihre Männer wiedertrifft, wem gehört sie da? Sie alle haben sie ja gehabt.« »Keinem«, antwortete Jesus. »Weder wird sie einem gehören. Noch wird einer sie haben.« Frei wird sie sein, auch von den Männern. Ein Mensch vor Gott. Ein Mensch in Gott. Niemand wird ihr Unterwerfung gebieten, weder im Haus, noch im Bett, noch auf dem Markt. »Frei wird sie sein wie ein Engel Gottes« (Matthäus 22,23–32).

Das Reich Gottes ist ein Reich der Freiheit. Den Weg ins Reich Gottes findet darum ein Mensch, der frei ist in seinem Geist und in seinem Herzen, der Freiheit verbreitet, Freiheit anderer respektiert, der um die Freiheit anderer kämpft, nicht nur um seine eigene, und am Ende, wenn es ihm bestimmt ist, seine eigene Freiheit opfert für das Leben anderer. Das Reich Gottes, hier oder drüben, ist freien Menschen zugedacht. Was diese Freiheit nicht bewahrt, was noch von Herrschaft von Menschen über Menschen zeugt, kann nichts mit dem Reich Gottes zu tun haben.

Wie frei ist denn der Bürger des Reiches Gottes gegenüber seinem Staat? »Eines Tages stellten die Pharisäer Jesus eine Frage, in der er sich wie in einer Schlinge fangen sollte: ›Meister, wir wissen, dass du kein Unrecht willst und nur lehrst, was Gott befohlen hat. Du lässt dich durch Meinungen nicht beeinflussen und redest niemandem nach dem Munde. Sage uns, wie du darüber denkst: Ist es richtig, dass man dem Kaiser Steuern zahlt? Ist es falsch?‹ (Antwortete Jesus nun: Es ist richtig, verlor er die national Gesinnten. Antwortete er: Es ist falsch, konnte man ihn bei den Römern anzeigen.) Jesus hörte die böse Absicht und antwortete: ›Was soll diese Falle, ihr Lügner? Zeigt mir die Münze, die man dem Kaiser zahlt.‹ Sie brachten ihm eine solche Münze, da fragte er sie: ›Was für einen Kopf zeigt sie? Wen meint die Inschrift?‹ ›Den Kaiser.‹ ›Dann gehört die Münze also dem Kaiser‹, erwiderte Jesus, ›dann gebt doch dem Kaiser, was ihm ohnedies gehört, gebt aber Gott, worauf Gott Anspruch hat.‹

Als sie das hörten, wunderten sie sich, ließen ihn stehen und gingen davon« (Matthäus 22,15–22).

Man hat aus dieser Antwort von jeher eine Art Ausgleich zwischen dem Anspruch des Staates und dem Anspruch der Kirche gelesen und die Empfehlung zu einem schiedlich-friedlichen Nebeneinander zwischen beiden. Der Bürger gibt dem Staat Geld. Der Staat gibt der Kirche Geld. Die Kirche gibt es aus zur Festigung der Staatsmoral und zur politischen Bändigung der Bürger. Von dem, was dann die gebändigten Bürger erwirtschaften, zahlen sie wieder Geld an den Staat. Man merkte kaum je, wie gründlich eine solche Vorstellung an allem vorbeiging, was wir von Jesus hätten wissen können. Eine organisierte Religion und Jesus werden immer sehr schwer und oft genug nicht in Einklang zu bringen sein.

Nein, ich höre etwas ganz anderes. Ich höre Jesus sagen: Das Geld? Was ist am Geld so wichtig? In Kürze wird jede Art von Geld wertlos geworden sein. Der Kaiser? In Kürze wird der Kaiser verstorben und vergessen sein. Was ist denn wichtig? Wichtig ist, dass ihr euch selbst für Gott bereithaltet, dass ihr euch hingebt für sein Reich.

Hier werden keine Loyalitäten aufgerechnet, hier spottet einer: In Kürze wird man von eurem Kaiser nichts mehr wissen! Wer die Zukunft ins Auge fasst, trifft dort keinen Kaiser mehr an. So gebt ihm doch sein Futter, dem armen Eintagekaiser! Jesus war kein Untertan. Er war das flammende Zeichen gegen die Macht der Herren, und eben diesem Zeichen wurde von den Herrschenden mit dem Kreuz widersprochen und, wie sie meinten, ein Ende gemacht. Was Jesus sagte, war Abbruch, war Herauslösung, es war das Bild einer kommenden Welt; und die Mächtigen rächten sich an ihrem Verächter.

✾

Ein Kennzeichen Jesu war seine Ungeduld. Daneben aber trat der lange Atem, den er auch hatte. »Ein Mann«, so erzählt er, »besaß einen Feigenbaum in seinem Weinberg. Eines Tages kam er, suchte Frucht an ihm und fand keine. Da redete er mit dem Weingärtner: ›Du weißt, seit drei Jahren komme ich, suche Frucht an diesem Baum und finde keine. Haue ihn ab. Wozu saugt er das Land aus?‹ Der Weingärtner aber bat ihn: ›Herr, lass ihn noch dieses Jahr. Ich will noch einmal um ihn her aufgraben und ihn düngen. Vielleicht bringt er künftig Frucht. Wenn nicht, dann haue ihn heraus‹« (Lukas 13,6–9).

Es ging durch die sozialen Bewegungen der sechziger und siebziger Jahre des 20. Jahrhunderts eine drängende Ungeduld nach dem Motto: Wenn nicht jetzt – wann dann? Und die Ungeduld nahm, wie immer, die Färbung von allerlei Ideologien an. Aber da sagt nun gerade Jesus: Lass dir Zeit. Noch ein Jahr. Noch eine längere Zeitspanne. Wolle nicht alles mit einem Schlag verändern. Gib den Menschen die Chance umzudenken. Umdenken braucht Zeit. Bekehrungen brauchen Zeit, wenn sie in eine wirklich neue und andere Lebensphase oder Lebensweise münden sollen. Was in dir angefangen hat, lass wachsen. Gib ihm Zeit zu reifen. Und bleibe bei deiner Hoffnung und bei deiner Arbeit; scheue weder das Risiko noch den Spott. Gott hat Zeit. Und du hast sie wie er.

✾

Gautama Buddha löste sich aus seiner reichen Familie, ging mittellos auf die Straße, stellte sich, ruhig und gelassen, einmal am Tag mit einer Schale in der Hand zwischen die Menschen mit gesenktem Blick, in der Gewissheit, irgendjemand werde ihm zu essen geben. Seine innere Sicherheit, seine Erleuchtung fand er in der Stille unter dem Bodhibaum, und er lehrte, wie man dem Leiden des Daseins entgehe, wie man hinübergelange in das Land des Lichts, das »Nirwana«, dessen Ungreifbarkeit manche Ähnlichkeit hat mit dem, was Jesus das Reich Gottes nannte. Jesus aber ging es nicht um den heimlichen Glanz der Armut. Nicht um Gelassenheit oder um Erleuchtung. Er saß nicht unter dem Bodhibaum. Ihm ging es um die große Veränderung der Welt und der Verhältnisse. Vielleicht darum begegneten ihm nicht nur Dankbarkeit und Verehrung wie Buddha, sondern auch der Hass und die tödliche Gefahr. Es ist noch nicht lange her, kaum mehr als vierzig Jahre, dass in unserem Land die ruhige, angepasste Kirchlichkeit plötzlich aufgeschreckt wurde durch die Forderung nach politischer Anwendung dessen, was Jesus gebracht hatte. Die soziale Bewegung, die als Studentenrevolte begann, trat auf, die Friedensbewegung, die ökologische, die Bewegung für die Menschenrechte und für die Gerechtigkeit gegenüber der Dritten Welt. Es ist durchaus begreiflich, dass es nicht mehr selbstverständlich ist, dass der Bürger der Bundesrepublik sich als Christ versteht. Jeder Versuch, praktische Konsequenzen aus dem christlichen Glauben zu ziehen, hat bislang polarisiert und wird es auch künftig immer tun.

Tu die Augen auf, sagt Jesus. Wenn dir an der Straße zwischen Jerusalem und Jericho ein Mensch begegnet, der deine Hilfe braucht, dann entscheidet sich an deinem Tun, ob du im Reich des Todes lebst oder im Reich Gottes. Wenn du dich fragst, wie oft du einem Menschen vergeben sollst, der dich beleidigt oder dir schadet, dann zeigt sich an deiner Entscheidung, ob du im Reich des Rechthabens lebst oder im Reich Gottes. Und wenn du dich fragst, was du mit dem Geld tun sollst, das du in der Tasche hast, dann entscheidet sich dabei, ob du im Reich des Festhaltens lebst oder im Reich Gottes.

Ich kann mir vorstellen, Jesus rede zu uns heutigen Menschen etwa so: Finde dich nicht ab mit dem Elend der Erde und mit ihrem Unrecht. Dir sind Kräfte anvertraut. Vielleicht mehr als anderen. Vielleicht weniger. Das lass dich nicht kümmern. Wichtig ist allein, ob du, was du empfangen hast, in Hingabe wandelst. Du hast mehr davon in dir, als du glaubst. Du hast mehr Kräfte, als du meinst. Mehr Fantasie, als du denkst; du darfst dich nur nicht vor ihr fürchten. Hilf dazu, dass die Menschen um dich her mutiger werden. Dir wird dabei auch deine eigene Furcht unwichtiger werden.

Was also ist da »Reich Gottes«? Es ist nicht ein Zustand, sondern ein Prozess. Es ist ausgespannt zwischen einer Vergangenheit, in der wir Jesus Christus wahrnehmen, einer Gegenwart, in der es wächst und reift, und einer Zukunft, in der es sich vollendet. Sich diesem Prozess zu überlassen, in ihm mitzugehen heißen wir Glauben. Dass aber das Menschenherz ihm Raum geben wird, dass es jedenfalls sich einzuüben vermag in dieses Raumgeben, dieser kühne Glaube lebt in dem Wort vom »Reich«. Und dass diese zerklüftete, zerrissene Welt einer neuen Gestalt entgegengeht – diese Vision hat, seit Jesus über diese Erde ging, die Menschen ergriffen und nicht mehr losgelassen.

Er blickte voraus in die Zukunft der Welt

Also noch einmal: Was ist es mit der großen Zukunft dieses Reiches? Einer der verheerendsten Irrtümer in der bürgerlichen Phase der Geschichte der Kirche war wohl der, das Reich Gottes ganz in eine ferne Zukunft hinauszuverlegen. So konnte in dieser Welt alles beim Alten bleiben, und die Kirche brauchte nur noch für Ruhe und Ordnung in den hiesigen Verhältnissen zu sorgen. Aber der ebenso verheerende Irrtum war es in den vergangenen Jahrzehnten, im Reich Gottes nur noch die Aufgabe für friedens- oder umwelt- oder gerechtigkeitsbewusste Christen zu sehen. Ich höre noch das junge Mädchen, das mir vor vierzig Jahren sagte: »Gott hat keine Hände. Er hat nur die meinen.« Der arme Gott!

Nein, für Jesus gehört eins zum anderen. Wenn er sagt, das Reich Gottes sei nahe, dann meint er, es stehe so unmittelbar vor uns wie der kommende Tag. Er sagt einmal: »Niemand weiß den Zeitpunkt, zu dem es plötzlich einbricht« (Matthäus 24,36). Ein andermal: Es wächst langsam, wie aus einem Samen ein Baum heranwächst. Und wieder ein anderes Mal: Es kündigt sich in einer kosmischen Katastrophe an. Dann wieder: Es durchdringt die Erde und die Seele des Menschen so unmerkbar, wie ein Sauerteig einen Brotteig durchsäuert.

Solche Gegensätze und Alternativen sind mehr unser Problem, die wir späte Abendländer sind, als das der Menschen um Jesus. Für sie waren Nähe und Ferne nicht diese schroffen Gegensätze. Gegenwart und Zukunft lagen für sie dicht ineinander. Die Welt war eins. Gott war nicht nur im Himmel, hoch erhaben und von den Menschen durch einen Weltraumabstand getrennt, wie es die moderne protestantische Theologie gerne gelehrt hat; er war auch in allen Dingen gegenwärtig, und der Mensch hatte mit ihm zu tun bei jedem Handgriff. Und so gab es auch für Jesus keine scheidende Wand zwischen der gegenwärtigen und der künftigen Welt. Sichtbare und unsichtbare Wirklichkeit gingen für ihn ineinander über. Unsere moderne Frage, ob denn das Reich Gottes ein Umbruch im Gefüge dieser Welt sei oder eine jenseitige, ganz andere Welt, geht an ihm vorbei. Denn was in dieser Welt geschieht, geschieht für Jesus in der anderen Welt mit, eben weil es für ihn und seine Hörer nur die eine gibt. Wir könnten in seinem Sinn etwa fragen, ob das, was er das Reich Gottes nennt, nicht vielleicht eine Art Gewebe sei, das diese ganze Welt in sich zusammenhält, eine Art Netzwerk in einer geistigen Feinstruktur, in der viel nicht Geahntes geschehen, viel Unerwartetes begegnen, viel Undenkbares Wirklichkeit sein kann. Dann würden wir im Sinne seines »Reiches Gottes« beim einfachsten Ding erwarten können, dass es dem achtsamen Auge durchscheinend wird auf eine feinere, geistigere, jedenfalls andere Art von Wirklichkeit, die in unserer Wirklichkeit verborgen ist. Die biblische Vorstellung jedenfalls ist die, unsere sichtbare Welt sei nur ein schmaler Vordergrund, für uns schwachsichtige Wesen in einem Winkel des Weltalls noch eben mit Mühe zu überblicken. Hinter ihr aber, hinter allem und in allem seien unendliche Wirklichkeiten, die ganz anderen Dimensionen angehören, als die wir bewohnen.

So hat das »Reich Gottes« durchaus auch eine kosmische Dimension. Es fordert von uns, das Ganze dieser Erde und das Ganze dieses Universums ins Auge zu fassen. Wenn die Welt überhaupt Gottes Reich ist, dann entstand es schon vor Milliarden Jahren im berühmten schöpferischen Urknall oder auch auf ganz andere Weise. Dann ist die ganze Evolution des Lebens auf dieser Erde eine Weise, in der das Reich Gottes wächst und wirksam ist. Und dann gibt es keine Stelle in unserem Leben, in dem es für uns unwichtig oder unwirklich würde.

✽

Freilich, Jesus sagt über das Reich Gottes immer wieder auch, es »komme«. Es sei ausgespannt zwischen einer notvollen Gegenwart und einer guten Zukunft. Das Reich fordere also von uns Menschen die Fähigkeit, einen Ruf zu hören und ihm in eine andere Zukunft nachzugehen, das heißt, es fordere die Kraft zu entscheiden. Denn sein Kommen werde plötzlich klären, was unser Leben wert war. »Sie fragten ihn: ›Wo kommt das Reich Gottes?‹ Und Jesus antwortete: ›Das müsst ihr selbst sehen. Wo das Aas liegt, da sammeln sich die Adler‹« (Lukas 17,37).

Da wir Menschen uns aber immer gerne mit dem beschäftigen, was klar vor der Hand liegt oder was uns Nutzen verspricht, wird es zugehen, wie es bei einer Einladung zuging: »Es war ein Mann, der bereitete ein großes Festmahl vor und lud eine Menge Gäste dazu ein. Als es Zeit war für das Fest, schickte er seinen Boten zu den Eingeladenen: Es ist alles fertig! Kommt! Aber jeder hatte eine andere Ausrede zur Hand. Der Erste ließ sagen: ›Ich habe einen Acker gekauft. Es geht nicht anders! Ich muss hinaus, ihn besehen! Ich bitte dich, entschuldige mich.‹ Der Zweite ließ sagen: ›Ich habe zehn Ochsen gekauft. Es geht nicht anders! Ich muss hin und sie abholen. Ich bitte dich, entschuldige mich.‹ Der Dritte ließ sagen: ›Ich habe eben geheiratet. Ich bitte dich, zu verstehen, dass ich nicht kommen kann.‹ Da kehrte der Bote um und berichtete seinem Herrn. Der wurde zornig und befahl: ›Schnell! Geh gleich hinaus auf die Plätze und Gassen der Stadt, hol alle Armen, Behinderten, Blinden und Lahmen zusammen und führe sie herein!‹ Als das geschehen war, meldete der Bote: ›Sie sind alle da, wie du befohlen hast, es ist aber noch Platz.‹ Da befahl der Hausherr: ›So geh auf die Landstraßen und an die Zäune und mache es dringlich! Hole sie alle herein, so dass mein Haus voll wird. Ich sage euch: Von den Leuten, die zuerst eingeladen waren, wird keiner mein Festmahl genießen‹« (Lukas 14,16–24).

Jesus sagt also: Ob das Reich Gottes kommt, das entscheidet sich für dich heute, jetzt, in diesem Augenblick. Stell dich darauf ein. Überlege, was du tun oder was du bereithalten musst, damit die Begegnung mit ihm für dich glücklich ausgeht. Denke aufmerksam voraus und überlege, was nötig ist. Er erzählt dazu die Geschichte von fünf nachdenklichen und fünf nachlässigen Mädchen: »Zehn Mädchen waren als Brautjungfern zu einer Hochzeit eingeladen. Am Abend sollte das Fest beginnen. So nahmen sie Öllampen, mit denen sie den Bräutigam begrüßen und danach den Saal ausleuchten wollten, und gingen ihm entgegen. Fünf von ihnen hatten ihre Gedanken bei der Sache, fünf nicht. Die Zweiten nahmen zwar ihre Lampen mit, aber kein zusätzliches Öl. Die Ersten nahmen außer ihren Lampen Öl in ihren Kannen mit. Als nun der Bräutigam einige Stunden ausblieb, wurden sie alle müde und schliefen ein. Mitten in der Nacht aber gab es plötzlich ein Geschrei: ›Er kommt! Der Bräutigam! Auf! Ihm entgegen!‹ Da standen die Mädchen alle auf und schmückten ihre Lampen. Die Törichten aber wandten sich an die Klugen und baten: ›Gebt uns von eurem Öl, unsere Lampen verlöschen!‹ Die anderen wehrten sich:

›Dann ist es für uns alle zu wenig. Lauft und holt euch Öl beim Händler!‹ Während die fünf unterwegs waren, kam der Bräutigam. Die bereit waren, gingen mit ihm zum Fest, und die Tür wurde verschlossen. Später kamen auch die anderen fünf und riefen: ›Herr! Mach auf!‹ Er aber antwortete: ›Ich kenne euch nicht.‹ Darum, so fügt Jesus an, seid wach! Ihr wisst weder Tag noch Stunde« (Matthäus 25,1–13).

Man hat diesem Gleichnis immer wieder entgegengehalten, es sei eigentlich von einer unbegreiflichen Härte. Warum sollen diese Mädchen nun vom Fest ausgeschlossen sein, nur weil sie ihren Bedarf an Öl falsch eingeschätzt hatten? Warum helfen die Klugen den Törichten nicht aus? Aber auch hier wird wieder deutlich, dass es nicht nur um die Zukunft geht, sondern vor allem um den Augenblick, in dem die Menschen für das Reich bereit sind, also um den Augenblick, der jetzt ist. In diesem Augenblick kann keiner den anderen vertreten, da ist einer selbst bereit, oder er ist es nicht. Da brennt eine Lampe, oder sie brennt nicht. Da ist jemand wach, oder er ist es nicht. Wer nicht selbst gegenwärtig ist im entscheidenden Augenblick, kann sich nicht vertreten lassen. Was jetzt geschieht, ist wirksam für die Zukunft. Was aber in der Zukunft geschehen wird, das bereitet sich in den Menschen vor.

Er zeigte ihnen das väterliche Antlitz Gottes

In 1500 Jahren hatte sich das Bild Gottes immer wieder gewandelt

Die Tradition, in der Jesus stand, bildete sich im Lauf von sechs geschichtlichen Epochen, in denen das Volk Israel je anders über Gott und über sein eigenes Werden und Gedeihen nachdachte.

Die erste begann in der Nomadenszene des Nahen Ostens im 2. Jahrtausend vor Christus, im Umkreis der altbabylonischen Kultur. Damals, so wird berichtet, hörte eine kleine Gruppe wandernder Familien zum ersten Mal eine Stimme von Gott, die ihr das Ziel ihres Wanderns wies und der sie nachzog. Es war die Zeit Abrahams, die Zeit des erwachenden religiösen Einzelbewusstseins und einer frühen Erfahrung einzelner, unabhängiger Menschen.

Die zweite begann mit einer Hungersnot in den Wüstengebieten östlich Ägyptens in der Zeit vor Ramses II. Die Familie Abrahams flüchtete nach Ägypten. Dort wurde sie aufgenommen, aber bald unter den Arbeitssklaven eingesetzt. Um das Jahr 1200 befreiten sie sich und vertrauten sich aufs Neue der Führung durch den ihnen zugewandten Gott an. Irgendwo im gebirgigen Süden der Sinaihalbinsel hörten sie von dem strengen Willen und dem Gesetz dieses Gottes. Es war die Zeit Moses und der Wüstenwanderung.

Die dritte war die Zeit des allmählichen Eindringens in das Land zwischen dem Hermon und dem Negeb und des langsamen Durchdringens der ansässigen Bevölkerung. Sie umfasste die Zeit zwischen 1200 und ca. 1050 v. Chr. Es war die Zeit des Josua und der Richter und die Zeit der ersten Begegnungen mit dem Götterhimmel der bäuerlichen Bevölkerung.

Die vierte war die Zeit der Sesshaftigkeit im Land ihrer Hoffnungen, in der sich der Gottesglaube Israels in der Auseinandersetzung mit den Religionen Syriens und Ägyptens innerhalb der Götterwelt des Nahen Ostens etablierte und einfügte, etwa zwischen 1050 und 600 v. Chr. Es war die Zeit der Könige und der Propheten. Gegen Ende dieser Zeit ging ihr Staat in den Kriegen zwischen den vorderorientalischen Mächten zugrunde.

Die fünfte war die kürzeste und wichtigste zugleich. Fünfzig Jahre lang lebte die Oberschicht Israels deportiert als gefangene Volksgruppe in Babylon. In dieser Zeit geschah die entscheidende Wandlung des israelitischen Gottesglaubens in den Glauben an den einen Gott. Die Wandlung vom Glauben an einen Gott, der der besondere Gott Israels unter den anderen Göttern dieses Raums war, zum Glauben an den einen Gott, neben dem es andere Götter nicht gab.

Die sechste Epoche bestand in der mühsamen Selbstbehauptung eines kleinen Volkes in der jeweiligen Abhängigkeit von den herrschenden Großmächten der Perser, der Diadochen und der Römer. Es war die Zeit einer deutlichen Verinnerlichung dessen, was religiös gelten konnte, und einer deutlichen Vergeistigung der Hoffnungen auf ein Reich des Friedens und der Gerechtigkeit. Es war die Zeit der späten Propheten und der Weisheitslehrer. Diese sechs Epochen stehen vor uns, gesammelt und gedeutet im »Alten Testament«.

In dieser Zeit waren es verschiedene Gottesbilder, die den Glauben Israels prägten. Der »Gott der Väter« war ein Gott der wandernden Familien, der sich in Anreden an Einzelne kundtat, ein Wegegott, während der Gott, dem Israel in der Wüste begegnete, der Gott vermutlich der Midianiter, Jahwe, sich als Gesetzgeber und strenger Herr offenbarte. Als das Volk ins Kulturland einzog, begegnete es den Göttern und Göttinnen des Kulturlandes und hatte viel Mühe, den Gott, der seinen Bund mit Israel hatte, von den vielen anderen Göttern zu unterscheiden. Hier lag der Auftrag der Propheten. Den Schritt hin zu der Erkenntnis, es sei nur ein Gott für alle Völker, tat Israel in der Gefangenschaft in Babylon, und es formulierte sein Bekenntnis zu diesem einen Gott im Kontrast zu den Göttern der Babylonier, die sie knechteten. Das war die eigentliche Schwellenzeit der geistigen Geschichte. Danach galt alle Kraft dem Überleben und zugleich dem Bewahren dieser Erkenntnis des einen Gottes gegenüber den Göttern der Syrer, Ägypter, Griechen und Römer.

In dieser ganzen Zeit von rund 1500 Jahren gewann dieses Gottesbild vielerlei Züge, auch solche, die einer frühen Kultur entstammten. Gott war damals auch der, der Kriege und Ausrottungen ganzer Völker befahl, der Gewalt tat und von den Menschen forderte. Aber es ist sinnlos, was einer frühen Kulturstufe und einer allgemeinen Lebensweise jener ersten Zeit entsprach, dem »Gottesbild des Alten Testaments« zur Last zu legen. Das Bild wandelte sich, es entwickelte sich, es reifte, und wenn wir vom Gottesbild des Alten Testaments sprechen, dann tun wir gut, uns an dem, was die letzten siebenhundert Jahre dieses Zeitraums bestimmte, zu orientieren.

Es ist das Bild eines den Menschen zugewandten, gerechten und gnädigen Gottes, in dessen Liebe ein Mensch, ein Volk sich geborgen wissen durfte. Es ist völlig verquer, unterscheiden zu wollen zwischen dem strengen Gott des Alten Testaments und seinen Gesetzen und dem liebenden Vater Jesu Christi. Denn Jesus nahm auf, was als Ertrag am Ende einer langen Geschichte stand, den Glauben seines Volkes und seiner Väter, wie er, streng und liebend zugleich, etwa unter den Pharisäern geglaubt wurde. Jesus selbst dürfte aus der Schicht der Pharisäer hervorgegangen sein. Er nahm die Hoffnung auf das Reich Gottes, wie es unter den Juden seiner Zeit vorgestellt wurde, auf und setzte sich an die Spitze dieser Hoffnungsbewegung. Er sagte die Hoffnung auf das Reich auf seine Weise neu an. Aber er blieb damit tief verwurzelt in den Glaubensvorstellungen seines Volks.

Andererseits war, was er ansagte, doch so anders und so neu, dass es durchaus Sinn hat, zu sagen, er habe ein neues Buch aufgeschlagen und es sei durchaus sinnvoll gewesen, seine Lehre in einem zweiten Buch, dem Neuen Testament darzustellen. »Testament« heißt hier: Dokument der Gemeinschaft mit Gott.

Das strenge und doch vertrauenswürdige Bild von Gott, wie das Alte Testament es gefunden hat, ist durch Jesus nicht eigentlich verändert worden. Es war für ihn gültig. Aber er hat großen Wert darauf gelegt, dass das Bild, das wir Menschen uns von Gott machen, uns nicht bedrücken soll, sondern befreien, stärken, bewahren und geleiten.

Drei Gedanken waren es, die das Volk der Zeit vor Jesus dachte, wenn das Wort »Gott« fiel.

Der erste: Gott ist eine Autorität, an der es nichts zu deuteln oder abzustreichen gibt. Und es ist gut, wenn wir Christen uns nicht einen harmloseren, vielleicht gar einen »lieben Gott« vorstellen.

Der zweite: Gott reagiert auf das Verhalten des Menschen. Er antwortet darauf. Und es ist gut, wenn wir Christen uns nicht einbilden, vor Gott spiele unser Tun und Verhalten keine Rolle. Gott zu »fürchten« haben wir uns weitgehend abgewöhnt, aber mir will scheinen, damit hänge es auch zusammen, dass wir so den eigentlichen, den wirklichen Gott häufig aufs Gründlichste verfehlen.

Der dritte: Gott ist der Ursprung alles Wirklichen, auch der Ursprung unseres eigenen Lebens. Und er ist der Verlässliche, in dessen Nähe unser Leben seinen Schutz hat und seinen Auftrag. Er ist der Heilige, der ganz Andere, der Unantastbare, dem wir mit unserem Dank und unserer Anbetung Ehre erweisen.

Diese drei Gedanken sind für Jesus gültig geblieben.

Zehn Merkmale des Glaubens Israels können wir nennen

Was aber macht diesen spirituellen Wurzelboden »Altes Testament« aus, aus dem das Neue Testament hervorgeht und gegen den es sich als das Neue und Eigene abhebt? Ich will versuchen, es in ein paar knappen und keineswegs vollständigen Sätzen zu schildern, in zehn entscheidenden Grundgedanken. Was hat Jesus angetroffen? Was hat er verändert?

*

Der führende Gott und der glaubende Mensch, dies zusammen ist der erste dieser Gedanken.

Es ist ein Gedanke, der den Glauben Israels tief bestimmt: Gott ist es, der die Geschichte und das Leben der Völker nicht nur sieht, sondern der sie bestimmt, ihren Lauf und ihre Ziele. Die Verbindung der Menschen mit diesem Gott besteht im Glauben, das heißt in einem ganzheitlichen Akt des Vertrauens. Der Mensch begründet sein Leben und Schicksal, seinen Wert und seine Ziele außerhalb seiner selbst in dem Gott, der ihn führt. Der Glaube macht das Ich des Menschen in Gott fest. Er gibt ihm die Ausdauer auf seinem Weg und die Klarheit, die er braucht, um sein Ziel zu finden. Und er gibt ihm die Festigkeit seines Stehens auch angesichts der tiefen Rätsel, die sein Dasein bestimmen.

❃

Der zweite dieser Gedanken ist der, es gebe eine Verbindung zwischen Gott und den Menschen, nämlich das Wort und die Antwort. Gott sei ein sprechender und hörender Gott, der Mensch ein sprechender und hörender Mensch. So lesen wir im 33. Psalm:

»Der Himmel ist durch das Wort Gottes gemacht
und alle Sterne durch den Hauch seines Mundes.
Wenn er spricht, so geschiehts.
Wenn er gebietet, so steht es da.«

»Dieses Wort findet auch zu Menschen:
So ist's mit dem Wort, das von mir ausgeht:
Es kehrt nicht ohne Wirkung zu mir zurück,
sondern tut, was mir gefällt,
und richtet aus, wozu ich es sende.«
Jesaja 55

Wenn das Wort ergeht, dann werden auch die Menschen zu seinen Sprechern:

»Ich habe meine Worte in deinen Mund gelegt«,
sagt Gott zu einem Propheten,
»und dich in meinen Händen geborgen.«
Jesaja 51

Und so wird das Wort, das Gott spricht, zum Maß für das menschliche Tun:

> »Glücklich, wer Gottes Weisung annimmt
> und über sie nachsinnt Tag und Nacht,
> er ist wie ein Baum, gepflanzt am Wasser.«
> *Psalm 1*

In dem Wechselspiel dieses Wortes gewinnt der Mensch »Weisheit«. Er gewinnt Klarheit für sein tägliches Tun.

✽

Der dritte ist der, dass der Mensch seiner Nähe zu Gott am genauesten Ausdruck gibt, wenn er seine Dankbarkeit und seine Liebe zu ihm in Gebet und Hymnus ausdrückt. Wenn er etwa sagt:

> »Gott, deine Güte reicht, so weit der Himmel ist,
> und deine Wahrheit, so weit die Wolken gehen.
>
> Wie die Berge feststehen über den Tälern,
> steht deine Gerechtigkeit fest über der Welt.
> Wie das Meer unendlich sich breitet,
> so ohne Grenzen ist deine Macht.
>
> Wie kostbar ist deine Güte, o Gott.
> Bei dir finden wir Menschenkinder Schutz.
> Wir werden satt von den reichen Gütern,
> die die Erde darreicht,
> und du tränkst uns mit Wonne wie mit einem Strom.
> Denn bei dir ist die Quelle des Lebens,
> und in deinem Lichte sehen wir das Licht.«
> *Psalm 36*

Und so wird die Welt vor seinen Augen wunderbar und schön. Sie wird ein Wunder. Und sie gibt vielen kleinen Wundern Raum. Es ist alles gut.

Den vierten Gedanken fand dieses Volk in der babylonischen Gefangenschaft: Den, dass der eine Gott der Schöpfer sei des Himmels und der Erde. Es könnte ja sein, dass nichts wäre oder dass alles anders wäre, als es ist. Aber es ist, wie es ist, weil Gott sich in diese Schöpfung hinausgesprochen hat. Die Welt kommt keineswegs aus dem Nichts, sondern aus Gott. Diese Schöpfung spielt am Anfang, und sie spielt am Morgen jedes Tages und sie geschieht in jedem Menschen, der aus Gott lebt.

Im Buch der Weisheit Salomos lesen wir:

»O Gott meiner Väter und Herr aller Güte,
der du alle Dinge gemacht hast,
indem du ihren Namen nanntest,
du hast auch den Menschen
gebildet in deiner Weisheit,
dass er deine Geschöpfe behüte,
die Welt verwalte in Heiligkeit und Gerechtigkeit
und sie mit wissendem Herzen bewahre.«
Weisheit 9

Der fünfte Gedanke ist die Klage über die Entfremdung des Menschen von Gott, von sich selbst und von anderen Menschen, von seiner Verantwortung. Sie spricht sich aus als Klage über die Vergänglichkeit:

»Du säst Menschen aus in die Welt Jahr um Jahr.
Wie Gras, das nachwächst, kommen sie aus deiner Hand,
wie Gras, das in der Frühe aufwächst und blüht
und am Abend welkt und verdorrt.
So welken wir hin in deiner Glut,

wir verdorren plötzlich unter deinem Zorn,
denn du siehst all unser Unrecht,
in deinem Licht ist es sichtbar,
so verborgen es ist unserem eigenen Herzen.

Ja, unsere Tage eilen dahin, getrieben von deinem Zorn.
Wie Seufzer verhallen die Jahre.
Siebzig Jahre währt unser Leben,
wenn es hoch kommt, achtzig.
Was sein Stolz war, ist Mühe gewesen und Elend,
denn es fährt schnell dahin, als flögen wir davon.
Lehre uns unsere Tage zählen,
dass wir ein weises Herz gewinnen.
Lass deine Herrlichkeit aufleuchten an deinen Knechten,
und zeige unseren Kindern deine heilige Macht.«
Psalm 90

Die Klage wird auch laut über den Zustand des Menschen. Über die Schuld, die er auf sich lädt, das Versäumen, das ihm widerfährt, die Sünde, die ihn festhält und die er nicht überwindet. Gott ist ewig, heilig und mächtig. Der Mensch ist verknüpft mit Tod, Schuld und Unvermögen. Die Klage ergeht über das Unheil, das vom Menschen ausgeht, denn keiner ist gerecht. Alle sind schuldig, und das Gewicht dieses Versagens ist schwer. So klagt der Psalm:

»Gott, sieh mich wieder an und sprich wieder mit mir!
Wenn du barmherzig sein willst,
dann nimm mir mein Unrecht ab.
Denn ich sehe, was ich getan habe,
und meine Untat steht mir immer vor Augen.
Ich habe ja nicht an Menschen
Unrecht getan, sondern an dir.
Nicht Menschen messen das Maß der Schuld.
Was böse ist, bestimmst allein du.
Dein Maß gilt und dein Urteil ist Recht.

Aber sieh, ich bin ein schwacher Mensch.
Meine Mutter war schon schuldig, ehe sie mich empfing.
Sieh mein Unrecht nicht an.
Schaffe es weg zwischen dir und mir.
Gib mir statt des alten ein neues Herz.
Einen klaren, festen Geist gib mir.
Wirf mich nicht weg
und nimm mir nicht deinen heiligen Geist.
Zerschlagen bin ich und zerrissen in meinem Herzen.
Nimm das! Das bringe ich dir.
Ich weiß, du wirst, was ich bringe, nicht verachten.«
Psalm 51

Und was dieser Klage ihr schweres Gewicht gibt, ist der Gedanke, es werde alles, was geschieht, sich rächen. Es werde unabwendbare Folgen katastrophaler Art haben. Oder es ergehe irgendwann ein Gericht, das den schuldigen Menschen um das gute, das sinnvolle Leben bringt. Denn es genügt gewiss nicht, zu meinen, es werde am Ende alles gut sein. Nein, es kann alles auch in Vernichtung, Verdammung und Untergang enden.

✾

Der sechste Grundgedanke ist der, neben der Schuld des Menschen am bösen Lauf der Welt sei die Welt auch aus sich selbst eine Welt voller Rätselhaftigkeit, voller Leid und Brutalität, voller Schmerzen und Ängste. Die Klage über das unverschuldete Leid durchzieht das Alte Testament:

»Herr, höre mein Gebet!
Lass mein Schreien zu dir dringen!
Verbirg nicht dein Antlitz vor mir heute,
da ich im Elend bin!

Denn es verwehen wie Rauch meine Tage,
versengt wie Gras,
verdorrt ist mein Herz.
Matt bin ich vor Weinen und Stöhnen
und bin nur noch Haut und Gebein.
Ich bin einer Eule gleich in der Wüste,
einem Käuzchen in den Trümmern.
Ich wache und klage wie ein einsamer Vogel auf dem Dach.«
Psalm 102

Diese Klage reicht bis zu einer Anklage gegen Gott:

»Ich will meinem Munde nicht wehren,
will reden in der Angst meines Herzens,
klagen in der Bitterkeit meiner Seele:
Bin ich denn das wilde Meer? Bin ich ein Drache,
dass du, Gott, so scharf mich bewachst?
Denke ich: Das Bett wird mich trösten,
mein Lager hilft mein Leid mir tragen!,
dann verfolgst du mich mit Traumgesichten
und schreckst mich mit Bildern des Grauens,
dass ich mir wünschte, erwürgt zu sein,
und den Tod ersehne statt meiner Ängste.

Lass ab von mir! Wie ein Hauch sind meine Tage.
Was ist denn der Mensch, dass du ihn so bewachst,
dass du so unablässig dich um ihn kümmerst?
Jeden Morgen suchst du ihn auf
und prüfst ihn von Stunde zu Stunde.
Wann endlich blickst du weg von mir
und lässt mir Ruhe, einen Atemzug lang?
Habe ich gesündigt, was tue ich dir damit an,
du Bewacher der Menschen?
Denn in die Erde lege ich mich in kurzer Zeit,
und wenn du mich suchen wirst,
werde ich nicht mehr sein.«
Hiob 4–7

✾

Der siebte Gedanke ist der, dass Gott der Welt seine Gesetze und Ordnungen eingegeben hat, seine unverbrüchlichen Maßstäbe für das, was möglich ist und was unmöglich, was wünschenswert und was zu vermeiden ist. Was böse und zerstörend ist und was gut. Gott ist Gesetzgeber. Gott ist aber auch der, der den Bruch seiner Gesetze verfolgt und bestraft. Und Gott ist zum Dritten der, der dem Menschen das Brechen dieser Gesetze mit Liebe und Freundlichkeit vergibt.

»Ich will mich über den Herrn freuen
und will all das Gute nicht vergessen,
das ich von ihm empfangen habe.
Er hat mir alle meine Schuld vergeben
und hat heil gemacht, was in mir zerbrochen war.
Er hat mir das Leben noch einmal geschenkt,
als es schon verloren schien,
mich mit Freundlichkeit geschmückt wie mit einer Krone.
Er hat meine Kraft erneuert,
wie das Gefieder des Adlers neu wird.

Barmherzig und freundlich ist der Herr,
geduldig und reich an Güte.
Er geht nicht mit uns um, wie wir es verdient hätten,
und lohnt uns nicht, wie es unserer Schuld entspräche.
So hoch der Himmel über der Erde ist,
so mächtig leuchtet seine Freundlichkeit über die,
die zu ihm gehören.
So weit der Osten vom Westen ist,
rückt er unsere Untaten von uns weg.
Wie ein Vater sich um Kinder kümmert,
so kümmert sich der Herr um alle,
die mit ihm Ernst machen.«
Psalm 103

Das ist keineswegs erst im Neuen Testament so, es bestimmt auch die jüdische Religion von Grund auf.

✽

Der achte Gedanke richtet sich auf das bleibende Leben des Menschen, auf seine Wiedererweckung aus seinem Tode, auf seine Auferstehung. Dieser Gedanke setzt sich im Glauben des Judentums erst in den Jahrhunderten vor Christus durch und drückt sich vorsichtig aus:

> »Ich weiß, dass mein Erlöser lebt.
> Am Ende wird er mir auf meinem Weg begegnen
> und ohne meine Haut, die so zerrissen,
> ohne meinen zerstörten Leib werde ich ihn schauen.
> Kein Fremder wird das Geheimnis stören,
> das meinen Augen sich auftut.«
> *Hiob 19,25*

> »Deine Toten werden leben,
> deine Leichname werden auferstehen.
> Wacht auf und rühmt, die ihr unter der Erde liegt …,
> denn die Erde wird ihre Toten herausgeben.«
> *Jesaja 26,19*

Oder:

> »Gott wird den Tod für immer auslöschen
> und von jedem Gesicht die Tränen abwischen.«
> *Jesaja 25,8*

Dieser Gedanke allerdings wird dann im Neuen Testament zum Zentrum alles Glaubens und alles Nachdenkens überhaupt. Christus ist auferstanden, sagen die Christen. Und Gott wird uns alle aus dem Tod holen. Und wir werden als neue Menschen in einer neuen Welt leben.

✽

Der neunte Gedanke, der den biblischen Glauben durchzieht, ist der, es könne doch auf dieser Erde nicht weitergehen, wie es seit Urzeiten gelaufen ist. Es müsse eine große Veränderung aller Dinge eintreten. Aus dem Glauben an die helfende und bewahrende Güte Gottes erwächst der Wunsch, Gott selbst möge auf dieser Erde, die von der Schurkerei der Menschen so schrecklich entstellt ist, eingreifen.

»Schau vom Himmel,
sieh herab von deiner heiligen Wohnung!
Wo ist denn nun deine große Barmherzigkeit?

Du bist doch unser Vater, der Erlöser derer, die dich suchen.
So komm wieder zu deinen Kindern
und besuche die Menschen, die doch dein sind.

Fast ist es, als sähest du nicht, was unter uns geschieht.
Ach, zerrissest du doch den Himmel!
Ach, kämst du doch herab,
dass die Mächte der Welt vor dir vergingen,
dass sie verglühten wie Reisig im Feuer,
dass sie verdampften wie siedendes Wasser über der Flamme.

Denn es ist keine Hilfe für uns, die dich anrufen,
als du allein.
Ach, du bist uns ferne gerückt, als wir ohne dich lebten,
und nun sind wir unrein,
unsere Frömmigkeit ist wie ein schmutziges Kleid.

Wir sind verwelkt wie die Blätter,
unsere Sünden wirbeln uns dahin wie der Wind.
Jeder lebt, als wärest du nicht,
jedem ist sein eigener Weg genug.
Du lässt uns allein mit unsrem Unrecht,
und unsere Last drückt uns zu Boden.

Und doch ist das eine wahr, Gott: Du bist unser Vater.
Wir sind Ton. Du bist der Töpfer.
Noch immer sind wir deiner Hände Werk.«
Jesaja 63

Das aber ist gewiss: Dazu bedarf es eines Retters, und dieser Retter müsse sich von allen anderen großen, herrschenden Gestalten der Weltgeschichte unterscheiden. Das Volk des Alten Testaments nahm das Muster dafür von jenem Propheten des 6. Jahrhunderts, der als der »Gottesknecht« galt und der nicht durch Macht und Glanz, sondern durch sein stellvertretendes Leiden befreiend und erlösend wirkte:

»Sieh zu: meinem Knecht wird sein Werk gelingen.
Hoch über allen wird er stehen,
die bedeutend sind unter den Menschen.
Freilich, viele werden entsetzt sein,
wenn sie ihn sehen, denn er ist entstellt
und nicht schön wie andere Menschen.
Seinetwegen werden sich Völker ereifern,
Könige staunend den Mund verschließen.
Er wuchs mühsam auf wie ein Reis,
das in dürrem Erdreich wurzelt.
Er hatte keine erhabene Gestalt,
keine Hoheit und keine Schönheit.
Wir sahen ihn, aber er gefiel uns nicht.
Ausgestoßen war er, von Menschen gemieden,
ein Mann der Schmerzen, vertraut mit Krankheit,
so verachtet, dass man das Antlitz vor ihm verbarg
und wir ihn für nichts hielten.
Aber das ist wahr: Er trug unsre Krankheit
und lud unsere Schmerzen sich auf.
Wir meinten, Gott habe ihn gestraft.
Um seiner eigenen Schuld willen
habe Gott ihn geschlagen und gemartert.
Aber er wurde durchbohrt um unserer Untreue willen,

zerschlagen zur Sühne für unsere Verbrechen.
Die Strafe liegt auf ihm, damit wir Frieden hätten,
und durch seine Wunden sind wir geheilt.
Er wurde misshandelt und beugte sich
und tat seinen Mund nicht auf
wie ein Lamm, das man zur Schlachtbank führt,
wie ein Schaf, das verstummt vor seinem Scherer.
Aber des Herrn Plan wird durch seine Hand gelingen.
Durch seine Leiden schafft er, der Gerechte, mein Knecht,
für viele die Rettung und läd ihre Sünden auf sich.
Darum soll er Herr sein über die Vielen
und soll die Starken überwinden,
weil er sein Leben in den Tod gab
und sich zu den Empörern zählen ließ.
Denn er gerade trug die Sünden der Vielen
und trat für die Empörer ein.«
Jesaja 52–53

Es ist für den Zusammenhang zwischen dem »Alten« und dem »Neuen« Testament entscheidend, dass die neutestamentliche Gemeinde diesen Gottesknecht, den leidenden, in Jesus Christus wiedererkannte.

❃

Und so findet das Volk des Alten Testaments die Vision einer Zukunft, die licht und klar sein wird. Dem ersten Gedanken, alles sei von Anfang an gut, entspricht der zehnte: dass am Ende alles gut sein wird.

»Am Ende der Tage wird es geschehen:
Gott wird Gerechtigkeit schaffen zwischen den Völkern.
Er wird das Recht aufrichten, wo die Mächtigen herrschen.
Sie werden ihre Schwerter umschmieden zu Pflugscharen
und ihre Lanzen zu Winzermessern.
Kein Volk wird wider das andere das Schwert erheben.
Niemand wird mehr lernen, wie man Krieg führt.

Jeder wird ruhen unter seinem Weinstock,
unbedroht von Gewalt. Gottes Mund hat es geredet.
Und du, Betlehem! Du bist klein unter den Städten Judas.
Aber aus dir soll der kommen,
der den Weg zum Frieden zeigt,
den uralten Weg, den Gott ebnete seit den Tagen der Urzeit.«
Micha 4–5

Das alles nimmt Jesus Christus auf, wenn er zitiert, was wir anfangs aus jenem Gottesdienst in Nazaret berichtet haben:

»Der Geist Gottes ruht auf mir.
Einen Auftrag hat mir Gott gegeben,
eine Botschaft: Freude den Leidenden.

Er hat mich gesandt, wunde Herzen zu verbinden,
Gefangenen die Freiheit anzusagen,
Gefesselten die Erlösung,
und zu rufen: Jetzt ist die Stunde, da Gott hilft.

Die Trauernden soll ich trösten,
die in Trauerkleidern gehen, in Festgewänder hüllen.
Den Schwermütigen, die stumm sind in ihrem Leid,
soll ich ein Lied singen: Lobgesang und Dank.

Ich freue mich an Gott, denn er hat mich festlich gekleidet.
Er hat gesagt: Es ist gut zwischen dir und mir.

Wie einen Bräutigam schmückte er mich mit einer Krone,
wie eine Braut mit dem Brautschmuck.

Wie die Erde die Saat bringt, wie ein Garten seine Frucht,
so wächst in uns allen sein Heil.«
Jesaja 61

✾

Auch die, die im Neuen Testament über sein Leben berichten, nehmen diese Gedanken auf:

»Das Volk, das im Finstern wandert, sieht ein großes Licht,
über dem dunklen Lande der Angst scheint es hell.

Denn uns ist ein Kind geboren,
ein Sohn ist uns gegeben.
Er wird sein Reich aufrichten,
und des Friedens wird kein Ende sein.
Auf Recht und Gerechtigkeit ist es gegründet.

Darum mache dich auf,
werde Licht, denn dein Licht kommt.
Der Lichtglanz kommenden Friedens geht über dir auf.
Denn Finsternis bedeckt das Erdreich
und Dunkel die Völker.
Aber über dir ist Licht, das Licht dessen, der kommt.«
Jesaja 9,1.5/Lukas 1,79

Von ihm, der kam, ist im Evangelium die Rede.

Was wollte Jesus an dieser Tradition verändern?

Diese alte Überlieferung hatte sich zur Zeit Jesu in einer umfassenden Lebensordnung kristallisiert, die alles durchformte, das öffentliche und das private Leben, die Ordnungen des Rechts und des sozialen Gefüges, den Tageslauf jedes Einzelnen, die Festfolge des Jahres, das spirituelle Leben des Gebets und den Gottesdienst. Man nannte diese Lebensordnung schlicht das »Gesetz«. Und dieses »Gesetz« bewahrt der gläubige Jude bis heute sorgsam bis in alle Einzelheiten. Es hat die Besonderheit dieses Volks durch die Jahrtausende hin festgehalten. Es gilt als heilig. Es ist unantastbar. Ob die erlösende und führende Kraft Gottes auf dieser Erde wirklich prägend wirken kann, hängt nach jüdischen Glauben davon ab, ob die Menschen es genau und sorgfältig einhalten.

Aber da tritt nun ein Bruch ein. Jesus verhält sich diesem Gesetz gegenüber in einer unerlaubten Weise frei. Er tut auf verschiedenen Gebieten Dinge, die mit diesem Gesetz nicht zu vereinbaren sind. Sein Umgang mit Autoritäten, sein Umgang mit rituellen Ordnungen, mit seiner Familie, vor allem mit der Ordnung, die für den Sabbat gilt, stehen in der damaligen jüdischen Gesellschaft als gefährliche Zeichen der Auflösung und der Eigenmächtigkeit. Er setzte an die Stelle des alten Gesetzes eine neue, offenere Lebensordnung. Er zeigte ein Ziel, das mit Hilfe des Gesetzes nicht zu erreichen sei. Er leitete die Menschen zu einem Verhalten an, das über die Maßgaben des Gesetzes weit hinausreichte in eine spirituelle Freiheit, in der die eigentliche Erlösung geschehe. Und als Zeichen dieser neuen Freiheit zeigte er den Menschen ein verändertes Bild von Gott.

✻

In jener Zeit, es war Sabbat, kam Jesus einmal durch Getreidefelder. Seine Jünger hatten Hunger und fingen an, Ähren abzureißen und davon zu essen. Als die Pharisäer das sahen (dass die Jünger nämlich »Erntearbeit« leisteten), sagten sie zu ihm: »Sieh dir das an! Deine Begleiter tun etwas, was am Sabbat nicht erlaubt ist!« Darauf sagte er: »Habt ihr nie gelesen, was David sich erlaubt hat, als er und seine Begleiter Hunger hatten? Wie er in das Heiligtum eindrang und sie die heiligen Brote aufaßen, obwohl weder er noch seine Begleiter sie essen durften, sondern allein die Priester? Oder habt ihr noch nie im Gesetz gelesen, dass die Priester, die am Sabbat im Tempel Dienst tun, damit im Grunde den Sabbat verletzen und doch ohne Schuld sind? Denn der Tempel hat einen höheren Anspruch als die Sabbatordnung. Ich sage euch aber: Hier steht ein Anspruch vor euch, der höher ist als der des Tempels! Hättet ihr aber begriffen, was Gott meint, wenn er sagt: ›Ich suche Barmherzigkeit, nicht Rituale‹, ihr würdet sie nicht verdammen, wenn sie etwas tun, das ihnen doch erlaubt ist! Denn was am Sabbat geschehen kann und was nicht, bestimmt der Bevollmächtigte Gottes!« (Matthäus 12,1–8).

Danach ging Jesus weiter und kam in ihre Synagoge. Dort fand er einen Mann mit einer gelähmten Hand. Als er sich ihm zuwenden wollte, fragten ihn einige der Umstehenden: »Ist es erlaubt, am Sabbat zu heilen?« Denn sie suchten einen Grund, ihn vor das geistliche Gericht zu stellen. Er antwortete ihnen: »Wie ist das? Wenn einem von euch am Sabbat ein Schaf in eine Grube fällt, das einzige, das er hat, wird er es nicht ergreifen und herausholen? Hier ist aber kein Schaf, sondern – und das ist mehr – ein Mensch. Es ist durchaus erlaubt, am Sabbat etwas Hilfreiches zu tun.« Dann wandte er sich dem Mann zu: »Gib deine Hand her! Streck sie aus!« Er streckte sie aus, und sie war gesund wie die andere. Da gingen die Pharisäer hinaus, besprachen sich miteinander und suchten Mittel und Wege, ihn umzubringen. Als Jesus davon hörte, verließ er den Ort. Eine große Menge Menschen begleitete ihn auf dem Weg, und er heilte sie alle und ermahnte sie, über ihn keinen Lärm zu machen, denn was Jesaja, der Prophet, gesagt hatte, sollte sich erfüllen:

»Gott spricht:
Das ist mein Knecht, den ich erwählt habe,
mein Geliebter, an dem ich mich freue.
Ich gebe ihm meinen Geist,
und er wird den Völkern meinen Willen ansagen.
Er wird nicht streiten und nicht schreien,
und niemand wird seine Stimme laut hören auf den Straßen.
Ein Schilfrohr, das schon geknickt ist,
wird er nicht brechen,
und einen Docht, der eben noch glimmt,
wird er nicht auslöschen,
bis er das Recht zum Sieg geführt hat.
Auf ihn werden die Völker ihre Hoffnung setzen.«
Matthäus 12,9–21

Einen anderen forderte Jesus auf: »Komm mit!« Der bat ihn: »Erlaube mir, dass ich vorher nach Hause gehe und meinem Vater die letzte Ehre erweise.« Jesus erwiderte: »Lass die Toten ihren Toten Ehre erweisen! Fang du an! Verkündige das Reich Gottes!« Ein Dritter kam von sich aus: »Ich will zu dir gehören, nur erlaube mir noch eine Abschiedsfeier mit meiner Familie.« Doch Jesus wehrte ab: »Wer mit den Händen den Pflug fasst und dabei zurücksieht, taugt nicht dazu, dem Reich Gottes den Boden zu bereiten« (Lukas 9,59–62).

Die Ehrung eines toten Familienangehörigen, zumal eines Vaters, dauerte mehrere Tage lang und war durch das Gesetz vorgeschrieben. Die Abschiedsfeier mit der Familie zu untersagen, war Zeichen einer unerlaubten Respektlosigkeit.

Wie tief diese Störung der vorgeschriebenen Ordnung ging, erzählt Johannes in seiner Erzählung von der Heilung eines Blinden:

Im Vorübergehen erblickte Jesus einmal einen Mann, der von Geburt an blind war. Da fragten ihn seine Jünger:

»Meister, wer hat Schuld auf sich geladen, er selbst oder seine Eltern, dass er blind geboren wurde?« Jesus erwiderte: »Es ist nicht seine Schuld und nicht die seiner Eltern. Er ist blind, weil an ihm das Walten Gottes sichtbar werden soll. Ich muss im Dienste dessen wirken, der mich gesandt hat, denn noch ist es Tag. Es kommt eine Nacht, in der niemand mehr wirken wird. Solange ich in der Welt bin, bin ich das Licht der Welt.« Nach diesen Worten spie er auf die Erde und machte aus dem Speichel einen Brei, strich dem Blinden den Brei auf die Augen und befahl ihm: »Geh! Wasche dich im Teich Schiloach.« Schiloach bedeutet »(von Gott) gesandt«. Der Mann ging, wusch sich und kehrte sehend zurück.

Seine Nachbarn und alle, die ihn vorher als Bettler gekannt hatten, wunderten sich und fragten einander: »Ist das nicht der, der da herumgesessen hatte? Ist das nicht der Bettler?« Einige meinten, er sei es, andere hielten es für unmöglich: »Nein, er sieht ihm nur ähnlich!« Der Mann selber allerdings behauptete: »Ich bin es selbst!« »Wie kommt das«, fragten sie ihn, »dass du nun sehende Augen hast?« »Der Mann, den sie Jesus nennen«, antwortete er, »machte einen Brei, bestrich meine Augen damit und sagte: ›Geh an den Schiloachteich und wasche dich!‹ Als ich hinging und mich wusch, konnte ich plötzlich sehen.« »Wo ist er denn jetzt?«, fragten sie, und er antwortete: »Ich weiß es nicht.«

Da führten sie ihn, der bisher blind gewesen war, zu den Pharisäern. Nun war aber an dem Tage, an dem Jesus den Brei gemacht und dem Mann die Augen geöffnet hatte, gerade Sabbat. Die Pharisäer begannen noch einmal, ihn auszufragen, auf welche Weise er sehend geworden sei, und wieder antwortete er: »Es strich mir einer einen Brei auf die Augen, dann wusch ich mich, und nun kann ich sehen.« »Dieser Mensch handelt nicht in Gottes Auftrag«, urteilten einige unter den Pharisäern, »denn er hält sich nicht an die Ordnung des Ruhetages.« Andere widersprachen: »Es ist doch nicht möglich, dass ein Mensch, der ohne Gott lebt, solche Wunder zuwege bringt!« Und die Versammlung konnte sich nicht einigen. So fragten sie noch einmal den Blinden selbst: »Was hältst du von ihm, nachdem er dir deine Augen geöffnet hat?« Und er gab zur Antwort: »Er ist ein Prophet.«

Aber sie wollten nicht einmal glauben, dass er, der jetzt sehen konnte, vorher wirklich blind gewesen sei. So riefen sie seine Eltern und verhörten auch sie: »Ist das euer Sohn, von dem ihr sagt, er sei blind geboren? Wie kommt es, dass er jetzt sehen kann?« Sie antworteten: »Wir wissen, dass das unser Sohn ist und dass er blind geboren wurde. Wie es kommt, dass er jetzt sehen kann, wissen wir nicht. Wir wissen auch nicht, wer ihm die Augen geöffnet hat. Fragt ihn selbst! Er ist erwachsen genug. Er kann für sich selbst reden.« Das sagten die Eltern deshalb, weil sie sich vor den Juden fürchteten, denn man hatte bereits beschlossen, wer von Jesus behaupten würde, er sei der Christus, solle aus der Synagoge ausgestoßen werden. Das war der Grund, warum die Eltern sagten: »Er ist erwachsen genug. Fragt ihn selbst!«

Da riefen sie den Mann, der blind gewesen war, zum zweiten Mal herein und setzten das Verhör fort: »Gib Acht, dass du dich nicht an Gott versündigst! Wir wissen, dass dieser Jesus ein gottloser, eigenmächtiger Mensch ist!« »Ob er gottlos ist«, entgegnete er, »weiß ich nicht. Ich weiß nur eins: Früher war ich blind, jetzt kann ich sehen.« Und wieder fragten sie: »Was hat er dir getan? Wie hat er deine Augen geöffnet?« »Ich habe es euch doch gesagt«, antwortete er, »und ihr habt nicht zugehört. Wozu wollt ihr es noch einmal hören? Wollt ihr auch seine Schüler werden?« Da fuhren sie ihn an: »Vermutlich bist du sein Schüler! Unser Lehrer ist Mose! Dass Gott mit Mose geredet hat, das wissen wir. Von diesem wissen wir noch nicht einmal, woher er überhaupt kommt!« Der Mann erwiderte: »Das ist doch sonderbar, dass ihr nicht wisst, woher er kommt, nachdem er mir die Augen geöffnet hat! Wir wissen doch, dass Gott nicht auf Gottlose hört, dass er aber durch den handelt, der fromm ist und seinen Willen erfüllt. Solange die Welt steht, ist es nicht vorgekommen, dass einer einem blind Geborenen die Augen geöffnet hat! Käme der nicht von Gott, hätte er das nicht tun können.« Da brachen sie die Verhandlung ab: »Du bist als ein durch und durch gottloser Mensch geboren (deine Blindheit beweist es!) und willst uns belehren?« Und sie stießen ihn aus der Synagogengemeinschaft aus.

Jesus erfuhr von dieser Ausstoßung und fragte ihn, als er ihn traf: »Glaubst du an den Bevollmächtigten Gottes, den Menschensohn?« »Wer ist das?«, fragte jener. »Ich möchte gerne an ihn glauben!« »Du hast ihn gesehen«, antwortete Jesus, »und der jetzt mit dir spricht, ist es.« »Herr«, sagte er, »ich glaube«, und warf sich vor ihm auf die Knie.

Aber Jesus sprach weiter: »Ich bin zum Gericht in diese Welt gekommen, damit die Blinden sehend werden und die Sehenden blind.« Einige Pharisäer, die dabeistanden, hörten das und fragten: »Willst du damit sagen, auch wir seien blind?« Jesus gab zur Antwort: »Wenn ihr blind wäret, träfe euch keine Schuld. Nun aber, da ihr behauptet, sehend zu sein, kann niemand euch eure Schuld abnehmen« (Johannes 9,1–41).

Wir erinnern uns der oben erzählten Geschichte von der Heilung des Mannes am Teich Bethesda. Als der anfing, sich auf seinen Beinen zu bewegen, sein Bett in der Hand, sprachen ihn andere an.

»Heute ist Sabbat! Es ist dir nicht erlaubt, das Bett herumzutragen!« Der antwortete ihnen: »Der, der mich gesund gemacht hat, hat mir befohlen: ›Nimm dein Bett auf und geh!‹« »Wer war das«, wollten sie wissen, »der dir gesagt hat: ›Nimm auf! Geh!‹?« Der Geheilte wusste aber nicht, wer es war, denn Jesus hatte das Krankenhaus im Gedränge der Leute unbemerkt wieder verlassen. Später begegnete Jesus ihm im Tempel und sprach mit ihm: »Du bist gesund geworden. Sieh zu, dass du nun Gottes Willen nicht mehr zuwiderhandelst! Was dir dadurch geschehen würde, wäre schlimmer als deine Krankheit!« Da ging der Mann und erzählte den Juden, Jesus sei es, der ihn gesund gemacht habe. Da stellten die Juden Jesus nach, weil er das am Sabbat getan hatte. »Mein Vater«, antwortete ihnen Jesus, »wirkt ohne Unterbrechung bis zu diesem Augenblick, und so wie er wirke auch ich.« Um so mehr aber suchten die Juden nun, ihn zu töten, weil er sich nicht nur an der Sabbatordnung vergangen, sondern auch behauptet hatte, Gott sei sein Vater, und sich also mit Gott auf eine Stufe stellte (Johannes 5,10–18).

Einmal standen draußen vor dem Haus, in dem er redete, seine Mutter und seine Brüder. Die wollten ihn nach Hause zurückholen. Als man ihm sagte: »Draußen ist deine Familie«, verwies er auf seine Zuhörer: »Meine Familie? Seht her! Das sind meine Mutter und meine Geschwister! Wer tut, was Gott will, der gehört zu meiner Familie!« (Markus 3,31–34).

Er führte die Menschen in den Innenraum ihrer Seele

Er machte neue Anfänge in ihnen möglich

An einem frühen Morgen ging Jesus in den Tempel, in die große Halle, in der die Schriftausleger und die Rechtsgelehrten diskutierten und lehrten. Er suchte sich einen Platz und fing an zu reden, und die Leute drängten sich um ihn. Da brachten die Rechtsgelehrten eine Frau vor ihn, die in flagranti beim Ehebruch ergriffen worden war, stellten sie zwischen sich und Jesus in die Mitte und fragten ihn: »Meister, diese Frau wurde auf frischer Tat im Ehebruch ergriffen. Mose schreibt im Gesetz vor, sie sei zu steinigen. Wie urteilst du?« Das fragten sie, weil sie ihm eine Falle stellen und ihn seines – wie sie vermuteten – zu milden und mit dem Gesetz nicht konformen Urteils wegen anklagen wollten.

Als Jesus die Frage hörte, bückte er sich nieder und schrieb mit dem Finger auf die Erde. Als sie ihn aber weiter fragten und nicht abließen, richtete er sich auf und antwortete: »Wer unter euch sich keine Schuld vorzuwerfen hat, der werfe den ersten Stein.« Dann bückte er sich wieder und schrieb weiter auf die Erde. Die Männer aber, als sie das hörten, gingen hinaus, einer nach dem anderen, bei den ältesten angefangen, und Jesus blieb allein mit der Frau. Da richtete er sich auf und fragte sie: »Frau, wo sind deine Verkläger? Hat dich niemand verurteilt?« Sie antwortete: »Niemand, Herr.« »Auch ich verurteile dich nicht«, schloss Jesus, »geh und tu es nicht noch einmal« (Johannes 8,1–11).

Es ist eine der schönsten Szenen, in denen uns Jesus geschildert wird. Er kommt in den weiten Vorhof des Tempels, Menschen sammeln sich um ihn, und er wird in einen Rechtsstreit verwickelt. Von Jesus weiß man, dass er mit den Opfern der Verhältnisse, auch den Opfern von Macht und Justiz, barmherzig umzugehen pflegt. Würde Jesus es wagen, das Gesetz aufzuheben, indem er die Frau freispricht, oder würde er als der Anwalt der Armen und der an den Rand Gedrängten unglaubwürdig, indem er die Frau der Hinrichtung durch Steinigung überließe? Wenn er das Gesetz aufhöbe, wäre er selbst dem Gesetz, das heißt dem Tod, verfallen. Wenn er es nicht wagte, worin würde er sich dann in den Augen der Umstehenden noch von den rigorosen Gesetzeslehrern unterscheiden? »Wie wirst du urteilen?«, fragt man ihn.

Jesus hört die Frage, sieht die Falle und tut etwas anderes. Er greift zu einer zeichenhaften Handlung, von der er vermuten kann, die Gelehrten würden sie verstehen. Im Buch des Propheten Jeremia (17,13) steht das Wort: »Die an dir sündigen, werden ausgewischt wie Namen, die man in den Staub schreibt.« Er beugt sich also nieder und schreibt mit dem Finger in den Staub zu seinen Füßen. Aber sie verstehen nicht oder wollen nicht verstehen. So dringen sie noch einmal in ihn: Wie urteilst du? Da richtet er sich auf und sagt dasselbe noch einmal mit anderen Worten: »Wer unter euch sich keine Schuld vorzuwerfen hat, werfe den ersten Stein.« Und wieder bückt er sich zur Erde und schreibt. Dieses Mal wohl nicht, um an das Wort des Jeremia zu erinnern, sondern um ihnen die Möglichkeit zu geben, sich leise zu entfernen. Und Jesus bleibt allein mit der Frau. »Hat dich niemand verurteilt?«, fragt er sie. Und er entlässt sie mit der Weisung, etwas dieser Art nicht mehr zu tun. Sie aber geht als befreiter, getrösteter Mensch.

✻

Eines Abends kommt ein bekannter Gelehrter namens Nikodemus zu Jesus. Er will nicht gesehen werden und kommt deshalb bei Nacht. Mit einer wohlwollenden Erklärung führt er sich ein: »Meister, wir wissen, dass du von Gott gesandt bist, denn niemand kann die wunderbaren Dinge tun, die du tust, wenn nicht Gott in ihm wirkt.« Jesus nimmt den Gruß auf und redet mit seinem Gast – wie ich vermute – bis tief in die Nacht. Aber er setzt nicht bei sich, sondern bei seinem Gast ein: »Reden wir nicht von mir, sondern von dir: Wenn du nicht von oben her neu geboren wirst, kannst du das Reich Gottes nicht sehen.« Nikodemus ist überrascht: »Wie kann einer neu geboren werden, wenn er ein Greis ist? Kann ihn denn seine Mutter noch einmal in ihren Leib aufnehmen und zur Welt bringen?« Jesus erwidert: »Wer nicht neu geboren wird aus Wasser und Geist, findet keinen Zugang zu Gottes Reich. Was Menschen zur Welt bringen, ist menschlich. Was der Geist schafft, ist Geist. Der Wind weht, wo er will. Du hörst wohl sein Sausen, aber du weißt nicht, woher er kommt und wohin er treibt. Du kannst den nicht fassen, der aus dem Geist geboren ist.« Da ist Nikodemus ratlos: »Wie kann das geschehen?« Und nach einer Weile schließt Jesus das Gespräch ab mit dem Wort: »Gott hat mich nicht in die Welt gesandt mit dem Auftrag, sie zu verurteilen, sondern um sie vor dem Tode zu retten. Wer tut, was aus Gott ist, wendet sich dem Licht zu, so dass sichtbar wird, dass sein Tun in Gott getan ist« (Johannes 3).

Wir vermuten, dass Nikodemus ein älterer oder ein alter Mann war, bekannt, angesehen, gewohnt zu führen und zu lehren. Aber wir vermuten auch, dass er im Tiefsten seiner Sache nicht so sicher war, wie es scheinen mochte, vor allem wohl verunsichert durch das Auftreten dieses Jesus, der vieles so sehr anders sah als unter Fachkundigen der jüdischen Frömmigkeit und Rechtspflege üblich. Wenn er ein alter Mann war, dann lag sein Leben im Wesentlichen abgeschlossen hinter ihm und konnte als vollendet gelten. Da redet Jesus von einer neuen »Geburt«. Es gibt, so sagt er, auch für einen alten Menschen wie dich einen neuen Anfang. Du kannst neu geboren werden und hast wie ein Kind dein Leben nicht hinter dir, sondern vor dir. Deine Seele kann neu lebendig werden aus dem Geist Gottes. Was aus dir selbst kommt, ist und bleibt menschlich. Es mag erfreulich sein oder nicht. Es kann wichtig sein oder bedeutungslos. Aus dir selbst kommt eben immer nur, was in dir ist, und das wird immer zweideutig sein. Es muss etwas in dich hineinfallen. Du magst es den »Geist Gottes« nennen, wenn du dir etwas darunter vorstellen kannst. Dann entsteht etwas Neues, bisher Fremdes in dir, etwas Anderes, das dich wandelt. Der Wind weht, wo er will. Er lässt sich durch Ordnungen, Gesetze, Rituale nicht einzwängen, auch nicht durch alles, was du gelernt hast. Und der Geist ist es, der dir das Reich Gottes öffnet. Er macht mehr aus dir, als du aus dir sein kannst, mehr, als du aus dir selbst je werden könntest: Er macht aus dir einen Ort, an dem sein Reich entsteht. Nimm ihn an, diesen neuen Anfang. Lass den Geist ein (Johannes 3).

❃

Eines Tages kommt Jesus, wie schon erzählt, auf der Reise von Jerusalem nach Galiläa bei der Stadt Sichar an den alten Brunnen des Erzvaters Jakob. Weil er nun ermattet ist von der Wanderung, setzt er sich in der Mittagsstunde an den Brunnen. Da kommt eine Frau, um Wasser zu schöpfen, und Jesus bittet sie: »Schöpfe doch auch mir, gib mir zu trinken.« Die Frau wundert sich: »Du bist doch ein Jude. Wie kannst du mich, eine Frau aus Samaria, um Wasser bitten?« Denn die Juden verkehren nicht mit Samaritanern.

Das Gespräch am Brunnen mit der Frau, die der Durst nach Leben umtreibt, hat seine Besonderheit darin, dass Jesus sich gleich zu Anfang in die Rolle der Frau begibt: Ich habe Durst, gib mir Wasser! Und darin, dass Jesus, der sich selbst als die Quelle bezeichnet, der Frau eine Quelle zeigt, die in ihr selbst aufbrechen soll. Es ist ein therapeutisches Gespräch, das sein Ziel erreicht, als die Frau in Jesus den Propheten erkennt und als sie, mit der in ihrem Dorf wohl nur wenige etwas zu tun haben wollten (fünf Männer hast du gehabt und der, den du jetzt hast, ist nicht dein Mann!), sich aus eigenem Antrieb an die Menschen ihres Dorfes wendet, weil sie ihnen etwas zu sagen hat: Geht selbst hinaus! Ihr werdet ihn sehen!

In den Psalmen wird ein Tanzlied zitiert. Da schreibt einer »Wir haben ein Lied, das wir beim Tanz singen, und das lautet: Alle meine Quellen sind in dir!« (Psalm 87,7). Ich gäbe viel darum, wenn ich den vollen Wortlaut dieses Liedes kennte und auch den Tanz selbst. Aber der Psalm lässt es bei dieser Andeutung. Und auch Jesus spricht nur mit einem Wort von der Quelle, die in der Frau anfangen solle zu fließen.

Jesus kommt also an einen Brunnen. Man kann das gemauerte runde Loch heute noch sehen. Es ist etwa fünfunddreißig Meter tief, und sie holen dort bis heute das Wasser mit Seilzug und Eimer herauf. Dort trifft er eine Frau an, die eben aus dem nahen Dorf kommt und ihren Krug füllen will. Als er ein Weilchen mit ihr geredet hat, ist ihm klar, dass sie ein verdorbenes Leben hinter sich und, wenn sich nichts ändert, wohl auch vor sich hat, und er redet mit ihr nicht mehr über das Wasser, das er von ihr erbeten hat, sondern von ihr selbst: Was dir fehlt, ist nicht sosehr das Wasser, das du jeden Tag hier heraufholst. Was dir fehlt, ist, dass in dir selbst eine Quelle aufbricht, die nicht versiegt. Dass in dir selbst etwas Neues lebendig wird, eine Kraft, mit der du dein Leben bestehen kannst. Und als die Frau erstaunt und überrascht fragt, ob er ihr das nicht geben könne, da antwortet er: Was ich dir sage, ist nicht eine Verurteilung deines bisherigen Lebens, nicht eine Moral, nicht etwas, das fremd und von außen auf dich zukäme. Nein, es will eine Quelle werden in dir selbst, und aus ihr soll dir das Leben zufließen, das gute, gelingende, sinnvolle Leben. Du kannst, wenn das geschieht, gedeihen, blühen und reifen, jetzt und heute, und du hast dann ein Leben vor dir, das du dir jetzt nicht vorstellen, auf das du aber zugehen kannst. Dein Leben kann jetzt schon im Zusammenhang stehen mit der Ewigkeit.

✤

In der Frau im Tempel, in dem alten Mann, der bei Nacht kommt, in der Frau mit ihrem Krug an der Quelle, in ihnen allen soll das Reich Gottes aufleuchten, aufwachsen, aufquellen. Es soll Licht bringen und Freiheit für einen neuen Anfang. Zu der Ehebrecherin im Tempel sagt er: Geh nach Hause. Fang neu und anders an. Zu Nikodemus: Lass etwas in dir geschehen wie eine neue Geburt. Zur Frau am Brunnen: Lass aufquellen, was ich in dir zum Leben erwecke. Es sind drei Variationen zu dem einen Wort, das Reich Gottes sei mitten in den Menschen, und es wolle von dort ausgreifen in ihre wirren Lebensverhältnisse als Sinn und Ziel ihres Daseins.

Sein Gottesbild, das vom Familienvater, fasste er in ein Gebet

Wenn Jesus vom Gebet spricht, dann fallen uns etliche Anweisungen auf, die sich um das äußere Bild eines betenden Menschen bewegen:

»Wenn ihr betet, dann lasst es nicht die Menschen hören wie die, die im Gottesdienst oder an den Straßenecken fromm tun. Ich sage euch: Sie haben ihren Lohn gehabt. Wenn ihr betet, geht in die hinterste Kammer, schließt die Tür und betet zu eurem Vater im Verborgenen. Euer Vater sieht ins Verborgene und wird euch segnen. Wenn ihr betet, dann plappert nicht viel wie die, die an Götzen glauben. Sie meinen, sie würden erhört, wenn sie viele Worte machen. Tut es ihnen nicht gleich. Euer Vater weiß, was ihr braucht, ehe ihr ihn bittet« (Matthäus 6,5–8).

Er sagt: Bittet! So wird euch gegeben. Sucht! So werdet ihr finden. Klopft an! So wird sich die Tür öffnen. Wer bittet, empfängt, wer sucht, findet, wer anklopft, dem wird geöffnet. Wer von euch wird sein Kind mit einem Stein abspeisen, wenn es ihn um Brot bittet? Oder mit einer Schlange, wenn es um einen Fisch bat? Wenn aber ihr mit euren engen Herzen euren Kindern zu geben wisst, was sie brauchen, sollte dann nicht euer himmlischer Vater denen Gutes geben, die ihn bitten?

Das Selbstverständliche stellt man nicht zur Schau: »Hütet euch, eure Wohltätigkeit vor den Menschen zur Schau zu stellen. Für ein soziales Gepränge habt ihr keinen Lohn zu erwarten von eurem Vater im Himmel. Wenn ihr Menschen helft, die in Not sind, dann posaunt es nicht hinaus, wie es die frommen Heuchler tun in den Gotteshäusern und in der Öffentlichkeit, um gesehen und gerühmt zu werden. Ich sage euch: Sie haben ihren Lohn gehabt. Wenn ihr helft, dann lasst eure linke Hand nicht wissen, was die rechte tut, damit eure Wohltat im Verborgenen bleibt. Euer Vater sieht ins Verborgene und wird euch segnen« (Matthäus 6,1–4).

»Wenn ihr euch ein Fasten auferlegt, eine geistliche Übung, die eine gewisse Entbehrung mit sich bringt, weil ihr für Gott bereit sein wollt, dann macht kein Schauspiel daraus. Zeigt keine Leidensmiene wie die Heuchler, die vor den Leuten glänzen wollen mit ihrem Fasten. Ich sage euch: Sie haben ihren Lohn gehabt. Wenn ihr fastet, gebt euch festlich, macht euch schön, so dass die Leute nicht merken, dass ihr euch eine religiöse Übung auferlegt. Euer Vater sieht es. Er sieht ins Verborgene und wird euch segnen« (Matthäus 6,16–18).

Seit Urzeiten haben die Menschen über Gott nachgedacht, den großen, den gefährlichen, den schaffenden, den liebenden, den finsteren, den bedrohlichen, den herrschenden, den richtenden Gott. Bei Jesus wird alles sehr einfach. Er verweist alle dunklen Aspekte Gottes in den Hintergrund und lässt das eine Bild hervortreten und allein gelten: Gott ist dein Vater. Du bist sein Kind. Seine Tochter. Sein Sohn. Verlass dich auf ihn. Du brauchst keinen anderen Schutz, keine andere Versorgung, und vor allem keine Waffe, um dich zu sichern. Gott, dein Vater, ist dir nah, ist dir zugetan. Was immer dir widerfährt, lass alle Autoritäten, die sich dir auf dieser Erde anbieten, beiseite und vertraue allein ihm. Und glaube nicht, dass du, um ihm nahe zu sein, irgendwelche menschlichen Hilfen brauchst, Stellvertreter oder Gurus oder Heilige, nein, du bist unmittelbar zu ihm wie ein Kind zu seinem Vater oder seiner Mutter.

Wenn du aber in der Nähe Gottes leben willst, dann suche das Gespräch mit ihm. Rede in der Stille mit ihm und horche, was dir an Antwort gegeben wird. Wenn du also betest, dann zieh dich zurück von den Menschen und allem lauten Umtrieb. Geh in deine Kammer, schließ die Tür und finde deinen Vater in der Verschwiegenheit. Schließe die Tür deiner Seele und warte auf ihn, sprich einfache Worte des Vertrauens oder schweige. Was aber soll man beten?, fragten ihn seine Jünger. Und Jesus gab ihnen das große, einfache Gebet, das wir das Vaterunser nennen:

> Unser Vater im Himmel,
> geheiligt werde dein Name.
> Es komme dein Reich.
> Dein Wille geschehe,
> wie im Himmel, so auf Erden.
> Unser tägliches Brot gib uns heute
> und vergib uns unsere Schuld,
> wie auch wir vergeben unsern Schuldnern.
> Und führe uns nicht in Versuchung,
> sondern erlöse uns von dem Bösen.
> Denn dein ist das Reich und die Kraft
> und die Herrlichkeit in Ewigkeit. Amen.
> *Matthäus 6,9–13*

Wir sagen also: Du, Vater, bist uns nahe, und doch begreifen wir dich nicht. Denn du bist für uns im »Himmel«. Wir nennen dich Gott und wissen dich über uns wie die Wolken, um uns her wie die Luft, unter uns wie die Erde, und in uns wie uns selbst. Wir könnten ebenso gut sagen: »Unsere Mutter«, denn wir reden ja immer nur in Bildern. Auch »Vater« ist ein Bild, das wir uns machen, um besser zu verstehen, was wir meinen. Er oder sie ist ja weder männlich noch weiblich. Es ist Gott.

Aber nun ist bei uns mit dem Bild von Gott, dem »Vater«, etwas Schwerwiegendes geschehen. Für Jesus lag in dem Ausdruck »Abba«, den er verwendete, etwas ungemein Zärtliches. Wenn der Russe »Väterchen« sagt, oder wenn wir »Papa« sagen, schwingt dasselbe Gefühl mit: Der »Vater« ist nicht in erster Linie zu fürchten, er ist vielmehr Wärme, Verlässlichkeit, Zuflucht, Geborgenheit. Es ist gut, bei ihm zu sein. Aber das Wort »Vater« ist eben ein Bild, das wir unseren menschlichen Familienverhältnissen entnehmen. Und die Gefahr ist, dass die Erfahrungen in unseren Familien am Ende das Gottesbild prägen und verändern. Dass also der Vergleich die Oberhand gewinnt über das, was er eigentlich aussagen will.

In der hinter uns liegenden bürgerlichen Kultur war der Vater sehr häufig der über der Familie schwebende Tyrann, den die Kinder ehrten und fürchteten und dem die Mutter demütig diente.

Der typische Vater der Nachkriegsgeneration war der abwesende, immer tätige, eilige Schaffer, der Tag und Nacht unterwegs war, der bisweilen als störender Gast ins Zimmer trat und dann ungestört sein wollte, um den die Mutter eine spanische Wand aus geflüsterten Mahnungen, doch ja recht still zu sein, aufbaute. Vielleicht hängt die Zeitmeinung, die sich damals ausbreitete, Gott sei tot, mit dieser Tatsache zusammen, dass von den Vätern etliche Jahrzehnte lang außer dem Wirtschaftswunder so wenig ausgegangen ist.

Heute zeichnet sich ein Wandel ab, der darin besteht, dass die Väter zugleich oft auch »Mütter« sind, mit dem Kind ebenso eng verbunden wie sie, so dass vielleicht die religiöse Bedeutung des Bildes von Gott, dem Vater, wieder begriffen werden kann oder könnte. Es ist nicht zufällig, dass das Bild Gottes heute zwischen seiner Väterlichkeit und seiner Mütterlichkeit oszilliert.

Für den christlichen Glauben freilich, der ja ein längeres Gedächtnis hat als die ihn umgebende Kultur, ist Gott vielfach noch immer der, gegen den der Sohn sich aufzulehnen hat, will er seinen eigenen Weg und sein eigenes Wesen finden, den der Sohn irgendwann, zumindest in seinen Gedanken, zu töten gezwungen ist. Wir brauchen nicht bei Sigmund Freud in die Schule zu gehen, um das zu sehen. Den Gott, den zu lieben man sich bemüht, trifft ein unüberwindlicher Hass, und zurück bleibt das Bewusstsein einer tödlichen Sünde. Da aber der kleine Mensch für einen solchen heimlichen Gottesmord keine Sühne leisten kann, muss der Eine, der Bruder, der Christus, an seine Stelle treten, um den Zorn und die gerechte Strafe Gottes abzuwehren.

Man sehnt sich als Protestant, der diese Tradition noch nachwirken sieht, manchmal nach der Freiheit, mit der etwa Juden ihrem Gott gegenübertreten. Für sie ist Gott immer auch eine Art Vertragspartner und Bundesgenosse, gegen den man streiten darf, den man für eine nicht erbrachte Leistung belangt, den man anklagt, wenn er es an seiner Treue fehlen lässt. Christen nehmen in Anspruch, freier zu sein als Juden. In Wahrheit sind Juden sehr häufig die freieren Menschen. Es wäre Zeit, auch unter Christen die Freiheit wiederzugewinnen, die in der zärtlichen Dankbarkeit liegt, mit der Jesus Gott als seinen »Vater« ansprach.

»Dein Name werde geheiligt.« »Dein Name« steht für »du«. Mit dem »Namen« umschrieb der Jude den Gott, den er nicht nennen durfte, weil er heilig war, unnennbar, unserer Menschenrede entzogen. Wenn der »Name« »heilig« war, geschützt, dann sagte man: Gott ist anders. Unsere Vorstellungen von ihm müssen gezeichnet sein von seinem wirklichen Gesicht, seiner wirklichen Klarheit. Wir können also nicht leichthin von Gott reden, beliebig, unehrfürchtig, schnoddrig, salopp oder auch so, als wäre mit dem, was wir Gott nennen, Gott begriffen. Denn wir Menschen nennen vieles »heilig«, das es nicht ist: ein Vaterland, eine Liebe, die Rechtsordnung, Kirchengebäude, Tage oder Jahre, aber den, der allein unantastbar sein sollte, machen wir gerne zu einem ohnmächtigen »lieben Gott«. Wenn wir sagen: Dein Name werde geheiligt, dann bitten wir Gott: Gib unseren Worten über dich Gewicht in unseren Gewissen. Gib Klarheit in unsere Gedanken. Mache dich spürbar wie die Luft, schaubar wie die Farben der Dinge, hörbar wie die Stimme eines Menschen. Aber lass uns dabei nie den ungeheuren Abstand vergessen zwischen dir und uns.

»Dein Reich komme!« Wir suchen Frieden. Wir suchen Gerechtigkeit. Wir können es nicht hinnehmen, dass die Menschen an Kriegen zugrunde gehen oder am Hunger oder dass unsere moderne Lebensweise die Schöpfung zerstört. Wir wissen zugleich, dass der Unfriede auch von uns selbst ausgeht und das Unrecht seinen Ursprung auch in uns selbst hat. Darum kann niemand dein Reich schaffen außer dir selbst, und wir bitten dich, bewahre deine Welt vor der Tatkraft und den zerstörerischen Einfällen des Menschen. Nicht, dass wir in den Himmel kommen, erbitten wir, sondern dass du die Welt verwandelst in dein Reich.

Wir sagen: »Dein Wille soll geschehen.« Das erscheint überflüssig, denn er geschieht ohnehin täglich und überall in der ganzen geschaffenen Welt. Es sind nur wir Menschen, denen die Freiheit gegeben ist, ihn zu hindern, und bei uns wird er immer nur geschehen, wo wir ihm Raum geben. Die Weltgeschichte ist der Jahrtausende alte Beweis. Wir bitten also dringend, wir bitten unter Aufbietung aller Kräfte: Setze endlich deinen Willen durch und nimm uns selbst zu Werkzeugen deines Willens! Und wenn dein Wille sich gegen unsere Wünsche richtet, gegen unsere Hoffnungen, gegen unseren Lebenswillen, wenn uns die Krankheit bestimmt, die Armut, Leiden oder Tod und wir uns vor deinem Willen fürchten, dann hilf uns, ihn anzunehmen. Denn wo könnten wir Erfüllung finden oder einen Sinn sehen in unserem Leben, wenn nicht darin, dass unser eigener Wille mit deinem Willen ins Einvernehmen gelangt? Forme also unseren Willen nach dem Bild deines Willens, so dass wir uns freuen können, wenn er geschieht, auch gegen unsere Wünsche. Setze ihn also durch nicht nur im »Himmel«, sondern auch auf unserer Menschenerde, und lass ihn nicht nur allgemein in der Welt geschehen, sondern auch bei uns und durch uns.

✽

Wir sagen: »Unser tägliches Brot gib uns heute.« Das Brot also, das uns täglich nötig ist, und so viel dieser Tag verlangt. Aber mir scheint, diese Bitte meine eigentlich noch etwas anderes. Das Wort, das im griechischen Text für »täglich« steht, könnte auch heißen »künftig«. Gib uns also unser »künftiges Brot«. Jesus sprach ja immer wieder von dem künftigen Festmahl, das wir feiern werden bei dem großen Umbruch aller Dinge. Jesus könnte also gemeint haben: Diese Speise im kommenden Reich, dieses künftige Brot gib uns schon heute! Es ist Zeit. Der Hunger unserer Seele ist groß und dauert schon allzu lang. Diese Zeit des Hungers nach Erlösung dehnt sich. Kürze sie ab! Gib uns dieses künftige Brot heute!

»Und vergib uns unsere Schuld«, sagen wir. Was ist Schuld? Sie ist Eigensucht, Lieblosigkeit, Verstummen, Gleichgültigkeit. Wir sagen: Unsere Schuld trennt uns von dir, Gott, wie auch von den Menschen um uns her und auch von uns selbst. Jeden Tag, an dem sie weiter besteht, wird die Trennung endgültiger. Wir leiden darunter, dass wir anderen Unrecht zufügen und die Folgen unseres Tuns nicht auslöschen können. So bitten wir um Vergebung, das heißt: um einen neuen Anfang. Denn wir können nicht frei und glücklich leben, solange wir unser Versagen und Versäumen mit uns herumtragen. Dass es uns damit ernst ist, zeigen wir damit, dass wir anderen nicht anrechnen, was sie gegen uns denken, reden oder tun. Wenn wir freilich dein Vergeben so eng an unser eigenes gütiges Vergeben binden, dann setzen wir damit ein für uns selbst gefährliches Maß. Wir möchten deshalb gerne bitten: Vergib uns auch, wo wir selbst nicht vergeben können! Vergib uns mehr, als wir selbst vergeben. Aber das Gebet hat keine Ermäßigung bereit. Es lautet hart und klar: Vergib uns unsere Schuld nach demselben Maß, in dem wir denen vergeben, die an uns schuldig werden.

Wir sagen: Bewahre uns davor, in die »Versuchung« zu geraten. Damit ist aber etwas gänzlich anderes gemeint, als was uns dabei sofort einfallen mag. Uns fällt etwa ein verheirateter Mann ein, der eine attraktive Frau sieht, oder der Zigarettenautomat an der Ecke. Mit solchen Gefährdungen, so scheint Jesus überzeugt zu sein, können wir auch selbst mit einiger Disziplin fertig werden. Nein.

Versuchung bedeutet in der Zeit und in dem Land, in dem Jesus lebte, auch etwas ganz Anderes und Bestimmtes. Es wollte sagen: Wenn die großen Katastrophen der Endzeit und des Weltuntergangs über uns hereinbrechen, wenn in alles Maß sprengendem Leiden die ganze Erde versinkt und verdirbt, wenn wir abstürzen in einen Abgrund des Schreckens und des Grauens, dann halte uns fest. Denn dann ist unser Glaube gefährdet. Dann geraten wir in die Gefahr, dass wir wie alle anderen im großen Unglück dir absagen, dir fluchen. Führe uns nicht in diese Gefahr! Lass, wenn das alles geschieht, unsere Hand nicht los! Wir sagen also, wenn wir das Wort »Versuchung« gebrauchen: Es geschieht in dieser Welt so unendlich viel, dessen Sinn wir nicht verstehen. Bewahre uns davor zu sagen: Es ist alles sinnlos. Es wird so unendlich viel und täglich gelogen, gefälscht, getäuscht. Bewahre uns davor zu sagen: Es gibt keine Wahrheit. Es gibt so viel Leid und Elend überall. Bewahre uns davor zu sagen: Es ist kein Gott, der es wahrnimmt. Lass uns also nicht in die Gefahr geraten, in die einzige wirklich tödliche Versuchung, deine Hand loszulassen, Vater im Himmel!

»Erlöse uns von dem Bösen«, sagen wir. Damit ist gemeint: Alles, unsere ganze Menschenwelt, ist in den Pranken des Bösen. Gewalt und Bosheit herrschen unbegrenzt, und wenige nur setzen ihnen wirklich etwas entgegen. Die Gefahr ist, dass wir glauben: Das Böse oder der Böse – das Wort lässt offen, ob das Böse eine anonyme Macht oder ob es eine personähnliche sei – hat die letzte Macht. Wir bitten dich also dringend: Löse die Gewalt, mit der das Böse oder der Böse – gleichviel – uns im Griff hat. Denn wir möchten, nein wir müssen glauben dürfen, dass du bist, dass du die Macht hast, dass du uns in unserem Elend zugewandt bist, dass wir uns auf dich verlassen können und dass du uns einer Zukunft entgegenführst, in der es ein Aufatmen für uns gibt, in der es möglich ist, ohne Angst zu leben.

✤

»Dein ist das Reich.« So beginnt der Abschluss des Vaterunsers. Das ist keine Bitte mehr. Es ist eine Feststellung. Damit sagen wir: Du bist letztlich der Herr. Du bestimmst, was geschieht. Auch mit uns. Auch mit dieser ganzen Erde. Du bist der große Ursprung der Welt und aller Welten, die es je gab und je geben wird. Du bist das Ziel, auf das alles zuläuft. Du bist der, der auch den kurzen Augenblick, in dem wir Menschen unsere Tage verbringen, in der Hand hat, der ihn bestimmt und gestaltet, und dir vertrauen wir heute, immer den folgenden Tag an.

»Dein ist die Kraft«, sagen wir. Aus ihr kommt die ganze Entwicklung dieser Welt seit dem Urknall. Mit deiner Kraft wirst du die Welt an ihrem Ende auffangen und erneuern in unendlichen neuen Anfängen. Denn es ist keine Kraft in der Welt, in der du nicht wirktest; kein Gesetz kommt anderswo her als aus deinen Gedanken. Kein Ding nehmen wir in Gebrauch, das sein Wesen nicht hätte aus deiner Kraft. Und wir selbst bringen unsere Kraft ein in das Spiel aller Kräfte, die aus dir sind, denn wir wissen: Auch die kleine Kraft, mit der wir unser Werk tun, ist aus dir.

»Dein ist die Herrlichkeit«, so schließen wir. »Herrlichkeit« ist ein nicht ganz deutliches Wort. Was der Jude von damals damit meinte, drückte er in dem hebräischen Wort »kabod« aus. Es bedeutete: das Gewicht, das Gott für diese Welt darstellt, die Heiligkeit, die schöpferische Kraft, die erschreckende Souveränität, die ihm eignet. Die unendliche Wesentlichkeit gegenüber aller Scheinbarkeit. Das unendliche Maß an Realität, demgegenüber das, was wir Realität nennen, sich schon fast ins Nichtreale verliert. Zugleich aber ist diese Wirklichkeit die Quelle dessen, was auf dieser Erde wirklich ist. Wir sagen also: Was es an Größe gibt in dieser Welt, ist groß, weil du es bist. Alles Staunenswerte, das wir Menschen schaffen, hat seine Herrlichkeit von dir. Alle Schönheit ist Abglanz deiner Schönheit. Das Beste an unseren Gedanken, das Beste, das uns gelingt, ist Anteil an deiner Herrlichkeit. Und all das gilt »in Ewigkeit«.

✾

Wenn wir also wollen, können wir das Vaterunser noch einmal lesen, mit Versuchen einer deutlicheren Übersetzung, die seinen Sinn da und dort vielleicht ein wenig besser zeigen:

> Unser Vater, Gott,
> der du uns aus deiner Verborgenheit heraus ansprichst,
> du sollst uns heilig sein.
> Verwandle die Welt in dein Reich.
> Setze deinen Willen durch
> dort, wo wir ihn wahrnehmen
> und dort, wo er uns verborgen ist.
>
> Das Brot, das für uns in deinem Reich bereitliegt,
> gib uns heute.
> Löse uns aus der Verstrickung in unsere Verfehlungen,
> wie wir diejenigen aus ihrer Verstrickung lösen,
> die an uns schuldig werden.
> Lass uns nicht in die Gefahr geraten,
> deine Hand loszulassen,
> sondern mache uns frei von der Macht des Bösen.
> Denn du bist der Kommende,

du hast die Macht.
Du bist der Heilige, jetzt und in Ewigkeit.

Oder auch ganz frei, etwa so:

»Du Gott, den wir Vater nennen,
du bist heilig.
Du bist der Herr der Welt.
Wir können nichts vorbringen gegen dich.
Zeige dich uns in deiner Heiligkeit!

Die zweite Bitte:
»Setze doch deinen Willen durch in deiner Welt!
Jeder geht hier seinem eigenen Willen nach,
und das Elend ist unerträglich.«

Weiter: »Zeige uns etwas von deinem Reich,
auf das wir hoffen möchten!
Wir möchten es nicht aus den Augen verlieren.

Das Brot, das du für uns vorgesehen hast
in deinem kommenden Reich, gib uns,
wir bitten dich, noch heute!

Löse uns von dem Bösen, das wir tun,
wie wir andere von dem Bösen freimachen,
das sie uns angetan haben.

Bewahre uns vor der Gefahr,
deine Hand zu verlieren,
wenn der große Umsturz kommt
zwischen dieser und der kommenden Welt!

Mach uns frei von der Macht,
der gefährlichen, mit der die Finsternis
uns so hart im Griff hat!
Denn du hast die Macht,
dein kommendes Reich aufzurichten.
Du hast die Kraft, zu sein, wenn alles untergeht.
Dir gebührt unsere Anbetung
jetzt und in Ewigkeit.«

Er zeigte den Menschen die heitere Leichtigkeit des Glaubens

Wenn ich Jesus seine Geschichten erzählen höre, fühle ich mich nahe bei der Erde. Dann höre ich von einem Acker, von einer Quelle, von Bäumen oder Blumen, von Sturm und Unwetter, von Abend- und Morgenrot, vom Licht und vom Feuer, von Brot und Wein, von den Fischen im See und den Schafherden in der Steppe und von den Menschen auf den staubigen Straßen seiner Heimat.

Wenn ich Jesus vom Reich Gottes sprechen höre, dann sehe ich es wie Weizen aus der Erde wachsen oder wie einen Baum aus einem Saatkorn. Dann sehe ich es von Unkraut bedroht und am Weg vertrocknen. Und mir scheint, Jesus sei der Auffassung gewesen, Himmel und Erde, Außenwelt und der Innenraum der Seele seien einander näher, als wir meinen, es seien hier wie dort die gleichen Gesetze und Kräfte am Werk. Wenn du etwas Unsichtbares begreifen willst, so scheint er zu sagen, dann tu die Augen und die Ohren auf und nimm wahr, was nah bei dir, mitten im banalen Alltagsleben, geschieht.

Er hat nie eine Religion vertreten, die im Kult allein stattfindet oder in den Gedanken allein, eine Religion, die keine Erdberührung hätte und an dieser Erde nichts bewirkte. Ich kann darum auch nicht recht glauben, dass er von Leuten verstanden werden kann, die ihren Empfindungen misstrauen, ihre Erfahrungen verdrängen oder ihre Sinne in kontrollierende Gedanken einzäunen und sich allein auf ihren angeblich so klaren Kopf verlassen möchten.

Nein, Jesus scheint überzeugt zu sein, dass Himmel und Erde, sichtbare und unsichtbare Welt, ineinander liegen. Wenn er das Reich Gottes im Bild eines Senfkorns schildert oder im Bild von Wachstum und Reife, so scheint er zu sagen, etwas wie Wachstum und Reifezustand gebe es auch in der unsichtbaren Welt. Wenn er das Reich Gottes mit einem Sauerteig vergleicht, den eine Frau in den Brotteig mengt, so scheint er zu sagen, das Reich Gottes sei gerade nicht etwas ganz Anderes, sondern auf unsere Wirklichkeit so abgestimmt, dass es sie auf leise Art durchdringen und verändern kann.

Wir sind Menschen der Erde. Wir sind Leben aus dem Leben der Erde, und wie an ihr soll in uns etwas wachsen, aufkeimen, blühen und reifen. Über den Acker sollen wir gehen auf der Suche nach dem Himmelreich. Zu unseren Füßen, so erzählt Jesus, in der warmen, feuchten Erde, ist der Schatz verborgen, der uns zugedacht ist. Nicht in den Wolken, die unsere Fantasie an den Himmel unserer Hoffnungen zaubert, steht er. Er ruht in der konkreten Wirklichkeit unserer eigenen Seele.

✾

Als an Weihnachten 1999 der schwere Orkan das Médoc, an dessen Küste meine Frau und ich einen Garten angelegt hatten, zerstörte, als die Wälder zu einem riesigen Chaos in sich zusammengestürzt lagen und der Sturm die Gischt hoch gewirbelt und die Bäume und Büsche mit Salz überdeckt hatte, starben auch viele Büsche unseres Gartens. Am Salz. Die Knospen, die für das Frühjahr bereitstanden, waren schwarz und tot. Als ich einige Monate später durch den Garten ging, sah ich plötzlich, wie an den scheinbar toten Stämmchen und Ästen der Büsche unzählige winzige rote Punkte erschienen, an denen neue Knospen entstehen wollten. Ich sah plötzlich eine pralle, drängende Lebendigkeit in der Landschaft des Todes, und ich verfolgte von da an von Stunde zu Stunde nicht viel anderes als das Größerwerden dieser roten Punkte, aus denen Knospen wurden und danach Blätter und Blüten. Die Weltpolitik war unendlich fern. Das Geheimnis des Lebens hatte mich völlig gefangen genommen. Die Blüten an den Büschen hätten auch geblüht, wenn ich sie nicht wahrgenommen hätte. Aber die eigentliche Schöpfung geschah in mir. Ich sah. Ich staunte. Ich konnte das Geheimnis des Lebens mit Händen greifen. Und ich hörte immerfort, wie mir überall zugerufen wurde: Schau! Schau hin! Schau die lebendige Kraft in diesen zarten Knospen mitten in dieser Landschaft des Todes! Es gibt im Augenblick nichts Wichtigeres. Und nichts ist wichtiger als dieser Augenblick.

Schauen ist der Anfang der Erfüllung. Erfüllung kann nicht gewollt werden. Sie geschieht, wo wir unser Ego auf die Seite stellen und anfangen aufzunehmen, was wir schauen. Jesus zeigt uns die Schönheit der Lilien auf dem Feld: »Schaut! Und legt eure Angst und Sorge ab! Macht euch keine Sorgen um euer Leben. Sagt nicht: Was sollen wir essen? Was sollen wir trinken? Was sollen wir anziehen? Ihr habt euer Leben von Gott, das ist mehr als die Nahrung, die ihr braucht. Gott gab euch den Leib, das ist mehr als die Kleidung. Schaut auf die Vögel, die überall herumfliegen. Sie säen nicht, sie ernten nicht, sie sammeln keine Vorräte in Scheunen; euer Vater im Himmel ernährt sie. Seid ihr nicht viel kostbarer als sie? Und was sollen Sorgen nützen? Wer kann mit seinen Sorgen erreichen, dass die Zeit seines Lebens auch nur um einen halben Meter länger wird? Und was sorgt ihr euch um Kleider? Lernt bei den roten Anemonen hier, die sich auf allen Bergen Galiläas wie ein Meer aus glühendem Rot die Hänge herabziehen, wie sie wachsen. Sie arbeiten nicht. Sie spinnen nicht. Sie blühen einfach, wo immer die Sonne scheint und der Regen fällt. Ich sage euch: Auch ein Salomo in all seiner Pracht war nicht gekleidet wie eine von ihnen. Wenn aber Gott das Gras, das heute steht und morgen verbrannt wird, so kostbar kleidet, wird er nicht viel mehr für euch sorgen, ihr Anfänger im Glauben? Verzehrt euch also nicht in der Sorge: Was essen? Was trinken? Was anziehen? Um all das kreisen die Gedanken der Leute, die von Gott nichts wissen. Euer Vater im Himmel weiß, dass ihr das alles braucht. Setzt euch ein für das Reich Gottes und für die Gerechtigkeit, die er will. Das Übrige wird euch zufallen. Sorgt nicht für den kommenden Tag. Der wird für sich selbst sorgen. Es ist genug, dass jeder Tag seine eigene Mühe hat« (Matthäus 6,25–34).

Es mag uns neu sein, aber ich sehe in Jesus etwas ungemein Heiteres. Einen Menschen mit einer Überlegenheit, die sich zugleich wunderbar gütig gibt, mit einer großen Achtsamkeit auf Menschen und Dinge. Aber diese Heiterkeit ist alles andere als naiv. Aus ihr ergibt sich ein Leben, das realistisch bleibt und mühevoll, das aber gelöst und unverkrampft von dem zehrt, was ein gnädiger Gott oder ein gnädiges Schicksal ihm vor die Füße legt. Und Seligkeit ist die Freude, die heitere, unantastbare Freude, die aller Erfahrung an Gewicht überlegen ist. Denn die Seligpreisungen und die Regeln zur Sorglosigkeit sind Umkehrgesetze. Sie sagen: Wo du tatsächlich nichts mehr tun kannst, beginnt deine Freiheit. Um Hoffnung zu gewinnen, musst du die Hoffnung auf dein eigenes Werk lassen können. Um Halt zu finden, musst du dich loslassen. Um Sicherheit zu finden, musst du aufhören, dir Sicherheit zu schaffen. Wenn du das Leben finden willst, musst du das Leben und seine unberechenbare Lebendigkeit lieben.

✻

Einmal kamen die Mitarbeiter Jesu an den See zurück zu ihrem Meister, der sie in die Dörfer ausgesandt hatte. Erfüllt von dem Drang zu erzählen, was ihnen alles gelungen war, kamen sie an und fanden ihn umdrängt von Menschen, die ihm ihre Not und Sorge brachten. Da, mitten in der Überfülle der Arbeit, sagte Jesus: »Lasst uns an einen einsamen Ort gehen und ein wenig ruhen!« Und sie stiegen in ein Schiff und fuhren ans andere Ufer hinüber in die Einsamkeit. Sie allein. Und es ist gut, wenn wir dieses Wort hören: Komm! Fahr hinüber in die Stille. Wenn viel zu tun ist, tu nichts und lass etwas geschehen. Wie willst du mit dir selbst einverstanden bleiben oder es werden, wenn du in dir selbst keinen Raum findest zu ruhen? Wie willst du einig bleiben mit dem Anderen oder mit der Welt, wenn es keinen Raum gibt, in dem du mit allen zusammen in die Stille eintreten kannst? Wie willst du eins sein mit Gott, solange das Haben dich hat und das Besitzen dich besitzt? Liebe, was in dir ist. Und liebe alles, dem du begegnest. Wenn du nicht lieben kannst, was in dir ist, so wird es auch mit deiner Liebe zu anderen Menschen nicht weit her sein.

Jesus war der mystische Augenblicksmensch, der in der Leichtigkeit lebt, die dort entsteht, wo der Wille Gottes an die Stelle getreten ist, an der sonst der Wille des Menschen sich durchzusetzen pflegt. Der Mensch, der dem Augenblick wach entgegentritt mit großer heiterer Kraft. Der Mensch, der für etwas eintritt, auch kämpferisch, von dem er weiß, dass es am Ende unbedroht ist. Und in dieser Leichtigkeit, mit der er über Blumen und Vögel spricht, höre ich ihn sagen: Weißt du eigentlich, wie lebendig, wie farbig dein Leben sein kann? Wie viel Wahrheit, wie viel Schönheit und Frieden es für dich hat? Recke die Flügel! Vertrau dich dem Element an, das dich hebt! Verlass dich darauf, dass der Himmel fest bleibt und die Luft trägt. Und er meint mit alledem die Freiheit und Kühnheit, die dadurch möglich werden, dass einer aufhört, sich selbst im Weg zu stehen. Jesus sucht die Menschen, die die Hände frei haben, die ihre Kraft, ihre Fantasie und Liebesfähigkeit einsetzen können, wo es nötig ist, in ihren vier Wänden, vor ihrer Tür oder sonstwo.

Sorglosigkeit und entschlossener Einsatz aber sind bei ihm keine Gegensätze. Sie bedingen einander. Nicht sorgen – das heißt das Notwendige tun um des Reiches Gottes und seiner Gerechtigkeit willen. In voller Freiheit. Ohne Angst um das eigene Sein. Ohne Angst um die eigene Freiheit. Ohne Angst um die eigene Selbstverwirklichung. Was zu verwirklichen ist, ist das Reich Gottes und seine Vollendung in Gerechtigkeit, alles übrige widerfährt uns nach dem Willen Gottes und hat darin seinen Sinn.

✻

Es gibt in der mittelalterlichen Literatur ein wundervolles Bild für diese sorglose Freiheit. In Gottfried von Straßburgs »Tristan« segelt der Held auf Brautfahrt nach Irland. An seinem Schiff hat man ihm die Ruder und das Steuer zerstört. Steuerlos segelt er seinem Ziel zu, nur mit einer Harfe in der Hand, und die Musik, die von ihm ausgeht, führt ihn am Ende an sein Ziel. Die Musik seines Herzens oder die Musik der Sphären, wie immer man sie beschreiben will. Er sichert sich nicht, er wählt seinen Kurs nicht selbst. Er lässt sich von Klängen leiten. Und er wird dabei ein überlegener, glücklicher Mensch, der erreicht, was er gesucht hat.

Wir heutigen Menschen könnten den alten Hymnus, den 8. Psalm, mit unseren Worten etwa so nachsprechen:

»Gott, du Schöpfer und Gestalter der Welt,
wie herrlich, dass du es bist,
der sie in Händen hat.
Herr, du Christus,
wie gut, dass wir in dir sehen
das Angesicht unseres Gottes.
Gott, du schöpferischer Geist, wie wunderbar,
dass wir in deiner Kraft mitwirken sollen,
deine Welt zu bewahren.
In einem Kind bist du uns begegnet,
aus seinem Mund kamen Weisung und Heil.
Deine Kinder sind es, um die wir uns ängsten.
Wenn ich den Himmel sehe,
deiner Finger Werk,
den Mond und die Sterne,
die du bereitet hast –
was sind wir Menschen,
dass du unser gedenkst,
und unsere Kinder,
dass du dich ihrer annimmst?
Du hast uns befähigt,
deine Gedanken zu denken,
Schöpfer zu sein mit dir.
Mach uns nun zu Schützern
deiner herrlichen Erde,
zu Hegern der Kreatur.
Du gabst uns die Weisung,
die Erde zu besitzen,
und sagtest: Selig die Sanften!

Derer, die Gott schauen,
ist die Erde,
ist das Reich.
Mach uns zu deinen Helfern
und hilf durch uns, deine Kinder,
aller Kreatur.
Gott, du Schöpfer,
wie herrlich zeigst du dich überall!
Zeige dich herrlich
auch an uns.«
Nach Psalm 8

Jesus sagt uns also: Das Leben ist gut. Es ist sinnvoll. Wir sind umgeben und getragen von einer Macht, die es gut mit uns meint. Unser Schicksal kommt aus einer großen Weisheit. Es ist uns freundlich. Hinter und in allem ist eine segnende Macht am Werk. Wir stellen uns mit einem vollen Ja in unser Leben. Alles ist gut. Das halten wir fest gegen alle schreckliche Erfahrung, die uns täglich begegnet.

Er sagt: Das Leben ist ein Weg. Da gibt es Wegkreuzungen, Abwege, Irrwege, Umwege. Gewiss. Aber das Merkwürdige ist, dass dieser Weg nie gebahnt vor uns liegt und wir ihn nur nachzugehen brauchten. Vor uns ist eine offene Landschaft, und wir gehen sozusagen querfeldein. Und dabei entsteht nun der Weg. Vor uns kann eine dichte Wildnis stehen, und wir bahnen uns mühsam unseren Weg durch das Undurchdringliche. Vor uns kann eine öde Steppe liegen, durch die wir zehn verschiedene Wege gehen könnten. Und immer entsteht der Weg dadurch, dass wir ihn gegangen sind. Er entsteht erst unter unseren Füßen. Und nur, wenn wir zurücksehen, kann es uns passieren, dass wir überrascht feststellen: Ach ja! Da war ja tatsächlich ein Weg. Und dieser Weg war sinnvoll. Er war gut so. Und damit gewinnt unser ganzes Leben plötzlich Helligkeit. Licht.

Und er sagt endlich: Dein Leben hat ein Ziel. Es kommt allein darauf an, dass du es nicht aus den Augen verlierst. Dass du es erreichst. Aber das ist gewiss: Wenn dein Weg ein Ziel hat, kannst du ihn mit Klarheit und mit einer großen Leichtigkeit gehen.

Er war der Helfer sehr verschiedener Menschen

Seine Mitarbeiter wählte er sich aus denen, die das Leben im Unterwegs wagten

Sehen wir uns die Rahmensituation an: Jesus ging nicht über Land, um einen Orden zu gründen oder auch eine Kirche zu etablieren. Er bemühte sich vielmehr, die Menschen in eine offene, lebendige Bewegung mitzunehmen. Wir könnten sie die »Jesusbewegung« nennen. Diese Bewegung bestand aus zwei Flügeln. Zum einen aus Menschen, die alles verließen, ihr Haus, ihren Beruf, ihre Familien, und die nun unterwegs waren von Dorf zu Dorf, heimatlos und ungesichert, wie der Meister selbst lebte. Zum anderen aus Leuten, die in ihren Häusern blieben, in ihren Berufen und Dorfgemeinschaften, die sich aber Jesus zurechneten, die der wandernden Gruppe da und dort als Rückhalt dienten und bei denen Jesus dann und wann einkehrte.

Der Flügel der wandernden Asketen bestand wohl aus kaum mehr als hundert Leuten, deren Kern die zwölf waren, die wir »Jünger« oder »Apostel« nennen und deren Namen uns zum Teil bekannt sind. Es ist einmal von siebzig Jüngern die Rede, die Jesus in die Dörfer Galiläas ausgesandt habe. Alle anderen, die sich zu Jesus zählten, blieben in ihrem Besitz. Maria und Marta, bei denen Jesus Rast machte, zogen nicht mit ihm über Land. Der königliche Beamte, dessen Sohn von Jesus geheilt wurde, verließ seinen gesicherten Stand keineswegs. Im Haus der Familie des Petrus in Kafarnaum hatte Jesus wohl zu Zeiten sein Standquartier. Den Oberzöllner Zachäus in Jericho pries er selig, obwohl dieser weder sein Haus noch seinen anrüchigen Beruf verließ. Dieser sesshafte Teil der Jesusbewegung war gewiss größer als die wandernde Gruppe und bestand vielleicht aus einigen hundert verlässlichen Freunden.

Dazu aber kam nun jener große Kreis von Menschen, die ihm in den Dörfern zuströmten, um ihn zu hören, die ihre Kranken zu ihm brachten in der Hoffnung, er könne sie heilen, die mit ihm diskutierten, wohlwollend oder auch misstrauisch, die gelegentlich zu Tausenden an irgendeinem Berghang vor ihm saßen oder die sich in den Gassen drängten, während er in einem überfüllten Haus sprach. Dieser Kreis dürfte sehr unterschiedlich groß gewesen sein je nach dem Ort, an den Jesus kam, oder je nachdem, ob die Menschen ihn verstanden oder nicht. Wenn wir aber seine Weisungen lesen, so wird es wichtig sein zu beachten, an wen unter diesen drei Gruppen sie jeweils gerichtet sind.

Der Ort, an dem Jesus sich besonders oft aufhielt, war das Ufer des »galiläischen Meeres«, eines wunderbar blauen Sees, an dem die Orte Kafarnaum, Gennesaret, Magdala und Tiberias liegen.

Einmal fragte ihn einer: »Guter Meister, was muss ich tun, damit ich das ewige Leben gewinne?« Jesus gab zur Antwort: »Wie kommst du dazu, mich gut zu nennen? Niemand ist gut, nur Gott. Du kennst seine Gebote.« Der Mann erwiderte: »Die habe ich alle eingehalten seit meiner Jugend.« Jesus sah ihn an und gewann ihn lieb: »Eins fehlt dir. Geh nach Hause, verkaufe alles, was du hast, und gib es den Armen. Dann komm und geh mit mir.« Da ging der traurig seiner Wege, denn er war reich (Lukas 18,18–23).

»Er gewann ihn lieb.« Dieses Wort kann man auch übersetzen mit: Er berührte ihn, er strich ihm mit der

Hand übers Haar. Es liegt etwas von Zärtlichkeit in dem Ausdruck. Er sieht seine Ernsthaftigkeit. Er traut ihm die große Entscheidung zu und will ihn in die Gruppe der wandernden Jünger aufnehmen. Er sagt ihm – mit anderen Worten: Frage nicht nach dem ewigen Leben. Tu den großen Schritt, der deinem Weg seinen außerordentlichen Sinn geben wird. Komm und wandere mit mir durchs Land. Kümmere dich nicht um dein eigenes Weiterkommen, sondern um das Wohl und das Heil der Menschen. Ich kann dich brauchen. Sei ein freier Mensch, verfügbar, beweglich, offen für die täglich neue Situation der Menschen, die dir begegnen.

Der junge Mann, das ist deutlich, sucht das Ganze. Den Sinn, den sein Leben haben könnte. Er will sich nicht mit dem bloßen Vorhandensein begnügen, er sucht das Lohnende, zum Ziel Führende. Aber er sucht es so, dass es als Ergänzung zu dem, was er ist und hat, hinzutreten sollte. Er ist reich. Er ist angesehen. Er ist ein anständiger Mensch. Und zu dem hinzu sucht er, was Jesus mit dem Reich Gottes meint. Aber Jesus stillt den religiösen Besitztrieb nicht durch die Addition von immer mehr Besitz, sondern durch einen Reichtum, der an die Stelle des Besitzes tritt. Er ergänzt das, was ein Mensch hat, nicht durch himmlische Werte, sondern will ein offenes Hin und Her, eine neue Gerechtigkeit zwischen den Reichen und den Armen. Der junge Mann scheitert. Er geht traurig seiner Wege.

Wir können uns natürlich fragen, was diese Geschichte einem heute und im Raum einer abendländischen Industrienation lebenden Menschen zeigen könne. Tatsache ist doch, dass niemand von uns, auch kein noch so konsequenter Christ, alles verkauft, was er hat, und den Erlös an irgendeine karitative Organisation weitergibt, um dann ohne Geld, ohne Besitz, ohne Alterssicherung, ohne Wohnung, ohne Beruf nach den Weisungen zu leben, die er von Jesus gehört hat. Ich tue es auch nicht. Was geht uns die Geschichte also überhaupt an? Und in der Tat: Diese Art Entscheidungen mögen Sinn und Raum in der einmaligen Situation in Galiläa zur Zeit Jesu gehabt haben. Aber wir sollten uns schon auch zu Zeiten prüfen, was uns davon abhält, Entscheidungen vergleichbarer Radikalität zu treffen. Wir würden vielleicht verstehen, wie es kommt, dass in unserem reichen und saturierten Land die Frage nach dem Sinn des Lebens so klaffend weit offen steht.

Aber zurück zu Jesus. Den, der eine solche Entscheidung treffen will, warnt Jesus eindringlich. Er rät ihm, sich zu prüfen, ob die Aufgabe, die er übernimmt, nicht seine Kraft durchzuhalten übersteigen wird. Er sagt: »Wer einen Turm bauen will, setzt sich vorher, rechnet die Kosten und prüft, ob er das Geld hat, ihn zu vollenden. Sonst legt er das Fundament und kann nicht zu Ende bauen, so dass die Zuschauer anfangen zu spotten: Der hat angefangen und kann es nicht hinausführen!« (Lukas 14,28–30). »Welcher König plant einen Krieg gegen einen anderen König und setzt sich nicht zuvor und überlegt, ob er mit zehntausend Mann dem begegnen kann, der ihm mit zwanzigtausend entgegenkommt?« (Lukas 14,31).

Im Thomasevangelium steht ein Wort, von dem wir vielleicht meinen, wir könnten es in seiner Härte Jesus nicht zutrauen, das aber doch mit hoher Wahrscheinlichkeit auf ihn zurückgeht: »Ein Mensch wollte einen mächtigen Mann töten. Er zog das Schwert in seinem Hause und stieß es in die Wand, um zu erkennen, ob seine Hand stark genug wäre. Dann tötete er den Mächtigen.« Es ist ein Wort jenes kompromisslosen Jesus, den wir gerne verdecken oder ins Sanfte verkehren. »Wenn jemand mit mir meinen Weg gehen will, dann sehe er von seinen eigenen Interessen ab.« »Die Tür ist eng und der Weg ist schmal, und wenige sind es, die ihn gehen können.« »Ihr seid das Salz der Erde«, sagt er ihnen. »Wenn das Salz seine Schärfe verliert und fad wird, wie soll man es wieder salzig machen? Es taugt zu nichts weiter als dazu, dass man es auf die Gasse wirft und die Leute es zertreten.« Salz hindert die Fäulnis. Salz in offener Wunde brennt. Wenn man euch so empfindet, dann seid ihr nahe bei eurem Auftrag. »Ihr seid das Licht der Welt. Eine Stadt auf einer Höhe kann nicht verborgen sein. Man zündet auch nicht eine Lampe an, um einen Kessel über sie zu stülpen. Nein, man stellt sie auf einen Leuchter. So soll euer Licht vor aller Augen brennen« (Matthäus 5,14–16).

Was Jesus dem sagt, den er ruft, ist etwa dies: Du kannst ein Mund sein, durch den Gott zu Menschen spricht. Du kannst ein Auge sein, das tiefer in die Geheimnisse der Welt schaut als die anderen. Du kannst ein Ohr sein, das mehr hört, als sonst zu hören ist. Du kannst eine Hand sein, durch die Gott in dieser Welt wirkt. Du bist für das Reich bestimmt, das kommende. Du bist ein Stück Zukunft in der stumpfen Sesshaftigkeit der Menschenwelt. Setze dein Leben auf ein einziges Wagnis und lege die Richtung deines Weges für alle Zukunft fest.

✱

Nachdem Jesus, so wird uns berichtet, eine Anzahl Begleiter zu Mitarbeitern bestimmt hatte, sandte er sie in die Dörfer und Städte Israels und gab ihnen Weisungen auf den Weg mit: »Führt kein Geld mit euch in euren Taschen. Keine Silber- und keine Kupfermünze. Nehmt kein zweites Kleid mit, kein zweites Paar Schuhe. Nehmt auch keinen Stock mit und keine andere Waffe, euch zu schützen vor Tieren und Menschen. Keine Lebensmittelvorräte. Wer arbeitet, darf erwarten, dass er versorgt wird. Geht als Bettler durchs Land. Anders werdet ihr nicht glaubwürdig sein. Kehrt unterwegs in kein Wirtshaus ein. Lasst euch nicht aufhalten. Wenn ihr ein Haus betretet, dann grüßt es mit dem Wort des Friedens. Wohnt dort ein Mensch, der den Frieden liebt, wird euer Friede das Haus erfüllen. Wenn nicht, dann wird euer Friede mit euch weiterziehen. Wenn man euch irgendwo nicht hören will, dann schüttelt den Staub des Orts von euren Füßen und lasst ihn hinter euch« (Matthäus 10,9–13).

»Was ich euch in verschwiegener Nacht sage, das sagt am Tage den Menschen ins Ohr. Und was euch leise zugesprochen wird, das ruft auf den Märkten öffentlich aus« (Matthäus 10,27). Was ihr dann sagt über das, was Gott vorhat, wird vielen nicht gefallen. Ihr werdet oft einsam dastehen. Ablehnung ringsum. Dann geht geradeaus. Bis ans Ende. Es gibt keinen anderen Weg. Die Herrschenden werden euch vor Gericht bringen, sie werden euch gefangen setzen und foltern. Aber fürchtet euch nicht. Nichts geschieht im Verborgenen, auch nicht in Polizeistationen und Gefängnissen, das nicht ans Licht käme. Vielleicht werden sie euch zum Tode verurteilen. Dann nehmt das Kreuz auf die Schulter, an das sie euch hängen werden, und tragt es hinaus an den Ort der Hinrichtung. Wer an seinem Leben hängt, wird es verlieren. Und wer sein Leben opfert in der Hingabe an Gottes Willen, wird es finden. Ihr bringt ein Feuer mit. Ein Feuer von mir, dem Brandstifter. Ja, ich will ein Feuer anzünden, in dem viel verbrennen wird von dem, was früher galt und bis heute gilt, und nichts wünschte ich sehnlicher, als dass es in Flammen stünde (Matthäus 10).

Wenn sie euch aber vor Gericht verhören, dann macht euch keine ängstlichen Gedanken, wie ihr auftreten und was ihr sagen sollt, denn das wird euch gegeben werden. Ihr braucht eure Sache nicht selbst zu führen, denn der Geist des Vaters redet durch euren Mund. Er offenbart die Wahrheit. Er tritt für euch ein. Fürchtet euch nicht vor den Mördern in den Richterroben, die den Leib töten können. Die Seele töten sie nicht. Kauft man nicht zwei Spatzen um einen Pfennig? Dennoch fällt keiner von ihnen von einem Baum, wenn euer Vater nicht will. Bei euch aber sind die einzelnen Haare auf eurem Haupt alle gezählt. Ihr seid Gott kostbar, mehr als alle Spatzen zusammen (aus Matthäus 10). Ihr geht wehrlos unter die Wölfe. Wenn Schafe allein sind, lecken sich die Wölfe das Maul. Ihr werdet einsam sein. Man wird euch belächeln. Ablehnung ringsum. Naserümpfen, Schulterzucken. Dann geht weiter und seht auf mich. Es wird euch nicht unbedingt besser gehen als mir. Mich nennen sie einen Verrückten. Euch werden sie Dummköpfe nennen. Mich nennen sie einen Teufel, vielleicht werdet ihr in ihren Augen Verbrecher sein. Wenn aber die ersten Christen nach Ostern auf ihre Reise nach Ägypten oder Syrien gingen, dann wussten sie sich so, wie sie von der Aussendung der Jünger durch Jesus berichteten, von Christus ausgesandt, begabt, geschützt und getröstet.

✤

Aber noch eins: Jesus zerbricht auch die persönlichen Bindungen: »Wenn jemand nicht Vater und Mutter, Weib und Kind, Brüder und Schwestern und dazu sein eigenes Leben hinter sich lässt, kann er mir nicht angehören« (Lukas 14,26). Er soll aus dem Rahmen des Selbstverständlichen hinaustreten in den des Außerordentlichen. Einer steht zwischen den Zuhörern: »Was du sagst, leuchtet ein. Deine Art überzeugt mich. Ich möchte dich begleiten.« Aber Jesus weist ihn ab: »Einer wie ich hat keinen Platz zum Schlafen, wenn es Nacht wird. Kein Versteck, wenn man ihn sucht. Füchse haben ihren Bau, Vögel ihr Nest, ich lebe schutzlos und gefährdet« (Matthäus 8,20). Wer nur will, was alle wollen, findet bei mir nicht, was er sucht. Der Mann entfernt sich. Vielleicht wird er zu einem Feind. Vielleicht auch kommt er wieder.

Wo das Wort vom Reich Gottes zu sagen ist, wird alles andere zweitrangig. Dann »verkauft« man alles, was man hat. Dann »hackt man die Hand ab«, die nach anderem greift. Dann »reißt man das Auge aus«, das nach anderem schaut. Dann hört man keinen Augenblick auf die Menschen, die man zurücklässt, wenn sie einen umstimmen oder einem abraten möchten. An die Stelle der Familie tritt für Jesus und für seine Mitarbeiter die Wahlverwandtschaft derer, die auf das Gottesreich hin leben und es für sich und füreinander vorwegnehmen. Es ist gewiss historisch begreiflich, dass der Mönch Luther sich vom Mönchtum seiner Zeit losgesagt hat. Aber ebenso deutlich muss uns sein, dass es ein Mangel, ja ein Unglück war, dass aus der Entdeckung des Evangeliums durch die Reformation kein erneuertes Mönchtum hervorgegangen ist. Uns Protestanten fehlen die Vorausgänger auf dem Weg der Nachfolge Jesu. Dass spirituelle Gemeinschaften dieser klaren und strengen Art heute an vielen Orten neu versucht und eingeübt werden, ist ein Zeichen der Hoffnung für unseren spirituell ausgehungerten Protestantismus.

»Entscheide dich«, sagt Jesus. Wer nie eine Entscheidung trifft, in der es um das Ganze geht, findet keinen Weg. Und mancher hat nur diesen einen Augenblick, um seine Wahl zu treffen.

Die Autorität des Vaters hatte etwas Unantastbares, wie überhaupt die leiblichen oder spirituellen Autoritäten unantastbar waren. Aber Jesus sagt: Erkennt auf der Erde keine Autorität an. Für euch gilt nicht, was eure Väter euch vorschreiben. Nennt niemand auf dieser Erde einen »Vater«. Einer ist euer Vater, Gott selbst (Matthäus 23,9). Ihr seid freie Menschen. Ihr könnt selbst entscheiden, wenn Gott euch ruft.

»Meint ihr denn, ich bringe Ruhe? Friede, Freude, Wärme und Geborgenheit? Nein! Ich bringe Streit. Ich sage nicht: ›Lasst alles beim Alten. Bewahrt eure Sitten, eure jüdischen oder eure christlichen. Bleibt schön zusammen in euren Häusern. Hört immer auf die gleichen!‹ An mir kann eine Familie auch zerbrechen« (Lukas 12,51–53).

Wer mich hört, hört nicht auf Meinungen von Freunden oder Parteigenossen. Er riskiert den Streit, die Konfrontation. Er steht auf und geht. Er wagt den aufrechten Gang. Es ist nicht zu verwundern, dass Jesus aus dem heiligen Volk ausgestoßen und zu Tode gebracht wurde.

Seine Freunde waren auch die Vielen, die in ihren Häusern blieben

Die Jesusbewegung hatte, wie gesagt, zwei Flügel: einen sesshaften und einen unbehausten. Denn Jesus wollte nicht nur die Emigration aus den Verhältnissen seiner Zeit, sondern ein neues Ziel für die Menschen: ein geschwisterliches Volk, das im Frieden und in der Erwartung eines großen Ereignisses leben sollte.

Eines Tages war Jesus zu Gast im Haus des Petrus in Kafarnaum, das eine Wohngemeinschaft war, eine Genossenschaft von Fischern. Es war »sein Haus«, wie einmal gesagt wird. Dieser Fischergemeinschaft war er offenbar verbunden. Die Frau des Petrus und seine Schwiegermutter, die Jesus einmal von einem Fieber geheilt hat, zogen nicht mit auf seinen Wegen (Matthäus 8,14).

Ein anderes Mal wurde er gastlich aufgenommen in einem Haus, in dem zwei Frauen lebten: Maria und Marta. Wichtig an diesem Besuch war nicht nur, dass es dort etwas zu essen gab – das war selbstverständlich –, sondern dass er dort in aller Stille lehrte und dass die zwei Frauen seinen neuen Weg verstanden. Sie zogen nicht mit ihm. Sie blieben zu Hause und gehörten ihm doch an. Von ihnen wurde nicht verlangt, dass sie alles verkauften und verschenkten, und doch lebten sie, auf irgendeine andere Weise, nach seinen Worten.

So bleibt die Frage offen, was denn für den sesshaften Flügel der Jesusbewegung, also für fast alle unter uns, Geltung habe. Was sagte er denen, die nicht mit ihm durchs Land zogen, sondern in ihren normalen Verhältnissen blieben? Was hörte die Familie des Petrus in Kafarnaum? Was hörten die Tausende am Tag des Brotes auf dem Golan? Was die Fischerfamilien an jenem Tag, an dem er zu ihnen vom Schiff aus sprach? Ihnen allen sagte er im Grunde das Gleiche: Richtet eure Augen in die Zukunft, frei und offen! Achtet auf die Gerechtigkeit, die ihr schaffen könnt. Seht auf den Frieden, der von euch ausgehen kann. Schaut über diese arme Menschenwelt hinaus auf das, was Gott aus ihr machen wird! Alles andere ist zweitwichtig.

Mit all dem half er ihnen, sich und ihre täglichen Probleme leichter zu nehmen als bisher. Er gab ihnen den Mut, ihre täglichen Dinge zu tun und doch über sie hinauszuschauen. Er half ihnen, sich aufzurichten und freie Menschen zu sein. Er zeigte ihnen, wie sie dem Reich Gottes, dem kommenden, ihr Herz öffnen und ihre Kräfte zur Verfügung stellen könnten. Und wenn sie fragten, wie sie das denn schaffen könnten, dann erzählte er ihnen seine Geschichten, zum Beispiel diese:

»Es geht bei Gott zu wie bei einem König, dem einer eine hohe Summe schuldig war. Da der aber seine Schuld nicht bezahlen konnte, befahl der König, man solle ihn verkaufen, dazu seine Frau, seine Kinder und sein gesamtes Eigentum als Ausgleich für seine Schuld. Da warf sich der Mann auf die Knie und bat: ›Habe Geduld mit mir, ich will dir alles bezahlen.‹ Da tat er dem König Leid, der gab ihn frei und erließ ihm seine ganze Schuld. Kurz darauf ging der Mann aus dem Saal und begegnete draußen einem anderen, der ihm einen kleinen Betrag schuldig war. Er griff zu, würgte ihn und fuhr ihn an: ›Bezahle, was du mir schuldig bist.‹ Da flehte der andere: ›Habe Geduld mit mir, ich will dir alles bezahlen.‹ Er aber wollte nicht, sondern ließ ihn ins Gefängnis werfen, bis er seine Schuld bezahlen würde. Als der König das erfuhr, ließ er ihn kommen und sagte zu ihm: ›Du übler Bursche! Deine Riesenschuld habe ich dir erlassen, weil du mich gebeten hast. War es nun nicht deine selbstverständliche Pflicht, mit dem anderen so barmherzig umzugehen wie ich mit dir?‹ Danach übergab er ihn in seinem Zorn den Gefängniswächtern und hieß ihn erst wieder freilassen, wenn er seine ganze Schuld bezahlt haben würde« (Matthäus 18, 23–34). Mit dem König ist Gott gemeint, mit dem Schuldner der Mensch. Tu, sagt Jesus, was Gott tut. Gott selbst ist das Maß. Und er selbst wird dir die Kräfte dazu geben.

Er sagt: Liebe den Menschen neben dir. Aber liebe auch den, der dich hasst und dessen Feind du bist. So wirst du tun, was Gott tut. Denn Gott lässt seine Sonne aufgehen über den Bösen und über den Guten und lässt regnen auf Gerechte und Ungerechte. Wenn du tun willst, was er tut, kannst du dich nicht teilen. Du kannst nicht dem einen Menschen mit Güte, dem anderen mit Hass begegnen. Sei also zu jedem, sei er dir verbunden oder nicht, gütig und mach keine Unterschiede. Wenn du es ernsthaft willst, wird dir Gott die Kräfte geben.

Was du im einzelnen tun sollst, dafür gibt es kein Gebot und keine Richtlinie. Natürlich sollst du nicht töten, wie schon das Gebot sagt. Aber geh weiter. Geh nach innen und frage dich, ob sich in deinem Zorn gegen deinen Bruder nicht ein heimlicher Tötungswunsch ausdrückt. Natürlich sollst du nicht falsch schwören. Aber geh nach innen: Wie viel Lüge muss in dir sein, dass du überhaupt einen Eid brauchst, um glaubwürdig zu sein? Nein, sage, was du zu sagen hast mit einem klaren Ja und einem klaren Nein. Alles andere ist eine verdeckte Lüge.

Oder was hältst du von der Macht, die du über andere Menschen erringen könntest oder ausübst? Du weißt, wie es überall zugeht: Die Fürsten regieren ihre Völker zugrunde. Die Machthaber halten sie unter der Peitsche. Ich könnte durchaus Macht über euch beanspruchen. Aber ich bin nicht gekommen, damit andere sich mir unterordnen. Ich bin gekommen, um mich wie ein Knecht zu verbrauchen und mein Leben hinzuwerfen, wie man das Geld hinwirft, mit dem man Sklaven freikauft. Es ist ein Verzicht auf viel Befriedigung, wenn du Macht, die du haben könntest, nicht ausübst. Aber es ist ein Versuch, den du durchaus unternehmen kannst.

Und wie steht es mit deiner Liebe zu dir selbst? Selbstverständlich, sie ist dir eingestiftet. Du musst dich lieben, sonst kannst du nicht überleben. Du musst für dich sorgen. Du musst dich schützen, deine Gesundheit, deinen Besitz, dein Recht. Du musst alles tun, um am Leben zu bleiben. Das ist nicht böse, das ist natürlich. Aber nun nimm dich selbst zum Maß für das, was du mit dem anderen Menschen tun musst. Liebe ihn ebenso. Sorge für ihn, schütze ihn. Dass du das kannst, ist schon mit deiner Liebe dir selbst gegenüber erwiesen.

Und wie steht es mit deiner Ehrlichkeit dir selbst gegenüber? Jesus erzählt: Zwei Männer gingen in den Tempel, um zu beten. Der eine ein Pharisäer, also einer von den »Guten«, der andere ein Zöllner, also einer von den »Bösen«. Der Pharisäer betete im Stillen: »Ich danke dir, Gott, dass ich nicht bin wie die anderen Leute, die Räuber, die Betrüger, die Ehebrecher oder wie dieser Zöllner. Ich faste zweimal in der Woche und gebe den zehnten Teil meines Einkommens als Spende!« Der Zöllner stand weiter weg und getraute sich nicht, den Blick zum Himmel zu erheben. Er schlug an seine Brust zum Zeichen, dass er sich seiner Schuld bewusst war, und sagte: »O Gott, sei barmherzig mit mir schlechtem Menschen.« Merke: Was du an dir selbst gut findest, ist in der Regel eine Täuschung. Und was du in dir hast an Schuld, das pflegt sich zu verbergen. Aber Ehrlichkeit überfordert dich nicht. Du kannst sie dir leisten. Deinen Wert bestimmst ohnedies nicht du selbst.

Und wie steht es mit der Gerechtigkeit an der Stelle, an der du stehst? Schau her, im engsten Kreis meiner Mitarbeiter gibt es Frauen. Zum Beispiel diese hier: Johanna. Sie ist die Frau des Finanzverwalters drüben am Hof in Tiberias. Sie hat ihr Haus verlassen, ihre Dienerschaft und ihren Mann und zieht mit mir durch die Dörfer. Nicht mehr nur als die Frau ihres Mannes, sondern als eine freie, selbstständige Frau. Ihr Männer: Gebt euren Frauen die Freiheit, selbst zu entscheiden, welchen Weg sie mit euch oder auch einmal ohne euch gehen wollen. Sie haben ihren eigenen Rang, sie sind nicht eure Untertanen. Sie stehen mit euch auf derselben Stufe. Gerechtigkeit fängt sehr häufig an dieser Stelle an. Aber diese Gerechtigkeit könnt ihr leisten!

Und noch eins: Wie steht es mit deinem Wunsch, anerkannt zu sein? Wie steht es mit deinem Ehrgeiz? Wie steht es mit deiner Befriedigung, wenn man dir einen Orden ansteckt? Oder wenn man dich in der Zeitung erwähnt? Wie sehr beglückt es dich, wenn man dich als einen Star handelt?

Nein, strebe nicht danach, höher zu stehen als andere Menschen. Lass dich nicht anreden als »Hochwürden« oder »Exzellenz« oder sonst einem weihevollen Titel, denn kein Mensch steht höher als ein anderer, und nur einer steht über ihnen. Wenn du hochgestellt bist, dann verstehe dein Amt als einen Dienst, nicht nur mit Worten, sondern wirklich. Wer seine Würde hervorkehrt, hat sie eben damit schon verloren. Wer sich als so unbedeutend, so unwichtig ansieht, wie er tatsächlich ist, den wird man hoch schätzen (Matthäus 23,1–12).

Es ist ja bemerkenswert, wie hoch in der Geschichte der Kirche die Autorität von führenden Leuten gewertet worden ist, mit welch folgenschwerer Leichtigkeit die Kirche mit ihrer steilen und vielschichtigen hierarchischen Struktur, mit ihrem Vielerlei an Vaterschaften über diese klare Regel hinweggestiegen ist und wie schwer es gerade für sie zu sein scheint, aus der Herrschaft des Ehrgeizes, der Machtausübung und des feierlichen Rollenspiels, in dem man seine Würden zelebriert, herauszutreten und sich einem schlichten und allein maßgebenden Auftrag zuzuwenden!

Wenn ich alles zusammengreife, was Jesus über uns sesshafte Menschen sagt, dann komme ich zu diesem Ergebnis:

Ich, dieser Mensch, kann ein Werkzeug werden in der Hand Gottes. Ich kann ein Mund sein, durch den Gott dann und wann zu Menschen spricht. Ich kann ein Auge sein, das mehr sieht. Das die Nähe Gottes schaut und sie anderen zeigt. Ich kann ein Ohr sein, das mehr hört. Das den Menschen hörbar macht, was sie überhören. Ich kann eine Hand sein, durch die Gott in dieser Welt wirkt. Ich bin für das Reich, das kommende, bestimmt. Ich kann helfen, es vorzubereiten. Ich bin ein Stück Zukunft in der Ratlosigkeit der Menschen und in der Wirrnis dieser zugrunde gehenden Welt.

Einmal wurde Jesus von seinen Gegnern gefragt: »Du redest vom Reich Gottes. Kannst du uns sagen, wann es kommen wird?« Und Jesus antwortete:

Ihr denkt nach Uhr und Kalender.
Gott aber kommt nicht zu einer bestimmten Zeit.
Er kommt auch nicht an einen bestimmten Ort,
an dem er sich festmachen ließe.
Er ist hier. Er ist jetzt.

Er ist unter uns. Er ist, wo ich bin.
Er ist auch bei euch.
Er ist euch näher, als ihr meint.
Er ist innen. Innen in euch.
Tut die Augen auf, die eure Seele hat.
Sein Reich ist innen in euch selbst.
Lukas 17,21

Eines Tages kam er, wie schon gesagt, in ein Dorf, in dem eine Frau mit Namen Marta ihn aufnahm. Sie hatte eine Schwester namens Maria. Die setzte sich zu seinen Füßen und hörte ihm zu. Marta aber lief umher und machte sich viel zu schaffen, um ihren Pflichten als Gastgeberin nachzukommen. Da fragte sie Jesus: »Herr, stört es dich nicht, dass meine Schwester mich so allein arbeiten lässt? Sag ihr, sie solle mit anfassen!« »Marta«, erwiderte Jesus, »Marta, du machst dir Sorgen und kümmerst dich um tausend Dinge. Es ist weniger nötig, als du glaubst. Nur eins. Maria hat das bessere Teil gewählt, das soll man ihr nicht nehmen« (Lukas 10,28–42).

Das Wichtige ist das Reich Gottes, das in dir beginnen will, das in dir in der Stille aufwächst. Setze darum dein ganzes Herz ein für das, was größer ist als du selbst. Was größer ist in deinem Geist als dein Geist. Was größer ist in deiner Seele als deine Seele selbst.

Aber nicht nur Jesus spricht so von der großen Chance, die den Menschen offen stehe, wenn das Wort von Gottes Reich in sie gesät wird. Die ganze Bibel ist voll von Geschichten, die zeigen, wie das zugehe, wenn ein Wort von Gott in einen Menschen fällt und etwas Befreiendes und Erlösendes in ihm heranwächst und am Ende geerntet wird. Die ganze Bibel sagt: Sei bereit. Es kann dir jeden Tag geschehen, dass plötzlich ein Wort dich trifft, dass du plötzlich eine Erfahrung machst, eine große. Dass du plötzlich verstehst: Das sage ich nicht mir selbst. Das ist auch nicht zufällig an mich gekommen. Das ist eine Anrede von Gott an mich. In diesem Augenblick fällt eine Saat in dich, und was aus ihr aufwächst, das wird in dir ein neuer Mensch sein.

Jesus sagt dem sesshaften gesicherten Menschen in uns: Der Sinn und der Ertrag deines Lebens wird nicht in dem allein liegen, was du in dir selbst ordnest oder entwickelst oder einübst. Er wird dort liegen, wo du mit Menschen umgehst, die sozial tief unter dir stehen, mit den vielen Schwachen oder Unfähigen oder Leidenden in deiner Nähe, die unfähig sind zu glauben oder zu vertrauen, die gefangen sind in den Sackgassen ihre Lebens, mit den Heimatlosen, den Rechtlosen, den Verurteilten.

Wenn du mich zum Maß deines Lebens nehmen willst, dann schau genau hin: In ihnen allen bin ich anwesend. So erzählt er sein berühmtes Gleichnis vom letzten Gericht, also von jenem Vorgang an der Grenze unseres Daseins, an der der Ertrag unseres Lebens gewogen wird: »Wenn aber der Herr der himmlischen Welt kommen wird in der strahlenden Fülle seiner Macht und alle seine Engel mit ihm, dann wird er sich auf den Thron seiner Herrlichkeit setzen. Dann werden sich vor ihm alle Völker versammeln, und er wird sie voneinander trennen, wie der Hirte, der tagsüber die Schafe und die Böcke weidete, sie am Abend trennt und die Schafe auf seiner Rechten sammelt, die Böcke auf seiner Linken. Dann wird er zu denen zu seiner Rechten sagen: ›Kommt her, ihr, die mein Vater gesegnet hat! Nehmt den Anteil am himmlischen Reich, der für euch vorgesehen ist, seit der Grund dieser Welt gelegt wurde. Denn ich war hungrig, und ihr habt mir zu essen gegeben. Ich war durstig, und ihr habt mich getränkt. Ich war in der Fremde, ihr habt mich aufgenommen. Ich war nackt, ihr habt mich gekleidet. Ich war krank, ihr habt mich besucht. Ich war im Gefängnis, ihr seid zu mir gekommen.‹ Dann werden die Gerechten ihn fragen: ›Herr, wann sahen wir dich hungrig und haben dich gespeist oder durstig und haben dich getränkt oder als Fremdling und haben dich aufgenommen oder nackt und haben dich bekleidet? Wann sahen wir dich krank oder gefangen und sind zu dir gekommen?‹ Dann wird ihnen der König antworten: ›Dies ist wahr: Was ihr einem unter meinen geringsten Brüdern getan habt, das habt ihr mir getan‹«(Matthäus 25,14–46).

Ihr, die ihr zu mir gehört, könnt also nicht auf der Treppe eurer Bedeutung oder eurer barmherzigen Gesinnung höher steigen und euch von oben her um die kümmern, die so tief unter euch stehen. Ihr müsst schon tiefer steigen, mindestens so tief wie die, die eure Hilfe brauchen, und sie in ihren Dunkelheiten und in ihrem Leid umarmen. Ihr umarmt damit Gott, der in ihnen ist. Ihr umarmt mich, der ich von ihnen rede.

Es muss nicht besonders hervorgehoben werden, dass dieses Gleichnis – wie alle anderen – weniger von etwas redet, das in der Zukunft geschehen wird. Es redet von dem, was uns heute für unser heutiges Tun wach machen soll. Nicht davon, dass am Ende der Tage die Menschheit in Himmel und Hölle verteilt und so geschieden die Ewigkeit verbringt, sondern davon, ob wir hier Maßstäbe haben, die unser Tun klären und unserem Leben seinen Sinn eröffnen können.

Es war schon die Rede von jenem Mann, der von Jerusalem nach Jericho hinabging, der unterwegs niedergeschlagen und ausgeraubt wurde und um den ein Mann aus Samaria sich ungeachtet der Gefahr, in die er sich dabei begab, und ungeachtet aller Mühseligkeiten kümmerte. Propst Grüber, der sich im Nazireich für verfolgte Juden einsetzte, wurde von Eichmann, dem Verfolger der Juden, gefragt: »Was kümmern Sie sich überhaupt um die Juden?« Grüber antwortete: »Sie kennen als ehemaliger Templer die Straße, die von Jerusalem nach Jericho hinabführt. Auf dieser Straße lag einmal ein Jude, der unter die Räuber gefallen war. Da kam einer vorbei, der kein Jude war, und half. Der Herr, auf den allein ich höre, sagt mir: Tu dasselbe. Das ist meine Antwort.« Nicht das staatliche Gesetz, nicht die Wünsche irgendeiner Obrigkeit sind das Maß, sondern der begegnende Mensch.

Wenn du also prüfen willst, wie heilig und gottwohlgefällig du bist und lebst, dann prüfe, ob du das Heilige in den Menschen wahrnimmst. Denn Christus ist im Nichtsesshaften auf der Straße, in den Kriminellen in unseren Gefängnissen, in Dealern und Dirnen und in allen, vor denen dem biederen Bürger graut. Meister Eckhart hat gesagt: »In Gott verlieren sich alle Unterschiede zwischen den Menschen.«

Seine Geschwister sah er in den Armen, Hilflosen und Geängsteten

Das hörten natürlich auch alle, mit denen Jesus sich in dieser Weise identifizierte: die Armen, Kranken, Leidenden, Ausgebeuteten, Gefangenen oder Misshandelten, die am Rande ihrer Kraft lebten und sich durchschlugen auf irgendeine, vielleicht fragwürdige Weise. Die aus Not und Elend heraus fragten, was er denn zu bringen habe. Ob es lohne, ihm zuzuhören.

Sie hörten Jesus sagen: Ja. Genau ihr. Von euch rede ich. Ich sehe auch in euch den liebenden Gott. Ich rede hier als sein Bevollmächtigter, sein Vertreter. Ich bin also auch in euch, wie Gott in euch ist. Wer euch verachtet, der verachtet mich. Und das tun ja viele. Wenn euch einer Prügel in den Weg wirft, so tut man das mir auch. Wenn sich einer von euch distanziert, dann tut er es auch von mir. Ich bin in euch. Nehmt das ernst. Das ist das Geheimnis eures inneren Menschen: diese Identität zwischen Gott und mir und zwischen mir und euch. Das Gottesreich beginnt auch in euch. Unscheinbar, kaum wahrnehmbar.

Ich trete für euch ein. Wenn ihr mir klagt, dann trifft es mich. Ich gebe euch von meiner Kraft. Vom Geist Gottes. Ja, euch! Wagt also ein wenig Vertrauen. Ein wenig Glauben. Ein wenig mehr Freiheit. Wenn Ihr glaubt, dass Gott in euch ist und ich für euch einstehe, so könnt ihr mehr, als ihr euch zutraut. Ihr könnt viel tun, etwa für die Menschen, die so arm und unfrei sind wie ihr selbst. Und jeder kleine Beitrag, den ihr zum Wachsen des Reiches Gottes leistet, wird Gott anerkennen, und er wird euch lieben. Nehmt das ernst: Ihr seid Geliebte Gottes.

✽

Jesus sagt also den Ersten, den Berufenen: Ihr geht hinter mir her. Ihr sagt mein Wort. Ihr habt das Amt von Sprechern. Und wenn euch der Widerstand und der Hass der Menschen trifft, dann trifft euch nur, was auch mich trifft.

Er sagt zu den Zweiten, zu denen, die in ihren Häusern bleiben. Nehmt mich in euer Haus auf, als den Herrn eurer Seele. Nehmt die Saat auf, die ich in euch werfe, wie ihr die Saat auf euren Äckern auswerft. Lasst sie wachsen und reifen. Und wenn ihr Menschen begegnet, die zu leiden haben, dann nehmt wahr, dass ich in ihnen bin, und behandelt sie, wie ihr mich respektiert.

Und er sagt zu den Dritten: Wenn euch die anderen, die Frommen oder die Gerechten, die Reichen oder die Mächtigen für den letzten Dreck halten, ich sehe in euch ein gastliches Haus. Ich gehe in euch ein. Ich bin bei euch. Ich lasse euch gelten. Ich stehe zu euch. Ich identifiziere mich mit eurem Schicksal. Fasst Mut. Ihr seid berufen, Gastgeber für Gott zu sein. Eure Würde ist die von Gastgebern Gottes. Nehmt das an und nehmt es ernst.

Sagt: Es gibt Mächte, die mein Leben und meine Seele bedrohen, aber ich brauche mich nicht zu ängsten. Ich kann scheitern mit allem, was ich tue, aber ich bin getragen. Ich kann schwach werden, aber ich brauche nicht auf eigenen Füßen zu stehen. Alles kann mir genommen werden, aber nichts brauche ich festzuhalten; was ich brauche, wird mir gegeben. Ich bin bedroht, aber ich brauche mich nicht zu wehren. Es ist unendlich schwer, das Richtige zu tun. Aber ich brauche nur aufzunehmen, was mir vor die Hand kommt. Es ist ganz unmöglich, unschuldig zu bleiben. Aber Gott misst mich nicht an meiner Unschuld, sondern an meiner Liebe zu denen, die gleich mir schuldig sind.

Mit alledem sagt Jesus dies: Es gibt einen Weg zum Leben und einen Weg zum Tode. Man kann sich vom Leben faszinieren lassen oder vom Tode. Wer sich vom Tod faszinieren lässt, sagt etwa: Die Welt ist voll Gefahr. Sie ist voller Feinde. Jeder lügt. Glaube niemandem. Du bist bedroht. Du musst mit dem Schlimmsten rechnen. Auge um Auge, Zahn um Zahn. Hilf dir selbst, sonst hilft dir keiner. Riskiere keine Experimente. Sorge für deine Sicherheit. Und dabei beherrscht dann der Tod die Szene nachhaltiger als das Leben.

Wer sich vom Leben faszinieren lässt, sagt etwa: Die Zukunft ist offen. Es kann noch viel geschehen, das ich noch nicht kenne. Ich bin gespannt, was morgen sein wird. Bis dahin versuche ich, so intensiv wie möglich zu leben, in möglichst großer Offenheit. Ich baue keine Mauer um mein Leben, sondern breite es aus. Ich möchte mein Leben nicht sichern, ich möchte es einsetzen und im Zweifelsfall hingeben. Ich möchte mich von den Menschen nicht abgrenzen, ich möchte sie in die Arme nehmen. Ich liebe das Leben, und ich bringe meine Lebendigkeit ein.

Wer also den Weg zum Leben gehen will, muss das Leben lieben. Wer immerfort mit dem Tode rechnet, der geht den Weg zum Tode. »Wer sein Leben sichern will«, sagt Jesus, »verliert es« (Matthäus 10,39). Wer bei uns heute vom Anblick des Todes gebannt ist – und das ist ein Merkmal jener depressiven Grundstimmung, die in unseren reichen Ländern verbreitet ist –, der gilt als normal. Als vernünftig, als Realist. Er will sichern, was er hat. Aber er verbaut sich seinen Weg. Denn ein Weg ist nur gangbar, wenn er offen ist. Man kann das Leben nicht sichern, man kann es nur leben. Man kann seine Freiheit nicht sichern, man kann es nur wagen, ein freier Mensch zu sein.

Staunenswert ist immer wieder der Realismus, mit dem Jesus gerade die, denen es am Glück fehlt, zum Vertrauen führen will, eben weil es der einzig wirkliche Weg zum Glück sei. Ich staune über die Konkretheit, mit der er die, die das Glück genießen, zum Tun des Gerechten auffordert, eben weil es für die Glücklichen zu ihrem Glück nötig ist. Wir können jedenfalls wissen, dass das Glück – die Seligkeit, wie Jesus sagt – nicht gemacht wird, dass sie vielmehr zu uns kommt. Dass das Gelingen eines Lebens nicht bewirkt, sondern empfangen wird.

✽

Und was wollte Jesus von diesen drei Gruppen? Dass sie sich zusammengehörig fühlten. Dass sie eins seien. Dass ihre Würde gleichwertig sei. Dass sie miteinander die Familie der Kinder Gottes seien und das geschwisterliche Gottesvolk.

Jesus steht in der großen Tradition der Lehrer der Weisheit

Weisheit ist praktische Lebenskunst

Fragen wir die Bibel, was wir in unserem täglichen Leben zu tun hätten, dann spricht sie auf drei Ebenen zu uns. Sie spricht zuerst und zuoberst von Weisungen Gottes, etwa von den »Zehn Geboten«. In einer zweiten Schicht darunter spricht sie von vielen einzelnen Maßstäben, die aus der kulturellen Tradition Israels hervorgehen, aus kultischer Ordnung wie den Opfervorschriften des Tempels oder aus Rechtsordnungen wie dem Verhältnis von Mann und Frau. In einer dritten, noch tieferen Schicht liegen Regeln, die aus dem Nachdenken Einzelner hervorgehen, aus der Erfahrung, die sich in Lebensklugheit niederschlägt, wie sie etwa die Weisheitsbücher schildern. Sie ist aber nicht die Lehre eines versunkenen Erleuchteten, sondern die konkrete Anweisung für das praktische Verhalten und Handeln. Diese drei Schichten unterscheiden sich naturgemäß im Grad ihrer Verbindlichkeit.

Weisheit ist für die Bibel die Fähigkeit des Menschen, die durchgehende Ordnung der Welt, der geistigen wie der natürlichen, als grundlegend auch für das menschliche Leben zu erkennen und sich in diese Ordnung verstehend, nachdenkend und handelnd einzubringen. Aus der Erkenntnis der Zusammenhänge zwischen der sichtbaren und der unsichtbaren Welt des Geistes ergibt sich das richtige, das gute, das der Situation angemessene Handeln. In den Weisheitsbüchern finden wir darum nicht nur moralische Empfehlungen wie Wahrheitsliebe, Fleiß, Demut oder Gerechtigkeit. Auch, was der kundige Handwerker weiß oder der erfolgreiche Kaufmann, der Staatsmann oder der Beamte, verdient den Namen »Weisheit«.

Wie ich zum Beispiel mit meinem Besitz umgehen oder meine Ehe gestalten soll, sagen mir nicht die Zehn Gebote, das muss ich mir selbst überlegen. Dazu kann ich den Rat eines erfahrenen Menschen suchen. Als Jesus dem reichen jungen Mann gegenüberstand, der ihn fragte, was er tun müsse, um das ewige Leben zu gewinnen, verwies ihn Jesus auf die Zehn Gebote. Als der aber von sich sagte, er habe sie immer eingehalten, ging Jesus mit ihm auf die andere Seite, die der Menschenkenntnis, der Erfahrung, die die Bibel Weisheit nennt: Du bist unfrei durch deinen Besitz. Tu damit etwas, was dir zum Leben und zur Freiheit hilft.

Dabei ist bezeichnend, dass die Bibel ausdrücklich die Vernunft des Menschen aufruft. Sie setzt den Verstand frei, sie gibt ihm sein Recht und seine Aufgabe. Sie sagt immer wieder, Gott gebe nicht nur den Glauben, er gebe vielmehr dem Menschen auch das eigene Nachdenken.

So lesen wir in den Weisheitsbüchern des Alten Testaments: »Einen vorbeilaufenden Hund packt bei den Ohren, wer sich in einen Streit einmischt, der ihn nichts angeht« (Sprüche 26,17). Oder: »Besser ist ein Langmütiger als ein Kriegsheld. Besser ist einer, der sich selbst beherrscht, als der Städte erobert« (Sprüche 16,32). Oder: »Besuche deinen Nachbarn nicht so oft, damit er deiner nicht überdrüssig wird« (Sprüche 25,17). Wir lesen freilich auch von den Grenzen menschlicher Einsicht: »Wirklich weise ist nur, wer sich nicht weise dünkt« (Sprüche 26 und öfter). Oder: »Ein Weiser rühme sich nicht seiner Weisheit, ein Starker rühme sich nicht seiner Stärke, und ein Reicher rühme sich nicht seines Reichtums! Vielmehr dessen rühme sich, wer sich rühmen will, dass er klug sei und mich kenne als seinen Gott, der Recht und Gerechtigkeit auf Erden wirkt, denn an ihm habe ich Gefallen« (Jeremia 9,22).

So fordert auch Jesus, wir sollten unseren Verstand gebrauchen. Wir lesen viele Worte wie die folgenden: »Sammelt keine Reichtümer in diesem Leben. Mottenfraß und Holzwurm sind ihr Ende. Diebe graben danach und rauben sie. Sammelt euch einen Besitz bei Gott, wo ihn weder Motte noch Wurmfraß zerstört und keine Diebe nachgraben, ihn zu stehlen. Denn wo euer Schatz ist, da ist euer Herz.« »Niemand kann zwei Herren dienen. Er wird dem einen sein Herz verweigern und es dem anderen schenken, er wird sich um den einen bemühen und den anderen vernachlässigen. Ihr könnt nicht Gott dienen und dem Geist des Geldes zugleich« (Matthäus 6,19–21.24).

Oder: »Ein reicher Mann hatte eben eine gute Ernte eingebracht. Nun überlegte er: Was soll ich tun? Ich habe nicht genug Lagerraum für meine Frucht. Ich weiß, was ich tue: Ich reiße meine Scheunen ab und baue größere, und in ihnen sammle ich meinen ganzen Weizen und alle meine Vorräte. Dann sage ich zu mir selbst: Nun hast du einen Vorrat für viele Jahre. Lass dir's wohl sein, iss, trink und sei fröhlich. Aber Gott sprach zu ihm: Du Tor, in dieser Nacht wird man dein Leben von dir nehmen. Wem wird dann dein Vorrat gehören?« (Lukas 12,16–20).

Oder: »Seid klug wie die Schlangen und ohne Falsch wie die Tauben« (Matthäus 10,16). Jesus sieht also die Schlange nicht, wie das Alte Testament, als Symbol des Bösen, als listige Verführerin, sondern in dem viel älteren Sinn als das Tier, das Klugheit vermittelt. Denn wie die Taube für die reine Weisheit steht, die aus dem Geist Gottes kommt, so steht ihm die Schlange für die erdhafte, konkrete, praktische Klugheit.

Zu solchen Weisheitssprüchen gehören auch Stücke wie die Gegensatzreden der Bergpredigt: »Ihr wisst, euren Vätern wurde gesagt: Töte nicht! Ich aber sage euch: Hegt keine bösen Gedanken gegen andere Menschen. Ihr wisst, dass gesagt ist, brecht die Ehe nicht. Ich aber sage euch: Seht eine fremde Frau nicht mit begehrlichen Augen an. Ihr wisst, dass gesagt ist: Schwört keine falschen Eide! Ich aber sage euch: Schwört überhaupt nicht. Sagt Ja oder Nein. Das muss genügen« (Matthäus 5,33–37). Jesus verlegt also das Gewicht von der Tat zurück auf die Motive und Vorurteile, die der vollendeten Tat gleichzuachten seien.

Oder er spricht über die Glaubwürdigkeit, die dem Handeln eigne oder nicht: »Wenn du ein Opfer gibst für Menschen, die in Not sind, dann posaune das nicht hinaus, wie es die frommen Heuchler in der Öffentlichkeit mit ihren Spenden tun, damit Gott es merkt und die Menschen es besprechen. Wenn du ein Opfer gibst, dann sorge dafür, dass deine linke Hand nicht weiß, was die rechte tut, damit dein Opfer in der Verborgenheit geschieht« (Matthäus 6,1–4).

Oder: »Richtet nicht andere, so werdet auch ihr nicht gerichtet. Verurteilt sie nicht, so werdet auch ihr nicht verurteilt. Lasst eure Schuldner frei, so werdet ihr selbst frei sein. Gebt weiter, was ihr besitzt, so wird man euch geben. Ein gutes, gedrücktes, gerütteltes und überfließendes Maß wird man euch in den Schoß schütten, denn mit eben dem Maß, mit dem ihr andere messt, wird man euch selber messen« (Matthäus 7,1–2; Lukas 6,37).

Oder über die Glaubwürdigkeit des Urteils über andere Menschen: »Was starrst du auf den Splitter im Auge deines Bruders und bemerkst nicht den Balken in deinem eigenen Auge? Wie kannst du zu deinem Bruder sagen:

Halte still, Bruder! Ich will den Splitter aus deinem Auge ziehen, und übersiehst den Balken im eigenen Auge? Du Heuchler! Zieh erst den Balken aus deinem Auge, dann magst du zusehen, wie du den Splitter aus deines Bruders Auge entfernst« (Lukas 6,41–42).

Man hat immer wieder versucht, die Drastik dieser Worte abzuschwächen. Man sagte, »Auge« könne im Hebräischen auch »See« heißen oder »Brunnen«. Es sei also ein Balken im Brunnen des Nachbarn gemeint. Man hat auch schon das Wort von dem berühmten Kamel, das nicht durch ein Nadelöhr gehe, zu entschärfen versucht mit dem Hinweis, »Kamel« könne auch mit »Seil« übersetzt werden und das »Nadelöhr« mit einem kleinen Stadttor für Fußgänger; aber all das sind nachträgliche Versuche, die am Sinn solcher Vergleiche vorbeigehen. Ihre Drastik gehört zu ihrem Stil. Sie wenden sich gerade durch ihre Unmöglichkeit und spirituelle Härte an das erschrockene Nachdenken.

Zu diesen Worten einer praktischen Lebensklugheit gehören auch Worte, die das Unterscheidungsvermögen ansprechen: »Werft eure Perlen nicht vor die Säue und gebt nicht das Heilige den Hunden zum Fraß« (Matthäus 7,6). Denn wer das tut, vergeudet nicht nur etwas Wertvolles, sondern provoziert auch den Ärger der Tiere, die meinen, etwas zu fressen zu bekommen, und nichts finden. Was nicht zusammenpasst, das haltet getrennt. Neuer Wein und alte Ledersäcke passen nicht zusammen, die alten Säcke werden reißen. Ein Flicken neuen Tuchs hält nicht auf einem brüchigen alten Kleid. Ihr könnt euch nicht nach den Regeln einer überholten Frömmigkeit richten und dabei frei bleiben für das Reich Gottes. Ihr könnt nicht fasten, wenn Feiern angezeigt ist, oder feiern in der Zeit der Trauer.

Oder er sagt: »Kann ein Blinder einem Blinden den Weg zeigen? Werden sie nicht beide miteinander in die Grube fallen?« (Lukas 6,39). Oder: »Wendet euch Gott so hingegeben zu wie ein Kind sich seinem Spiel zuwendet.« Was Kinder zu ihrem Leben beitragen können, ist nicht Kraft und Durchsetzungsvermögen, sondern Vertrauen. Wenn alles gut ist, wissen sie sich geliebt. Und sie haben bei aller geringen Kraft die Zukunft für sich.

Es ist auch ein Wort der Lebensklugheit, wenn Jesus rät: »Hütet euch vor falschen Propheten. Sie kommen in Schafspelzen, in Wahrheit sind sie reißende Wölfe. An dem, was sie praktisch tun, könnt ihr sie beurteilen. Ein gesunder Baum bringt gute Früchte, ein fauler schlechte« (Matthäus 7,15–18).

Wenn Jesus die Menschen auf ihre Klugheit anspricht, sagt er sein berühmtes »Siehe!« Tu die Augen auf! Schau! Nimm wahr, was erst beim zweiten oder dritten Blick wahrnehmbar wird. Du wirst feststellen, dass, was zunächst wie eine Utopie aussieht, die Zukunft ist. Wenn er seine Gleichnisse vom Reich Gottes erzählt, dann liegt darin viel von dem, was wir die fruchtbare Utopie nennen. Diese Wahrnehmung des Künftigen ist ein Kind der Weisheit, die mehr und tiefer sieht als das nur den Dingen und ihrer Gegenwart zugewandte Auge. Utopien formulieren ja eine Zielvorstellung, der man zunächst in Gedanken und Hoffnungen nachgeht, die man der öffentlichen Diskussion aussetzt, die man dann am Ende als Realität erfährt und durch die die Verhältnisse sich konkret ändern. Eine Utopie ist ein Gedanke, der in der konkreten Wirklichkeit noch keinen Ort hat, den wir aber kommen sehen und der am Ende auf dieser Erde Platz greifen wird. Es ist ein Zeichen von Klugheit, wenn ein Mensch Utopien nicht für irreal hält, sondern in ihnen die mögliche Änderung der Dinge wahrnimmt. Sie wirken in die Zukunft. Alles aber, was Jesus im Sinne von Lebensregeln oder Ratschlägen formuliert, hat seinen Ort in der Spannung zwischen jetzt und künftig; es gipfelt in der Offenheit gegenüber dem, was kommt – und zwar, was von Gott her kommt und nicht aus der Leistung der Menschen erwächst.

Die Weisheit des Einfachen

Wie wir die Zehn Gebote als Christen verstehen sollen, sagt uns Jesus in der Bergpredigt. Er hebt sie keineswegs auf, vielmehr gibt er ihnen einen genaueren Sinn, indem er sie von der Tat auf das Denken und Empfinden zurückwendet und dadurch verschärft:

»Ihr kennt das Gebot, das seit euren Vorfahren gilt:
›Du wirst nicht töten!
Wer tötet, soll vor ein Gericht gestellt
und zum Tode verurteilt werden.‹
Ich aber sage euch:
Wer seinem Bruder auch nur zürnt,
gehört vor ein Gericht gestellt.
Wer zu einem anderen sagt: ›Du Null!‹,
fällt unter das Urteil durch den Hohen Rat: Auslöschung!
Wer zu Bruder oder Schwester sagt: ›Fahr zur Hölle!‹,
verdient das höllische Feuer.
Wenn du in den Tempel gehst, um ein Opfer zu bringen,
und dir dabei einfällt,
dass dein Bruder dir etwas Böses vorwirft,
dann lass dein Opfer vor dem Altar liegen,
geh zu deinem Bruder und versöhne dich mit ihm.
Dann komm wieder und opfere.
Wenn du gegen deinen Gläubiger streitest,

dann gib ihm nach,
solange du mit ihm auf dem Weg bist.
Sonst wird er dich vor den Richter stellen,
der wird dich dem Kerkermeister übergeben,
und du endest im Gefängnis.
Von dort aber, das sage ich dir, kommst du nicht heraus,
ehe du deine Schuld bis auf den letzten Cent bezahlt hast.«
Matthäus 5,21–26

»Ihr kennt das Gebot,
das seit euren Vorfahren überliefert wird:
›Du wirst die Ehe nicht brechen!‹
Ich aber sage euch:
Wer eine Frau mit begehrlichen Augen ansieht,
wer sich ausmalt, wie schön es wäre mit ihm oder mit ihr,
hat in seinem Herzen die Ehe im Stillen schon gebrochen.
Wenn dein Auge sagt:
›Den oder die möchte ich haben! Tu, was dich gelüstet!‹,
dann reiß es aus und wirf es weg.
Es ist besser für dich, wenn ein Teil von dir verloren geht
als du selbst.
Wenn deine Hand dir sagt: ›Hole sie dir! Nimm ihn!‹,
dann haue sie ab und wirf sie weg.
Es ist besser für dich, wenn eines deiner Glieder verloren geht,
als wenn du selbst
in der Verlorenheit, in der Gottverlassenheit endest.
Bisher gilt das Gesetz:
›Wer sich von seiner Frau trennt,
der muss die Scheidung beurkunden,
damit die Frau danach geschützt ist.‹
Ich aber sage euch:
Wer sich von seiner Frau trennt,
obwohl sie die Ehe nicht gebrochen hat,
liefert sie dem Ehebruch aus.
Und wer mit der Geschiedenen die Ehe eingeht,
bricht ihre Ehe.«
Matthäus 5,27–32

✾

»Ihr kennt das Gesetz, das seit euren Vorfahren gilt:
›Du wirst keinen Meineid schwören!
Was du aber Gott mit einem Eid versprochen hast,
das sollst du halten!‹
Ich aber sage euch:
Ihr sollt überhaupt nicht schwören!
Ihr könnt den Himmel nicht als Zeugen anrufen,
denn er ist Gottes Thron, ihr aber seid auf der Erde.
Ihr könnt auch die Erde nicht zum Zeugen machen,
denn die Erde ist der Schemel zu Gottes Füßen.
Ihr könnt auch nicht ›bei Jerusalem‹ schwören,
als gäbe der heilige Name euren Worten
Gewicht und Geltung,
denn Jerusalem ist die Stadt des großen Königs.
Ihr könnt auch nicht sagen:
›Bei meinem eigenen Kopf!‹, denn ihr könnt nicht ein Haar
weiß machen oder schwarz.
Wenn ihr wollt, dass man euch glaubt,
dann sagt Ja oder Nein.
Ein Ja, das ein Ja ist. Ein Nein, das ein Nein ist.
Was darüber hinausgeht, verrät die Lüge.«
Matthäus 5,33–37

✾

»Ihr kennt die Regel, die seit euren Vorfahren gilt:
›Ein Auge soll mit einem Auge gebüßt werden,
ein Zahn mit einem Zahn.‹
Ich aber sage euch:
Wenn jemand euch etwas Böses antut,
dann verzichtet auf Widerstand und auf Vergeltung.
Wenn euch jemand auf die rechte Backe schlägt,
dann bietet ihm auch die linke an.
Wenn einer, dem ihr Geld schuldet,
euren Rock als Pfand nehmen will,
dann gebt ihm den Mantel dazu.
Wenn jemand euch nötigt,
ihn auf einem einsamen Weg eine Meile zu begleiten,

dann geht mit ihm zwei.
Gebt dem, der euch bittet.
Wenn einer Geld von euch leihen will, dann sagt nicht Nein.
Matthäus 5,38–42

✾

»Sammelt keine Reichtümer auf dieser Erde.
Motten und Rost fressen sie auf.
Diebe brechen ein und rauben euch aus.
Sammelt Schätze bei Gott,
wo weder Motte noch Rost ihr Werk tun
und kein Dieb nachgräbt und stiehlt.
Denn wo euer Schatz ist, da ist auch euer Herz.
Das Auge gibt dem Leibe Licht.
Wenn euer Auge gesund ist, hat euer ganzer Leib Licht.
Ist euer Auge blind, so ist euer ganzer Leib in der Finsternis.
Wenn aber das Licht, das Gott eurer Seele gab, erlischt,
wie dunkel wird die Finsternis sein!

Niemand kann für zwei Herren arbeiten.
Er wird dem einen seine Kraft schuldig bleiben
und sie für den anderen einsetzen.
Er wird sich für den einen bemühen
und den anderen vernachlässigen.
Ihr könnt nicht Gott dienen und dem Geld zugleich.«
Matthäus 6,19–24

✾

»Ich sage euch: Liebt eure Feinde!
Tut denen wohl, die euch hassen!
Wünscht Segen von Gott denen,
die euch die Hölle wünschen.
Bittet für die, die euch misshandeln.
Wenn einer dich auf die eine Wange schlägt,
dann biete ihm auch die andere.
Wenn jemand dir deinen Mantel nimmt,
dann lass ihm auch das Hemd.
Wer dich bittet, dem gib.
Wer dir das Deine nimmt, von dem fordere es nicht zurück.

Was ihr euch von den Menschen wünscht,
das tut ihnen in gleicher Weise.
Wenn ihr nur die liebt, die euch mit Liebe begegnen,
was ist das Besondere daran?
Auch die Gottlosen lieben die, die ihnen Liebe erweisen.
Wenn ihr denen Gutes tut, die euch gut sind,
was ist das Besondere? Auch die Bösen tun das.
Und wenn ihr denen leiht, die euch leihen sollen,
was ist das Besondere?
Auch die Sünder leihen den Sündern
und wollen dasselbe von ihnen.
Vielmehr: Liebt eure Feinde,
helft denen und leiht, von denen nichts zu hoffen ist.
Euer Lohn wird groß sein;
Kinder des Höchsten werdet ihr sein,
denn auch er ist gütig gegen Undankbare und Böse.
So werdet barmherzig, wie euer Vater barmherzig ist.«
Matthäus 5,43–48

✾

»Der Baum, der nicht gute Frucht bringt,
wird abgehauen und ins Feuer geworfen.
Erkennt sie an ihren Früchten!
Nicht jeder, der mich ›Herr!‹ nennt,
wird das himmlische Reich finden,
sondern, der den Willen meines Vaters erfüllt.
Viele werden an jenem Tag sagen:
›Herr! Herr! Wir haben doch geredet und gewirkt,
um dich bekannt zu machen!
Wir haben doch in deinem Namen
gegen böse Mächte gekämpft!
Wir haben zu deiner Ehre doch so große Dinge getan!‹
Aber ich werde ihnen sagen: ›Ich kenne euch nicht!
Hinaus, ihr Übeltäter!‹«
Matthäus 7,19–23

✾

»Geht euren Weg durch die schmale Tür!
Denn das Tor ist weit und der Weg breit,
die ins Verderben führen.
Viele suchen den bequemen Weg und gehen zugrunde.
Eng aber ist die Tür und schmal der Weg,
die ins Leben führen, und wenige werden sie finden.
Matthäus 7,13–14

✾

Was aber nicht überrascht, das ist, wie wenig folgerichtig Jesus mit seinen eigenen Anweisungen umgeht. Er spricht hart und genau von dem Ehebruch, der schon geschehe, wenn ein Mann die Frau eines anderen mit ungebührlichen Augen ansehe, er verhält sich, wenn er etwas zu entscheiden hat, ganz anders. Wir haben von der Verhandlung über die Ehebrecherin aus Johannes 8 schon geredet.

Mit dem, was er bei jener Gelegenheit sagt, verstößt er nicht nur gegen die einfachste Moral, sondern auch gegen jedes geltende Recht und öffnet der Beliebigkeit Tür und Tor. Und wenn er ein andermal etwas mit einer Dirne zu tun bekommt, spricht er von ihrer großen Liebesfähigkeit. Aber eben diese Spannung ist für ihn charakteristisch: die nämlich zwischen Lebensklugheit, Menschenliebe und religiöser wie ethischer Radikalität, und dabei die seltsame Tatsache, dass bei ihm diese drei Elemente mühelos zusammengehen, dass aber dabei nichts einfach aufzugehen scheint.

Es will so scheinen, als habe Jesus keine in sich stimmige, keine für alle geltende und keine für die Gesellschaft taugliche Ethik schaffen wollen.

So schafft er als erstes alle Autorität ab. Seid keiner Autorität untertan, sagt er. Und wollt selbst keine Autorität für andere sein. Menschen stehen auf gleicher Ebene, nur Gott kann Autorität sein. Er wollte keine »Väter«, keine menschliche Herrschaft über die Gewissen. Keine Vorschriften in Sachen des Glaubens. Jeder Einzelne ist unmittelbar zu Gott. Er braucht bei ihm nur anzuklopfen, so wird Gott ihm die Tür auftun.

So nimmt er nicht nur den Autoritäten, sondern allen Menschen das Recht, andere Menschen in gut und böse einzuteilen. Sie haben alle kein Mittel dazu. »Urteilt nicht über andere«, sagt er (Matthäus 7,1). Ich darf also zu keinem Menschen sagen: Was du tust, ist böse. Aber so lässt sich keine Ethik durchsetzen.

Jede Gesellschaft muss beurteilen können, ob ein Tun richtig oder falsch, gut oder böse sei. Sie muss Strafen fordern und ihren Vollzug gewährleisten. Sie muss Sühne oder Wiedergutmachung fordern. Sie wird den, der ihr Gesetz einhält, in ihre Gemeinschaft einbeziehen und den ausgrenzen, der ihm zuwiderhandelt. Wir sehen aber, wie Jesus dieses Kennzeichen einer funktionierenden Gemeinschaft abbaut. Stück um Stück, als wäre er am Gelingen einer öffentlichen Ordnung nicht interessiert. Wie können wir denn damit umgehen, dass Jesus zwar die Ehe mit aller Härte schützt, der Familie, auch seiner eigenen, aber jede bindende Kraft nimmt? (Matthäus 12, 46–50)

So hebt Jesus auch einige sehr natürliche und sinnvolle Ordnungen auf. In einer Gesellschaft wie der damaligen war der Broterwerb und die Sicherung der Grundbedürfnisse eine Sache für die Familie als einer Arbeitsgruppe. Nun verlangt Jesus, dass die zwei jungen Fischer Jakobus und Johannes ihren Vater, der mit ihnen im Boot ihrer Familie arbeitete, sofort verlassen und ihn ohne Hilfe zurücklassen, als er sie ruft (Matthäus 4,22).

Oder Jesus hebt die Unterscheidung zwischen einer Tötung und einem Tötungswunsch auf. Er sagt: »Wer mordet, muss vor ein Gericht gestellt werden.« Richtig. »Aber ich sage euch: Wer mit seinem Bruder zürnt, ist dem Mörder gleichzuachten« (Matthäus 5,21–22). Wenn das gelten soll, so kann ich im Grunde keinen Mord unter Strafe stellen, denn der Zorn ist unter Menschen so verbreitet wie der Schnupfen. Soll ich sie alle umbringen? Er hebt die Unterscheidung zwischen Ehebruch und dem nur geträumten Seitensprung auf. Ehebruch ist nach dem Gesetz zu ahnden. »Ich aber sage euch, wer eine Frau mit begehrlichem Blick anschaut, hat den Ehebruch bereits begangen« (Matthäus 5,28). Wenn aber in beiden Fällen das Gewicht der Tat gleich ist, und wenn ich annehme, dass kaum ein normaler Mann von solchen heimlichen Gedanken frei ist, wie soll ich den Ehebruch, den vollzogenen, noch mit irgendwelchen Sanktionen belegen?

Offenbar distanziert Jesus sich von allen einzelnen ethischen Maßstäben und allen ethischen Vorschriften auf die Weise, dass er die Forderungen in einer so unerreichbaren Höhe ansetzt, dass das gemeinsame Leben der Menschen auf dieser Erde so ununterscheidbar im Unethischen stattfindet, dass weder Urteil noch Strafe es retten können.

Wer das Leben kennen will, muss seine Widersprüche annehmen

Je tiefer wir in die ethischen Anweisungen Jesu eindringen, desto mehr Rätsel entdecken wir, desto widersprüchlicher stehen sie vor uns und desto schwerer öffnen sie sich unserem Nachdenken. So sagt Jesus etwa, das Nichtwissen sei der Anfang der Weisheit: »Was Gott durch mich sagen will, das eröffnet er nicht den Weisen und Klugen und Gebildeten, sondern den Unwissenden, den Unmündigen« (Matthäus 11,25). Unmündig sind die kleinen Kinder. Die Unmündigen sind nicht stolz auf ihre Bildung, sie haben keinen akademischen Grad. Sie gehören nicht zu den Rechthabern. Ehe also einer seinen Erfahrungen Ausdruck gibt in irgendwelchen Erkenntnissen, sollte er sich bewusst sein, dass er nichts weiß. Dass eine spirituelle Wahrheit wie jede lebendige Erfahrung sich dem Wort versperrt, dass sich Erfahrungen nicht wiederholen lassen, sondern immer wieder original zu machen sind. Wer glaubt, verzichtet auf einen Gott, den man besitzen, über den man Bescheid wissen, den man für seine Sicherheit nutzbar machen kann. Und eben das ist der Anfang der Weisheit. Wer sich von Gott ein Bild macht, macht sich ein Bild, das aus ihm selbst kommt und das ihn selbst spiegelt. Wer Gott wirklich erfährt, hat keine Bilder von Gott.

Paulus nimmt diese Gedanken auf: »Gott hat seine Weisheit kundgetan, aber die Menschen haben ihn in all ihrer Weisheit nicht begriffen. So rettet nun Gott durch die Torheit der Botschaft vom gekreuzigten Jesus die, die sich ihm anvertrauen. Die Juden wollen Wunder sehen, die Griechen tiefsinnige Gedanken hören. Aber wenn

Gott töricht scheint, ist er noch lange weiser, und wenn er schwach scheint, noch lange stärker als die Menschen« (1. Korinther 1,21–25). Die Welt also, wenn sie zu Gott in Widerspruch gerät, wird zu einer Zone des Zwielichts, wo Wissen zur Unwissenheit wird, Torheit zur Weisheit, Stärke zu Schwachheit und Schwachheit zu Kraft. »Meine Kraft«, hört Paulus von Gott, »ist in den Schwachen mächtig« (2. Korinther 12,9). Die viel kritisierten »Widersprüche in der Bibel« sind weithin die Widersprüche, die die Wirklichkeit dieser Welt an sich trägt.

Das »Liebesgebot« wird von vielen anerkannt und als richtig beurteilt, die im übrigen mit dem christlichen Glauben nichts anfangen können. Aber was ist dieses Liebesgebot? Es ist ein Gebot. Es setzt ein mit: »Du sollst!« Aber kann man Liebe gebieten? Ist ein Gebot, das Liebe vorschreibt, nicht ein Widerspruch in sich selbst? Hat nicht die Liebe ihre Schönheit und Würde gerade darin, dass sie nicht in ein Gebot gefasst werden kann, sondern spontan, frei und fantasiereich fließt? Wenn jemand wirklich nach den Worten Jesu leben will, lebt er eine der »Verrücktheiten«, zu denen es kommt, wenn einer das Leben liebt, wenn er die Menschen liebt, wenn er den freien Blick in die Zukunft liebt, wenn er es liebt, die Welt für die Menschen zu verändern, und dabei weiß, dass er nicht die Welt verändern wird, sondern zunächst einmal sich selbst. Und wenn er zugleich weiß, dass er sich selbst nicht und nie verändern wird, dass er vielmehr immer nur von etwas verändert werden kann, dem er offen begegnet. Im Grunde spricht das »Liebesgebot« gerade nicht das Liebesgefühl an, das aus dem Herzen kommt, sondern allenfalls die Praxis von Sorgfalt und Achtsamkeit, mit der einer mit den Menschen umgeht. Alles, was tiefer ist im wirklichen Lieben, atmet eine Freiheit, die kein Gebot erträgt. Gott kann man, wenn man ein Gebot befolgen will, respektieren. Aber lieben? Wer Gott lieben will, muss einen Gott wahrnehmen, der ihn liebt, nicht einen, den zu lieben er verpflichtet ist.

Jesus sagt: Lebe nach dem Gesetz, das Gott gestiftet hat. Solange die Erde steht, wird von diesem Gesetz kein Buchstabe wegfallen. Es wird alles gültig bleiben. Aber bilde dir nicht ein, du könnest das Gesetz Gottes erfüllen. Lebe also ohne Gesetz. Lebe aus der Liebe zu Gott. Aber auch die kannst du nicht leisten. Du müsstest dazu völlig frei sein von dir selbst. Und immer liegt zwischen beidem, dem Können und dem Nichtkönnen, das Geheimnis eines glücklichen Lebens. »Liebe deinen Nächsten wie dich selbst.« Um das aber zu können, müsstest du dich selbst völlig zurückgestellt haben. Du merkst aber, dass du es nicht kannst. Und Paulus formuliert so: Lass deine moralische Selbstüberforderung los. Sie bringt nichts. Und nimm hin, dass du die Gnade Gottes nicht verdienen kannst. Wenn du das könntest, wäre die Gnade ein Widerspruch in sich selbst. Lebe als freier Mensch aus dem Geist Gottes. Liebe mit der Hoffnung, dass Gott dich zu einem liebenden Menschen macht. Das ist der freie Weg, den Jesus denen zeigt, die ihre Widersprüche mit sich herumschleppen. Solange wir das nicht sehen, ist der Weg, den Jesus zeigt, unendlich schwer, ja im Grunde unmöglich. Sobald wir zusammensehen, was nicht zusammen zu passen scheint, wird er leicht und einfach, und wir können ihn sorglos gehen.

Und noch eins: Wir sind gewohnt, die Seligpreisungen so zu lesen, dass auf die Not der Gegenwart eine spätere Belohnung tröstend folgt. Wenn es aber zutreffen sollte, dass die Gegenwart und die Zukunft im Denken Jesu keine scharfen Gegensätze sind, sondern immer wieder ineinander fließen, dann rücken für unser Verstehen auch das Glück der Seligpreisungen und die gegenwärtige Not in die Gleichzeitigkeit.

Was meint denn »Selig sind« in diesem Zusammenhang? Es meint: »ein Glückwunsch denen« oder: »mit Gott und sich selbst eins sind …« oder: »Den Sinn ihres Lebens finden, die…« oder wie immer wir es umschreiben wollen. Wir lesen also: Selig sind, die arm sind vor Gott und alles von ihm erwarten. Sie leben jetzt schon aus der Fülle. Selig, die Leid tragen, denn die Liebe Gottes ist ihnen nahe. Selig, die geduldig sind und hoffen. Ihnen kommt entgegen, was sie nötig haben. Selig, die nach Gerechtigkeit hungert, sie leben von Gottes Gerechtigkeit. Selig die Barmherzigen. Sie sind Instrumente der Barmherzigkeit Gottes und empfangen sie von ihm. Selig, denen Gott ein reines Herz gibt. Sie schauen Gott in allen Dingen. Selig, die Frieden schaffen. Sie tun das Werk Gottes. Sie sind seine Beauftragten, das heißt seine Töchter und Söhne. Selig, die verfolgt werden. Ihr Schicksal spielt sich ab innerhalb des Schicksals des Gottesreiches unter den Menschen, und sie sind wie das Gottesreich frei und unbedroht.

So lesen wir auch etwa den berühmten Spruch: »Wer sich selbst erhöht, der wird erniedrigt« (Lukas 14,11): Wer sich selbst erhöht, erniedrigt sich selbst eben dadurch. Es folgt für ihn nicht im anderen Leben die Bestrafung oder die Belohnung, sondern das eine und das andere geschieht zugleich. Oder: »Wer hat, dem wird gegeben« (Matthäus 5,12). Nicht später, sondern jetzt. Wer hören kann, hört mehr. Wer versteht, was Jesus ihm sagt, wird dadurch mehr verstehen.

Die Widersprüche, die wir entdecken, sind ganz allgemein im Leben das Merkmal dafür, dass wir anfangen, die Wirklichkeit zu begreifen, wie sie ist. Im Zen-Buddhismus pflegt man die Kunst des Koan. Ein Koan ist ein Meditationswort, das einen unauflöslichen Widerspruch in sich hat. Es hat den Sinn, den Meditierenden in die Ausweglosigkeit zu führen oder an die Grenzen seines geistigen Vermögens. Aber es ist ein Widerspruch, der nicht erdacht ist, sondern aus der Erfahrung der Wirklichkeit gewonnen wird. Das Koan kann nicht mit einer Lösung beantwortet werden. Es erfordert vielmehr den Sprung auf eine andere Ebene des Denkens. Eines der berühmtesten Koans ist die Aufforderung: »Höre das Klatschen der einen Hand.« Wie aber soll eine einzelne Hand klatschen? Oder: »Was würdest du tun, wenn du nichts mehr tun könntest?«

Solche »Koans« finden wir auch immer wieder in den Reden Jesu. Er sagt zum Beispiel: »Wer nicht hat, dem wird auch genommen, was er hat.« Hat er nun oder nicht? Ein Koan im Zen lautet ähnlich: »Wenn du einen Stock hast, gebe ich dir einen. Wenn du keinen hast, nehme ich ihn dir weg.« Was gibt es wegzunehmen? Das Zen sagt: »Du stehst auf der Spitze eines Berges über einem Abgrund. Wenn du leben willst, dann lass den Halt los, den du hast.« Johannes vom Kreuz sagt es so: »Wenn jemand des Weges, auf dem er geht, sicher sein will, muss er die Augen schließen und im Dunkeln gehen.« Im Tao te King lesen wir: »Das vollkommene Viereck hat keine Ecken.« Jesus sagt: »Wer sein Leben liebt, verliert es dabei.« »Wer sein Leben hergibt, gewinnt es eben damit.« Paulus treibt diese Kunst des unauflöslichen Widerspruchs auf die Spitze, indem er uns auffordert: »Schafft, dass ihr selig werdet, mit Furcht und Zittern. Denn (!) Gott ist es, der beides in euch schafft, das Wollen und das Vollbringen.« (Philipper 2,12)

Man mag etwas wie ein Koan vor sich sehen, wenn Jesus einerseits sagt: »Kommt zu mir, ihr Lastträger. Was ich euch zu tragen gebe, drückt nicht. Meine Anweisung ist leicht zu erfüllen« (Matthäus 11,28–30). Und andererseits: »Die Tür ist eng, der Weg ist schmal, die zum Leben führen, und wenige finden sie« (Matthäus 7,14). Was soll nun gelten? Ist, was Jesus fordert, leicht oder schwer? Ist es aussichtsreich oder hoffnungslos ungangbar? Er sagt zugleich: »Für Menschen ist es unmöglich« und »den Kindern gelingt es«.

Simone Weil sagt: »Widersprüche sind das Kennzeichen dafür, dass einer von der Wirklichkeit redet.« Denn die Wirklichkeit passt in keinen Verstand. Unser Leben ist insgesamt ein Rätsel, das nicht darauf angelegt ist, von unserem Verstand gelöst zu werden. Wer darum nur mit seinem wissenschaftlichen oder unwissenschaftlichen, zum Beispiel mit seinem »gesunden Menschenverstand« an das Leben herangeht, wird ihm nicht auf die Spur kommen. Und mit der Gestalt Jesu wird ihm dies erst recht nicht gelingen. Das Leben ist unlogisch. Es beugt sich nicht dem Machtanspruch oder den Regeln des menschlichen Denkens. Es zeigt sich dem aufmerksamen Herzen immer so, dass seine Widersprüche sich nicht lösen. Die Wahrheit des Daseins liegt jenseits seiner Grenzen. Wir werden die Welträtsel nicht lösen, aber wir werden das Rätselhafte umso deutlicher wahrnehmen, je mehr wir bereit sind, uns zu wandeln oder wandeln zu lassen. Was Jesus sagt, lässt sich nicht in eine Philosophie fassen, die einer menschlichen Logik folgt, es lässt sich aber wohl auf einem Lebensweg erfassen, den wir mit offenen Augen und Ohren gehen. Es wird sich als Frucht von viel Bemühung ergeben. Oder nein: Es wird uns als ein reines Geschenk Gottes gegeben. Oder nicht? Oder doch?

Und so kehrt Jesus einige entscheidende Sätze um. Normal gedacht geht die Reihenfolge so: Ein Mensch soll etwas Gutes tun. Wenn er es tut, wird er besser, als er war. Er wird dadurch, dass er gerecht handelt, ein Gerechter. Jesus sagt es umgekehrt: »Ist der Baum gesund, so wird auch seine Frucht gesund sein. Ist der Baum faul, ist auch seine Frucht faul« (Matthäus 12,33). »An der Frucht erkennt man den Baum.« Das heißt: Nicht der Mensch wird gut, indem er das Gute tut. Sondern umgekehrt: Er ist fähig, das Gute zu tun, wenn und weil er schon gut ist. Nicht sein Tun macht den Menschen gerecht, sondern erst der gerechte Mensch ist fähig, das Gerechte zu tun. Er ist aber, und das ist eine verhängnisvolle Tatsache, verantwortlich für sein Tun, also für seinen innern Zustand, in dem er an sein Tun herangeht.

Jesus weist uns auch auf die Aussichtslosigkeit hin, die unseren Bemühungen eigen ist. Er sagt: Du musst dich gegen deinen Feind wehren. Natürlich. Aber sei dir darüber im klaren, dass niemals der Feind der Vertreter der Finsternis ist und du der Vertreter des Lichts. Die Finsternis ist auch in dir. Natürlich musst du unterscheiden zwischen einem Menschen und einem Unmenschen. Aber vergiss nicht: Auch der Unmensch ist ein Mensch. Die Wirklichkeit ist ein einziger Widerspruch. Und was ich dir zeige, das ist, wie du mit den Widersprüchen auf eine andere als die normale Weise, nämlich auf eine sinnvolle, umgehst.

Drei Maßstäbe sind für seine Anweisungen charakteristisch

Handle so, dass du dein Ziel erreichst

Ein besonderer Zug bei Jesus fällt immer wieder auf. Es gibt Gleichnisse oder Anweisungen bei ihm, die uns nicht recht gefallen wollen, weil sie aus einem Milieu gegriffen sind, das wir zwar kennen, das uns aber für religiöse Rede ungeeignet scheint. Es oszilliert bei ihm vieles so unmittelbar zwischen Verbrechermilieu und Frömmigkeit, dass wir es nicht recht zusammenbringen; zwischen Radikalität einerseits, bewahrender Weisheit andererseits, zwischen schonungsloser Menschenkenntnis und moralischer Anweisung. Jesus sieht die Wirklichkeit unter den Menschen in ihrer ganzen Banalität und Brutalität und geht von hier aus, ohne das Thema zu wechseln, zur religiösen Aussage über.

Und er verurteilt dabei die Wirklichkeit nicht. Er fragt, wie ein Mensch in den Zwängen, die ihn festhalten, handeln könne, er findet Lösungen, wie ein Mensch in seiner Situation sie finden kann, um zu irgendeinem Erfolg zu kommen, und macht sie zum Maßstab auch für das Verhalten eines Menschen gegenüber Gott.

Er sagt: »Wer hat, dem wird gegeben. Wer nicht hat, dem wird man auch das noch nehmen, was er hat.« So ist es! Schaut euch um! So geht es zu! So ist es üblich zwischen den Großgrundbesitzern und den Bauern. So ist es zwischen den Etablierten und den am Rand Lebenden. So ist es mit dem Geld. Wer Geld hat, streicht Zinsen ein. Wer kein Geld hat, zahlt für seine Schulden. Was uns regiert, ist der platte Kapitalismus. Da es so ist, muss ich es hinnehmen. Ich muss denken wie ein Kapitalist. Was kann ich denn einsetzen, damit mein Leben gelingt? Antwort: Wenn ich von mir nur wenig einsetze, gewinne ich wenig. Wenn ich das Ganze riskiere, kann ich das Ganze gewinnen. Wenn ihr das Reich Gottes gewinnen wollt, dann habt ihr nur redliche Chancen, wenn ihr alles einsetzt, was ihr seid und was ihr habt. Setzt ihr euch nur halb ein, so könnt ihr euer Geld nur verlieren. Am Ende werdet ihr ohne Geld und ohne geistlichen Gewinn dastehen. Es gibt keine halbe Schwangerschaft und keine halbe Bemühung um das Gottesreich.

Er sagt: Ihr wisst, euer Leben hängt weitgehend vom Geld ab. Der eine legt sein Geld günstig an, der andere verbraucht es. Der eine verstaut es unter dem Bett oder im Strumpf, der andere legt es in festverzinslichen Wertpapieren an. Dem einen wird es gestohlen, der andere erlebt die Pleite seiner Bank. Der eine kauft ein Grundstück, der andere fällt einer Inflation zum Opfer. Das ist so. Und in den inneren Fragen ist es nicht anders. Was ihr habt, was euch reich macht, das legt auf eine Weise an, die euer Eigentum sichert für die Zeit nach dem Umbruch, der »Reich Gottes« heißt: »Macht euren Besitz zu Geld und wandelt das Geld in Barmherzigkeit. Macht euch Vorratstruhen, die nicht moderig werden. Schafft euch ein Vermögen, das nicht abnimmt, weil es im Himmel gesammelt ist, wo nicht der Dieb hereinschleicht und die Motte nicht an euren schönen Kleidern frisst. Denn wo euer Schatz ist, da wird auch euer Herz sein« (Lukas 12,33 f.).

Wenn einer eine Bank ausrauben will, muss er zuerst die Angestellten als Geiseln nehmen. Wenn er die allein stehende Villa im Auge hat, muss er erst die alte Dame, die dort wohnt, knebeln und an einen Stuhl binden, wenn er an den Safe hinter dem Bild ihrer Ahnen kommen will. Das ist zweckmäßig, wenn er nämlich zum Ziel kommen will. Jesus sagt: »Es ist doch nicht denkbar, dass jemand in die Burg eines Starken eindringt und ihm seinen Hausrat raubt, wenn er nicht vorher den Besitzer überwältigt und gebunden hat! Dann erst kann er sein Haus ausrauben« (Matthäus 12,29). Es fragt sich immer, was du willst. Danach muss sich das Verfahren richten.

Er sagt: Wenn du aufsteigen willst in der Hierarchie der Wirtschaft, dann tue eine gute Zeit lang eine nützliche und erfolgreiche Kleinarbeit, die deinem Chef zugute kommt. »Wer mit kleinen Dingen sachgemäß umgeht, tut es wahrscheinlich auch mit großen. Und wer mit dem Einfachen nicht umgehen kann, kann es auch nicht mit dem, was schwierig und kompliziert ist. Wenn ihr also nicht wisst, was ihr mit dem trügerischen Geld tun sollt, wird man euch das wahre Gut nicht anvertrauen. Und wenn ihr mit dem, was euch nicht gehört, sondern nur für kurze Zeit in eurer Hand liegt, nicht sinnvoll umgeht, wer will euch anvertrauen, was euch als euer Eigenstes zugedacht ist?« (Lukas 16,10–12). Ob dir das gefällt oder nicht – so geht es zu. Richte dich danach.

Einmal erzählte er folgende Geschichte: »Ein Großgrundbesitzer hatte einen Verwalter. Über den wurde ihm berichtet, er veruntreue ihm sein Vermögen. Er ließ ihn kommen: ›Ich höre böse Dinge über dich! Lege deine Kasse und deine Bücher zur Prüfung vor, denn ich fürchte, dass du deinen Posten nicht behalten kannst!‹ Da überlegte der Verwalter hin und her: ›Was soll ich tun? Meine Stellung ist verloren. Auf dem Acker arbeiten kann ich nicht. Betteln mag ich nicht. Ich weiß es: Ich habe noch das Recht, Verträge abzuschließen. Ich muss erreichen, dass ich später Freunde habe, die für mich sorgen!‹ Und er holte die Verträge heraus, die er mit seinen Pächtern abgeschlossen hatte, und rief die Pächter einzeln zu sich. Den ersten fragte er: ›Wie hoch ist deine Pacht?‹ Der sagte: ›Hundert Fass Öl.‹ Da antwortete der Verwalter:

›Hier, nimm deinen Pachtvertrag! Wir schließen einen neuen über fünfzig.‹ Danach kam der zweite. ›Wie hoch ist deine Pacht?‹, fragte er ihn. ›Hundert Sack Weizen‹, war die Antwort. ›Gut. Nimm deinen Vertrag. Wir schließen einen neuen über achtzig.‹ Davon erfuhr der Besitzer, und er lachte: ›Das ist doch ein Schlitzohr! Warum soll ich den entlassen? Nie wieder finde ich einen Verwalter von dieser Geschicklichkeit!‹« (Lukas 16,1–8). Und Jesus lachte wie er. Warum wohl? Über sein Gleichnis sagte er danach: »Die Kinder der Welt sind eben klüger als die Söhne des Lichts. Und ich sage euch: Macht euch Freunde mit dem Geld, dem schmutzigen, damit ihr, wenn ihr gestorben seid, Freunde habt, die vor Gott für euch sprechen« (Lukas 16,8 f.).

Was will Jesus sagen? Die »Söhne des Lichts« – wie sich die Essener nannten – meinen, es sei das Geld, das die Menschen verunreinigt. Aber ich will euch einen Menschen zeigen, der mit Geld umgehen kann, weil er sich nicht vor ihm fürchtet. Er sorgt dafür, dass er später Freunde hat, die ihn aufnehmen in ihre Häuser. Ein »Kind der Welt«, oder gar, wie sie auch sagten, ein »Sohn der Finsternis« – das war Jesus selbst in den Augen der Essener. Aber in Wahrheit ist der »Sohn der Finsternis klüger als die Söhne des Lichts«.

Oder er sagt: Schaut euch um! Wie kommt einer an die Macht? Er kann einen Krieg führen, einen Aufstand organisieren, er kann putschen. So ist es doch! Nehmt euch ein Beispiel! »Seit den Tagen des Johannes drängen die Menschen mit mir zusammen in das Reich Gottes hinein. Und sie tun es mit Gewalt. Unsere Gegner nennen uns Gewalttäter, die nicht warten wollen, bis das Reich Gottes irgendwann kommt, sondern es heute an sich reißen« (Matthäus 11,12). Und das, genau das, wollen wir tun!

Er sagt in seinem Gleichnis vom verlorenen Sohn: Der junge Mann saß bei den Schweinen; er hungerte. Er war am Zugrundegehen. Da beschloss er, nach Hause zurückzukehren. Er hatte keine edlen Motive. Es war nicht so, dass er seine Eltern plötzlich so sehr geliebt hätte, dass er sie hätte aufsuchen wollen. Nein, er hatte Hunger, und er wusste: Zu Hause gibt es Brot. Sie können mich nicht gut verhungern lassen. Schließlich bin ich ihr Sohn. Er tut, was in seiner Lage zweckmäßig ist: Er geht nach Hause. Und er tut recht daran.

Jesus erzählt von jenem Grundbesitzer, der einen Feigenbaum für nutzlos hielt, weil keine Feigen an ihm zu finden waren, und seinen Gärtner anwies: »Hau ihn ab! Wozu steht er hier herum?« Der Gärtner sagt: »Lass ihn noch dieses Jahr. Ich will um ihn her aufgraben und ihn düngen. Vielleicht bringt er danach Frucht.« Es ist vielleicht nicht Liebe zu diesem speziellen Baum, was den Gärtner bewegt, für den Baum einzutreten. Es ist wohl mehr die reine Nützlichkeitserwägung: Man hat von einem Baum mehr, wenn man etwas für ihn tut, als wenn man ihn abhaut. Wenn Gott euch aber das Leben gibt, wenn er für euch sorgt, wenn er euch schützt, dann seht zu, dass bei eurem Leben etwas herauskommt. (Lukas 13,6) Er sagt: »Wer sein Leben erhalten will, wird es verlieren, wer es einsetzt und zum Opfer bereit ist, wird es gewinnen.« Das ist genau die Melodie der Reden, die die Feldherrn der alten Welt an ihre Soldaten vor der Schlacht richteten. Wer sich scheut, dem Gegner in die Augen zu sehen, wird erschlagen. Wer sein Leben riskiert und angreift, kann gewinnen. Also greift an! Mit dem bloßen Schützen der eigenen Person kommt ihr nicht zum Sieg!

Was wir bei all dem bedenken müssen, das ist: Es gibt für Jesus keine Trennung zwischen Diesseits und Jenseits, keine Trennung zwischen Zeit und Ewigkeit. Die Welt ist eine, und was in der einen, etwa der diesseitigen, Welt geschieht, geschieht immer zugleich in der anderen, der jenseitigen. Was hier entschieden wird, gilt dort. Was es an Lebensgesetzen oder Spielregeln in dieser Welt gibt, kann man ohne weiteres für die unsichtbare Seite der Welt voraussagen. Das Leben besteht auch nicht aus einem gegenwärtigen und einem zukünftigen Teil. Es ist vielmehr durchgehend und grundsätzlich zukünftig, denn die Gegenwart läuft ständig unaufhaltsam in die Zukunft hinüber. Was also Sinn und Wert hat, das ist das, was in die Zukunft trägt, was in der Zukunft gilt, was in der Zukunft seinen Wert behält. Die Zukunft aber ist das Reich Gottes, eine neue, nicht mehr in Diesseits und Jenseits geteilte, sondern ganze Welt. Christlicher Glaube findet darum nie außerhalb der Wirklichkeit statt. Er verändert sie vielmehr. Er schafft die Überwindung ihrer zwingenden Macht.

Und darum zeichnet Jesus in seinen Gleichnissen nicht eine Galerie von Vorbildern, sondern Menschentypen, wie sie tatsächlich leben, die das Zweckmäßige tun, das Nützliche, das Erfolgreiche, das Tragfähige. Und immer ist das Entscheidende, das in ihrem Tun zum Ausdruck kommt, der ganze Einsatz, und ihn schildert Jesus mit seinen Bildern von Ganoven, Verbrechern, Herrschern, Knechten oder geschickten Untergebenen. Der Mensch steht zwischen dem Augenblick und dem Reich Gottes, und Jesus zeigt ihm, was er tun muss, damit sein Warten Sinn hat, damit sein Leben gelingt, damit er gewinnt, was angesichts des Reiches Gottes zu gewinnen ist. Gerade in dem banalen Realismus, den Jesus in seinen Geschichten zeichnet, zeigt er den geistlichen Weg, den der gehen soll, der das Reich Gottes gewinnen will.

Handle erst, wenn du nachgedacht hast

Manche dieser Anweisungen werden wir heute als richtig oder auch als erstaunlich aktuell empfinden, aber wir geraten bei Jesus eben doch auch an Worte, die uns nicht praktikabel scheinen wollen. Er schildert zum Beispiel, auf welche Weise wir in einer Welt des Streits und der Kriege auf das Gottesreich vorausgreifen könnten, also tun, was in der Zukunft greifen wird.

»Ihr wisst, dass das Gesetz sagt: Auge um Auge, Zahn um Zahn.« Es fordert also, dass die Rache nicht blutiger sein darf als das erlittene Unrecht. »Ich aber sage euch: Ihr sollt dem Bösen nicht mit seinen eigenen Mitteln begegnen. Wenn dich jemand auf die rechte Backe schlägt, dann biete ihm auch die linke« (2. Mose 31,24 / Matthäus 5,38).

Der Schlag mit der rechten Hand auf die rechte Backe war ein Schlag mit dem Handrücken. Dieser Schlag galt nicht nur als Angriff, sondern vor allem als schwer wiegende Beleidigung. Wer sich einen solchen Schlag gefallen ließ, wurde von Freund und Feind verachtet. Dem also, der dich so entehrend schlägt, gib die Erlaubnis, dich auch wirklich und mit aller Kraft anzugreifen. Vielleicht wird er es nicht tun. Verzichte also dem Bösen gegenüber auf das Mittel, dessen sich der Böse bedient, nämlich die Gewalt.

Es muss uns klar sein, dass dies eine Weisung gerade nicht für schwache Menschen ist, sondern für starke. Wenn der Ängstliche ihr nachkommen will, wird er nichts erreichen. Sie ist ein Weg für starke und wissende Menschen, die die Spirale der immer weitergehenden Gewalt und Gegengewalt in ihrer Sinnlosigkeit erkannt haben. Sie nehmen eine Kraft in Anspruch, die von weiter herkommt als aus ihren eigenen Reserven. Gewaltlosigkeit ist ein Vorgriff, ein verwegener und gefährlicher, auf den Frieden, der gesucht werden muss, will die Menschheit ihre uralten Phrasen vom »gerechten Krieg« überleben. Sie gründet nicht auf dem Optimismus, dass alles gut ausgehen wird, sondern auf der Überzeugung, dass etwas Sinn hat unabhängig davon, wie es ausgeht.

»Der Krieg ist der Vater aller Dinge«, sagte Heraklit. Das ist wahr; vor allem der Vater immer neu entstehender Kriege. Wenn Jesus vom Verzicht auf Gewalt redet, dann sagt er es vor eminent politischem Hintergrund. Unter den Bergen, über die er ging oder auf denen er saß und redete, waren die Höhlen der Partisanen. Ihnen sagte er (und sie hörten ihm in der Runde der Menschen unerkannt zu): Ihr wollt den Aufstand? Ich nicht. Ich will etwas anderes: Dass ihr aufsteht! Ich will, dass ihr euch aus eurer Verzweiflung erhebt und ein Bild der Zukunft schaut, das eurer Gewalt nicht bedarf. Oder wollt ihr, dass ihr eure Feinde massakriert mit der Folge, dass ihr selbst von euren Feinden massakriert werdet? Ich will, dass ihr euch aus euren ideologischen Verhärtungen löst und eine Hoffnung fasst. Ihr kennt nur die Angst und den Hass. Geht frei auf die zu, die ihr fürchtet oder hasst, und lasst die politische und militärische Illusion hinter euch.

Aber schon vor und nach der Zeit Jesu war der gewaltlose Einsatz in gefährlichen Situationen durchaus bewährt. Kurz vor seinem Auftreten gab es eine gewaltlose Demonstration gegen Pilatus, als der ein Kaiserstandbild im Tempel in Jerusalem aufstellen lassen wollte. Der jüdische Geschichtsschreiber Josephus berichtet, die Juden hätten den Palast des Pilatus umringt und dort fünf Tage und fünf Nächte auf den Knien gelegen, ohne sich wegzubewegen. Pilatus ließ sie von drei Reihen Soldaten umzingeln und drohte, sie zu töten. »Die Juden aber warfen sich dicht gedrängt auf den Boden, boten ihren Nacken dar und schrien, sie seien eher bereit zu sterben, als dass sie die Gesetze ihrer Väter schänden ließen. Zutiefst erstaunt über die Glut ihrer Frömmigkeit ließ Pilatus das Standbild sofort aus Jerusalem entfernen« (Josephus: Der jüdische Krieg, 2,174). Kurze Zeit danach sagte Jesus sein Wort von der Gewaltlosigkeit. Noch einmal geschah dasselbe unter Kaiser Caligula, dreizehn Jahre nach Jesu Tod. Und wieder überwanden die Juden die römische Macht auf gewaltlosem Wege. »Wollt ihr«, fragte der Statthalter, »mit dem Kaiser Krieg führen, ohne an seine Rüstung und an eure Ohnmacht zu denken?« Sie entgegneten: »Wir wollen ganz und gar keinen Krieg führen, sondern lieber sterben, als unserem Gesetz entgegenhandeln.« Schließlich gab der römische Staat nach (Josephus: Altertümer, 18,271).

Jesu Gedanke von der Gewaltlosigkeit in der Politik heißt: ohne Furcht gütig sein. Ohne Hass klar in der Sprache. So gerecht, dass der Andere sich ändern kann. So selbstkritisch, dass aus dem Anderen kein Teufel wird. So geduldig, dass er sein Gesicht nicht zu verlieren braucht. Gewaltlosigkeit heißt, von Gerechtigkeit so sprechen, dass das Gegenüber nicht in die Ecke des Ungerechten gestellt wird, von Frieden so, dass nicht der einen Seite die Schuld beider zugeschoben wird. Einen Alleinschuldigen gibt es so gut wie nirgends auf der Welt. Man wird nach den Gründen der Schwierigkeiten fragen und dem Gegner zubilligen, dass er vertretbare Gründe hat. Denn das trifft vermutlich zu.

Ein freier Mensch ist, wer seinen Gegner gewinnt, nicht der, der ihn vernichtet. Seinen Gegner gewinnt der Geduldige, der wehrlos Gütige. Ein Eisberg ist durch das warme Meer stärker bedroht als das Meer durch den Eisberg. Wer einen Schlüssel hat, der Türen öffnet, braucht nicht durch die Wand zu gehen. Seit sechzehnhundert Jahren haben die Christen unzählige »gerechte« und vor allem ungerechte Kriege geführt. Wie wäre es, wenn sie statt dessen künftig den Völkern der Erde zeigten, wie eine weise Politik aussieht? Jesus sagt jedenfalls: »Der Glaube an die Waffe tötet den, der sie trägt« (Matthäus 26,52). Wenn die Welt in Waffen steht, stirbt die Welt an der Waffe.

»Und Jesus ging auf einen Berg und setzte sich; und seine Jünger traten zu ihm. Und er lehrte sie und sprach: ›Liebet eure Feinde! Segnet, die euch fluchen! Tut denen wohl, die euch hassen!‹« (Matthäus 5,1.44).

Zu der Zeit, als Jesus so sprach, war Galiläa nicht nur ein Zentrum von Gesetzesschulen und Synagogen, in denen die Thorarollen, festlich gekleidet, als kostbarstes Gut in den Schreinen standen, sondern auch ein unerschöpfliches Reservoir von Partisanen, die um des Gesetzes der Väter und um der Freiheit willen in den Untergrund gingen, jederzeit bereit, sich gegen ihre Unterdrücker zu erheben, ob es die Römer waren oder die Könige ihres eigenen Landes.

Josephus, ein jüdischer Geschichtsschreiber jener Zeit, schreibt: »Ihre Standhaftigkeit, ihre Entschlossenheit, ihre Seelenstärke erregten allgemeine Bewunderung.« Dass sie am Ende gekreuzigt wurden, gehörte für die Freiheitskämpfer des Galil schon wie selbstverständlich zum Stil ihres Einsatzes.

Jesus hatte es also nicht nur mit Schriftgelehrten und Pharisäern zu tun, sondern auch mit den Kommandos der Freiheitskämpfer, und wenn er vom Gottesreich sprach, dann im scharfen Kontrast zu den Aufständischen, die in den Dörfern wohnten oder ihm in den Synagogen zuhörten und die, wenn ihnen die Römer auf den Fersen waren, sich in die Höhlen zurückzogen, die hier überall zwischen den Dörfern die Felsen durchziehen.

Das Taubental liegt am Ufer bei Magdala. Es hat seinen Namen von den Tausenden von Tauben, die in den Löchern und Spalten der Felswände nisten. Und es hat seine geschichtliche Bedeutung dadurch, dass es durch Jahrtausende hin immer wieder den Verfolgten und Bedrängten dieses Landes Schutz geboten hat. Hierher zogen sich auch die Freiheitskämpfer zurück, die sich kurz vor der Zeit Jesu gegen Herodes erhoben. In diesen Löchern fanden sie und ihre Familien Unterschlupf, bis Herodes Feuer in die Höhlen warf und sie umbrachte. Und neben dem Taubental waren das Wadi Amud und viele andere Schluchten und Klüfte, Höhlen über Höhlen, Sammelort für Verschuldete, entlaufene Sklaven, Terroristen, Wegelagerer und Freiheitskämpfer, Menschen also, die von irgendeiner Macht gesucht wurden.

Man hat allzu lange behauptet, es sei leicht gewesen, im stillen, weltabgeschiedenen Galiläa, in der blumenreichen Idylle, den Politikern von Gewaltlosigkeit und Güte zum Feind zu reden. Wir wohnen, so sagte man, in Europa nicht in einer so sonnigen, feiertäglichen Nische der Weltgeschichte und können uns solche Träume nicht leisten. Wer sich aber die Situation klarmacht: die bewaffneten Nationalisten, der Sympathisantenkreis in den Dörfern und den Synagogen, an jeder Kontrollstelle römische Soldaten, in Tiberias ein misstrauischer König und kaum vier oder fünf Kilometer davon entfernt Jesus irgendwo auf einem Hügel mit der Forderung: »Liebet eure Feinde, tut wohl denen, die euch hassen«, der weiß, dass diese Worte nicht nur ihren konkreten Bezug hatten, dass vielmehr der, der so sprach, ein gefährliches Leben führte. Der das sagte, war kein Träumer, sondern ein politischer Mensch, der sein Leben riskierte, sei es durch die Angst der Mächtigen, sei es durch den Hass der Verfolgten. Denn in den Augen der Partisanen war Jesus mit seiner Rede von Gewaltlosigkeit auf alle Fälle ein Verräter an ihrer guten Sache.

Aber ebenso feindlich stand der König des Landes, Herodes Antipas, der Sohn des alten Herodes, Jesus gegenüber. Es ist ja ein alter Streitpunkt unter Christen, wie Jesus seiner Obrigkeit gegenübergestanden habe, vor allem auch, ob Paulus mit seinem Wort »ein jeder sei untertan der Obrigkeit, die Gewalt über ihn hat« (Römer 13,1) wirklich eine Weisung Jesu wiedergebe.

Wenn Jesus hier über den See fuhr oder vom Hafen von Kafarnaum nach Süden sah, lag die Hauptstadt seines Landes, Tiberias, breit am Ufer mit seinen hell leuchtenden Kalkstein- und Marmormauern, Türmen und Palästen.

»Damals kamen einige Pharisäer zu Jesus und sagten: ›Geh! Sieh zu, dass du dich entfernst! Herodes fahndet nach dir und will dich töten!‹ ›Sagt diesem Wolf‹, erwiderte Jesus, ›noch habe ich Zeit. Noch heile ich Menschen von ihren Leiden an Seele und Leib, heute und morgen. Am dritten Tag erst, wenn Gottes Stunde kommt, wird mein Werk vollendet sein. Aber ihr habt Recht. Ich muss auf dem Weg sein auf Jerusalem zu, heute und morgen und am dritten Tag, denn es geht nicht an, dass ein Beauftragter Gottes anderswo umkommt als in Jerusalem!‹« (Lukas 13,31–33).

»Was die Könige an den Menschen zerstören, das will ich heilen«, sagt Jesus. In unseren Bibeln wird im allgemeinen übersetzt: »Sagt diesem Fuchs: …« Wenn wir von einem Fuchs reden, meinen wir seine Gerissenheit und Schläue. Aber das ist nicht gemeint. Was dort Fuchs heißt, ist eine Art Wüstenwolf, ein für Mensch und Vieh gefährliches Raubtier. Und Jesus weiß: Auf irgendeine Weise werde ich als Opfer der Mächtigen enden. Es ist ihnen zu viel Freiheit, was ich den Menschen gebe. Es ist ihnen zu viel Unabhängigkeit. Das Gottesvolk, zu dem alle gehören sollen, ist mit den Vorstellungen der Mächtigen nicht zu vereinbaren.

Was Jesus den Reichen dieser Welt entgegensetzt, das sind nicht zuletzt seine schlichten Gleichnisse vom Wachstum des Gottesreiches. Gott hat etwas in diese Erde gesät. Es wird wachsen. Es wird reifen, und am Ende werden wir ernten, wie die Frauen auf den Hügeln von Galiläa mit ihren kurzen Sicheln ihre Frucht einbringen.

Was Jesus den Reichen dieser Welt entgegensetzt, das ist das Wissen, dass eine gestaltende Hand am Werk ist, die Hand Gottes, die den Blumen ihre Schönheit und den Vögeln am Himmel ihren Flug gegeben hat, und dass wir dieser Hand auch die Offenbarung der Wahrheit überlassen sollen. Wir sind es nicht, die dieser Welt ihr Ziel zeigen. Wir sind vielmehr selbst die, die sich als Werk Gottes und sein Werkzeug zugleich verstehen sollen wie die roten Anemonen Galiläas, die aus der Hand Gottes kommen und die gestaltende Kraft Gottes bekunden. Alles

Wichtige ist Gnade, und alles Wirksame ist letzten Endes Ausdruck des Vertrauens. Damit ist kein Staat zu machen.

Aber Jesus blieb dabei: Um der Menschen willen nach Gerechtigkeit suchen, ohne Gewalt anzuwenden, ohne Gewalt in Worte zu fassen und ohne Gedanken der Gewalt zu denken, das ist die letzte und aussichtsreichste Form, Verantwortung für andere Menschen zu übernehmen. Wer das versucht, zeigt, dass er willens ist, in dieser Welt mit anderen zusammen im Frieden zu leben. »Ihr habt gelernt«, sagt Jesus, »du sollst deinen Freund lieben und deinen Feind hassen. Ich aber sage euch: Zeigt euren Feinden, dass ihr sie liebt. Bittet Gott um seine Liebe für die, die euch verfolgen« (Matthäus 5,43f.). »Wünscht Segen denen, die euch die Hölle wünschen. Bittet für die, die euch beleidigen« (Lukas 6,27). »Wenn ihr für eure Feinde keine Güte habt, sondern nur die liebt, die euch lieben, was ist daran Besonderes? Das tut man auch unter denen, die Gott verachten. Das tun auch die römischen Legionäre, die euch zusammenschlagen. Euer Vater im Himmel lässt seine Sonne aufgehen über den Bösen und den Guten, und sendet seinen Regen den Gerechten und den Ungerechten. Gott ist einer und derselbe für die Guten wie für die Bösen. Seid wie er. Seid seine Söhne und Töchter. Seid ganze Menschen, die sich nicht teilen. Seid aus einem Stück, wie Gott ganz und der eine ist« (Matthäus 5,45–48).

Man hat diese Worte Jesu immer wieder nach allen Seiten aus der christlichen Praxis ausgegrenzt. Ein breites Sortiment amtlich abgesegneter Ausreden steht von alters her zur Verfügung. Man sagte: Feindesliebe – das gilt nicht für das äußere Leben, sondern nur für das innerliche. Oder: Das gilt nicht wörtlich, sondern nur übertragen. Oder: Das gilt nicht hier auf der Erde, sondern erst im Reich Gottes. Oder: Das gilt nicht im unruhigen Europa, sondern nur im friedlichen Galiläa. Oder: Das gilt nicht für die Normalmenschen, sondern für die Heiligen. Oder gar: Das gilt nicht für die Christen, sondern nur für Christus selbst.

Seit die Kirchengeschichte währt, währen auch die Ausflüchte. Kein Wunder, dass das Wort des Mannes von jenem Berg die christlichen Völker noch kaum je auf einen praktischen Weg geführt hat. Ich glaube, es sei Zeit, solche Worte neu zu lesen. Was ist denn ein Feind? Da mag es einen Menschen geben, der mir übel will. Aber der braucht durchaus noch nicht mein Feind zu sein. Wenn mir einer das Leben sauer macht, wenn er in allen wichtigen Fragen anders denkt als ich, ist er noch nicht mein Feind. Wenn er die politischen Verhältnisse in seinem Sinn ändern möchte, ist er noch nicht mein Feind. Selbst ein fremdes politisches System, das nach meiner Auffassung ungerecht ist, braucht noch nicht mein Feind zu sein.

Der »Feind« entsteht mit durch meinen Beitrag. Ich sage das als einer, der in fünf Jahren Krieg das eine und das andere gelernt hat. Der »Feind« setzt sich immer zusammen aus dem Menschen, der mir gegenübersteht, und aus dem, was ich selbst aus meinem seelischen Untergrund hervorhole und auf ihn ablade. Mir steht ein Mensch gegenüber. Das ist das eine. Von dem habe ich ein Bild. Das ist das andere. Das Bild, das ich mir mache, stammt aber zu einem guten Teil aus mir selbst. In mir selbst ist viel Gewalttätigkeit. Das mag ich aber nicht zugeben. So werfe ich die Gewalttätigkeit, die in mir ist, auf den Gegner und mache ihn zu einem Werkzeug der Gewalt. Ich leide, und vielleicht weiß ich nicht, woran. Das halte ich aber nicht aus. Deshalb suche ich die Ursache meines Leidens bei einem bösen Feind. Ich habe Angst und weiß nicht so recht, wovor. Also suche ich die Ursache meiner Angst bei einem bösen Feind. Und weil ich im Streit lebe mit mir selbst, wünsche ich auch, dass der Feind draußen umgebracht wird, eingesperrt oder ausgestoßen.

Hassen zu können, einen Feind zu haben, bedeutet eine gewisse Erleichterung. Ich bin ja nun nicht mehr durch das Böse gefährdet, das ich in mir selbst trage, denn das Böse ist draußen. Ist drüben. Im Osten. Drinnen in den Gefängnissen. Im Westen, bei den Kapitalisten. Über der Straße, bei den Gastarbeitern. Bei den Grünen. Bei der CDU. Bei den Arbeitgebern. Bei den bösen Nachbarn. Der Auswahl sind keine Grenzen gesetzt.

Liebt eure Feinde, sagt Jesus. Versucht zu verstehen, warum sie so denken wie sie denken. Versucht zu verstehen, warum sie sich vielleicht sogar vor euch fürchten. Es ist eine Frage der Klugheit, den Feind so zu lieben, dass man ihn versteht, und dieses Verstehen in die eigene Sicherheitspolitik einzubringen. Und es ist der einzige Weg, der zum Frieden führt. Verstehen von Angst und Ernstnehmen von Erinnerungen an frühere Erfahrungen, an politische Traumata der Geschichte sind unentbehrlich.

Den Feind »lieben« bedeutet, dass sich mir aus dem Feind der wirkliche Mensch herausschält. Der ist vielleicht in der Tat gefährlich. Er will vielleicht in der Tat, was ich nicht will. Er bedroht mich vielleicht wirklich. Aber ich kann ihn nun so sehen, wie er wirklich ist. Vielleicht wird dann sogar ein Gespräch möglich. Vielleicht stellt sich dann heraus, dass das, was der andere denkt, so ganz und gar verkehrt gar nicht ist.

Den Feind lieben heißt nicht, sich bei ihm anbiedern. Es heißt nicht, sich ihm unterwerfen. Aber es heißt sehen, dass der andere ein Mensch ist wie man selbst: fehlerhaft, verängstigt, irrend, an Interessen und Vorurteile gebunden. Wer Realpolitik treiben will und nicht ideologischen Träumen nachhängen, Politik, die nicht von Vorurteilen ausgeht, sondern vom konkreten Verstehen, der wird ohne diesen Versuch, den Gegner zu entdämonisieren, nicht zum Ziel kommen. Den Feind lieben, das heißt angesichts der Bedrohung: sich nicht blenden lassen, sich nicht belügen lassen, nicht in Panik geraten, nicht erstarren oder verhärten, nicht zynisch werden, sich nicht in eine Ideologie retten, sondern die Spannung aushalten zwischen der Bedrohung und dem Wissen um die Menschen. Den Feind lieben, das heißt: über die Feindschaft hinaus denken. Es heißt davon ausgehen, dass Feindschaft nicht bleiben muss und Streit sich beenden lässt.

Die Bergpredigt mit ihren berühmten Forderungen nach Gewaltlosigkeit und Feindesliebe und ihren so schönen und so weltfremden Seligpreisungen war nun zwei Jahrtausende lang die große Verlegenheit der christlichen Theologen und das Ziel des Spottes der Weltkinder. Heute stehen wir an einem Punkt, an dem wir erkennen: Dies, genau dies ist die realistische Anweisung für den künftigen Weg der Menschheit, wenn es denn überhaupt noch einen Weg geben soll. Denn Frieden ist nicht ein Idealzustand, sondern ein Prozess, in dem die Gerechtigkeit zu- und die Gewalt abnimmt. Ich lasse mir also nicht verbieten, weder von den Herrschenden dieser Erde noch auch von meiner eigenen Resignation, nach Gerechtigkeit auf dieser Erde Hunger zu empfinden. Und in der Tat hat, wenn ich von dem Christus weiß, der mir dies als den Weg zum Glück empfiehlt, nur die Bemühung um Gerechtigkeit, das heißt um Leben, wirklichen Sinn.

✻

Vielleicht können wir, was Jesus uns gezeigt hat, in Regeln fassen. Sie scheinen allesamt utopisch, sind aber die Wahrheit, die zum gelingenden Leben führt:

Scheue dich nicht, den Kürzeren zu ziehen.
Das ist der Weg zur Gerechtigkeit.

Lass dir etwas entgehen.
Das ist der Weg zur Rettung der Erde.

Verzichte darauf, immer siegen zu wollen.
Das ist der Weg zum Frieden.

Sorge nicht immer in erster Linie für dich selbst.
Das ist der Weg zum Glück.

Setze dein Leben für etwas Lohnendes ein,
das dir keinen Lohn verspricht.
Das ist der Weg zur Erfüllung.

Beuge dich nicht dem Zwang, dich ständig zu sichern.
Dann wird deine Zukunft nicht verbaut sein,
sondern offen und begehbar.

Verzichte darauf,
dich in allem selbst verwirklichen zu wollen.
So wirst du dich gewinnen.

Liebe! Das heißt: Lass dich los.
So wirst du dich in die Hand bekommen.

Wenn du solchen Regeln nachlebst,
bist du nicht weit von denen, die Jesus »glücklich« nennt.

Das entscheidende Maß ist ein Doppeltes: das Absteigen und das Lieben

Jesus hat aber im Grunde nur zwei Werte oder Maßstäbe, die für die ganze Länge und Breite unseres Denkens, unseres Urteilens, unseres Redens und Tuns gelten. Der eine lautet: Steige abwärts, bis du auf Augenhöhe bist mit dem, der dich braucht. Der andere: Dort unten gib deine ganze Liebe. Alles andere liegt in deiner Freiheit.

Als Grundmuster galt ihm die Tatsache, dass er selbst im Auftrag Gottes in die banale und bösartige Welt seiner Zeit abgestiegen sei. Dass also im Grunde Gott dabei der Absteigende sei, der uns nahe kam, und das aus Liebe zu uns. Paulus sah das klar, und er schreibt ein Lied in einem seiner Briefe, dem an die Leute in Philippi, nahe den Dardanellen. Er feiert darin den Abstieg Gottes im Bild des absteigenden Christus. Er schreibt: Jeder sei gesinnt wie Jesus Christus.

»Göttlich war Christus wie Gott.
Aber er bewahrte sich keine Macht
und behielt sein göttliches Wesen nicht.
Arm wurde er und machtlos.
Er nahm die Gestalt eines Knechtes an
und wurde ein Mensch unter Menschen.
In meiner Gestalt erschien er.
Tief stieg er hinab bis zum Tod,
ja bis zum Tod am Kreuz.
Darum hast du, Gott, ihn über alle emporgehoben
und setztest ihn über alles, was lebt,
über Menschen und Mächte.
Denn in ihm sollen sie alle sich finden

und seine Liebe erkennen im Himmel,
auf der Erde und unter der Erde.
Mit allen Stimmen sollen sie rufen:
›Jesus Christus, Haupt und Herz aller Welt!‹
Und dich, den Vater, rühmen und preisen.«
Philipper 2,5–11

Ob also ein Mensch nachvollzieht, was Jesus Christus getan hat, zeigt sich an seiner Fähigkeit, aufzugeben, was ihm irgendwelche Höhe oder Macht, Einsicht oder Reichtum, Geltung oder Rang brächte.

Einmal traten Jakobus und Johannes, die Söhne des Zebedäus, vor Jesus: »Meister, wir möchten gerne, dass du uns eine Bitte erfüllst!« »Und was soll ich tun?« »Gib uns das Vorrecht«, baten sie, »zu deiner Rechten und zu deiner Linken zu sitzen, wenn du dein Reich aufrichtest!« Jesus antwortete: »Ihr wisst nicht, was ihr redet. Könnt ihr den Becher des Leidens und des Todes bis zur Neige trinken, den ich trinken werde? Könnt ihr euch mit der Taufe taufen lassen, die mir zugedacht ist?« Sie erwiderten: »Das können wir!« Darauf Jesus: »Gut. Ihr werdet denselben Becher trinken wie ich und den gleichen Untergang im Wasser des Todes erleben wie ich. Wer aber zu meiner Rechten oder zu meiner Linken sitzen wird, das entscheide nicht ich. Diesen Platz erhalten die, für die er bestimmt ist.«

Die übrigen Zehn hörten das Gespräch mit an und ärgerten sich über Jakobus und Johannes. Da rief Jesus sie zusammen: »Ihr wisst, wie es zugeht! Die Machthaber regieren ihre Völker zugrunde. Die großen Männer missbrauchen ihre Gewalt. Unter euch soll es anders sein. Wer unter euch eine Rolle spielen will, der übernehme die Rolle des Dieners. Wer von euch eine leitende Verantwortung sucht, soll die Kleinarbeit eines Knechts tun. Denn auch ich bin nicht gekommen, damit mich andere bedienen, sondern um mich wie einen Knecht zu verbrauchen. Ich bin gekommen, mein Leben hinzugeben, wie man das Lösegeld gibt, mit dem man Sklaven freikauft« (Markus 10,35–45).

Dieses Maß, diese Forderung, auf den höheren Status zu verzichten, zieht sich durch das ganze Evangelium und spiegelt sich in den späteren Briefen der Apostel.

So spricht Jesus von den »Ersten« und den »Letzten« und ihrem Tausch. Als es darum ging, wer diejenigen seien, die als Erste das Gottesreich betreten würden, sagte Jesus: Viele, die als Erste zu mir kamen – und also einen höheren Anspruch an mich richten könnten –, werden die Letzten sein, und andere, die sich erst in letzter Stunde für mich entscheiden, die Ersten (Markus 10,31).

Im Gleichnis von den Arbeitern im Weinberg, wo Jesus von dem Weinbergbesitzer erzählt, der denen, die von der Morgenfrühe an gearbeitet hatten, und denen, die am späten Nachmittag noch mit ihrer Arbeit begannen, denselben Lohn zahlt, begründet der Besitzer seine Freiheit, dies zu tun, damit, dass er eben dieses Wort gebraucht: So werden die Ersten die Letzten sein und die Letzen die Ersten.

Ein andermal sagt Jesus dasselbe über die Fremden, die Nichtjuden, die den Vorrang gewinnen würden vor den mit Gott im Bund stehenden Juden (Lukas 13,30).

Das Urbild für den messianischen Beauftragten Gottes ist danach das Bild, das Sacharja von ihm zeichnet:

»Jerusalem! Freue dich sehr …
Schaue! Dein König kommt zu dir, ein Gerechter und ein Helfer!
Arm ist er. Und er reitet auf einem Esel,
auf einem Füllen der Eselin.«
Sacharja 9,9

Und Jesus nahm dieses Wort zum Muster, als er sich Jerusalem näherte. Er hat diesem Bild entsprochen in jener Szene, als er beim Abschiedsmahl mit seinen Jüngern ihnen die Füße wusch und als er den Dienst tat, den damals die Sklaven zu tun hatten.

Und in der Tat: Dieses Herabsteigen von einem Status ist das Zeichen einer großen Kraft und Freiheit.

✻

Das zweite Maß für das Handeln im Sinn Jesu ist das Lieben. Es ist keineswegs ein sentimentales Gefühl, sondern ein nüchternes Sich-Zuwenden, das sich der Situation und ihren Notwendigkeiten klar bewusst ist.

> Eines Tages kam ein Gelehrter zu Jesus
> und fragte: »Welches unter den Geboten Gottes
> gilt dir als das Wichtigste?«
>
> Da antwortete Jesus: »Liebe Gott
> mit ganzem Herzen, ganzer Seele,
> ganzem Gemüt und mit allen Kräften.
> Und liebe den Menschen neben dir
> wie dich selbst.«
>
> Der Mann bestätigte:
> »Meister, das ist wahr!«
> Als Jesus sah, dass er verständig antwortete,
> sagte er zu ihm: »Du bist schon nahe bei Gott.«
> *Markus 12,28–34*

Dieses zweite Maß, das Lieben, stellt Paulus nach dem, was er von Jesus wusste, in seinem »Hohenlied der Liebe« dar:

»Spräche ich in allen Sprachen der Menschen,
sänge ich mit den Stimmen der Engel
und liebte nicht,
ich wäre nichts als eine tönende Glocke
oder eine klingende Schelle.

Wüsste ich Gottes Gedanken,
schaute ich alle Geheimnisse,
hätte ich alle Einsicht,
versetzte ich Berge
in der Kraft meines Glaubens
und liebte nicht,
so wäre ich nichts.

Gäbe ich all meine Habe den Armen,
gäbe ich für Christus mein Leben hin
und liebte nicht,
es wäre vertan.

Die Liebe ist geduldig und freundlich,
sie kennt keine Eifersucht,
sie stellt sich nicht zur Schau.
Sie verletzt nicht. Sie greift nicht an.
Sie sucht keinen Gewinn.

Sie wird nicht bitter
durch bittere Erfahrung,
sie rechnet das Böse nicht zu.
Sie trauert über das Unrecht
und sie ist glücklich über die Wahrheit.
Die Liebe trägt alles. Sie glaubt alles.
Sie hofft alles.
Sie beugt sich der Last
und bleibt geduldig gebeugt …

Nun aber bleiben
Glaube, Hoffnung, Liebe,
diese drei.
Aber die größte unter ihnen
ist die Liebe.«
1. Korinther 13

Das also gilt: Liebe! Und zwar nicht »gütig« von oben herab, sondern mitleidend von unten. Der Abstieg muss der Liebe vorangegangen sein. Erst wenn du alle deine Ansprüche aufgegeben hast, erst wenn du neben dem stehst, der dich braucht, auf Augenhöhe, wird deine Liebe das sein können, was Gott von dir erwartet.

Auf dem Weg der absteigenden Liebe entsteht ethische Freiheit. Der Liebende ist unangreifbar. Er bedarf für sein Tun keiner Erlaubnis von irgendjemandem. Nirgends bleibt ein Gesetz, das vorschreibt, was getan werden darf und was nicht. Nirgends eine religiöse Vorschrift, nirgends eine Mehrheitsmeinung, die es vorschreibt. Aber es muss Liebe sein, was ihn treibt. Nicht jeder, der opfert, tut es liebend. Nicht jeder, der seinem Trieb folgt. Nicht jeder, der es behauptet.

Liebe, und tu, was du willst, das ist die eigentliche Ethik, die Jesus uns vorgezeichnet hat. Du bist ein freier Mensch auf deinem Weg zu Gott und zu den Menschen. Steige ab, bis du in Augenhöhe bist mit dem, dem du beistehen willst. Dann liebe. Im übrigen bist du frei, zu tun, was du willst und kannst.

Ein Weg der Annäherung: Wer kann Jesus für uns sein?

Es ist dabei ganz offen, als wen wir Jesus verstehen wollen. Vielleicht bleiben wir bei bestimmten Vorstellungen, wie sie uns begreiflich sind, vielleicht auch schreiten wir vom einen zum anderen weiter.

Vielleicht fangen wir an bei einem undeutlichen Interesse an einer fernen, historischen Gestalt, wie wir uns auch für den Kaiser Augustus oder für Walther von der Vogelweide interessieren. Vielleicht geschieht dabei, was auch bei ihnen geschehen kann, dass nämlich diese ferne Gestalt, je länger wir bei ihr verweilen, interessanter wird. Der Fremde berührt uns mit der Frage: Geht dieser Mensch uns etwas an? Auch wenn nichts an ihm uns zu verpflichten vermag.

Vielleicht wird er uns im Laufe der Zeit zum anregenden Beispiel für einen Menschen, der uns in vielem überzeugt, in manchem auch nicht. Zu einem Anreger, der den Menschen seiner Zeit und seines Landes von ihrem praktischen Leben sprach, von ihrer Zukunft, von einem sinnvollen Tun, und der ihnen ein Bild von Gott gezeigt hat, das erkennbar besondere Züge aufwies. Er kann uns als der Wohltäter erscheinen, den wir bewundern oder auch um seiner Erfolglosigkeit willen bedauern, als ein Mensch, der nicht ganz von dieser Welt war.

Wenn wir einen Schritt weitergehen wollen, dann kann er uns zu dem werden, was das Evangelium den Meister nennt, den Lehrer der Weisheit, der uns anleitet, wie wir uns selbst und den Sinn unseres Lebens verstehen sollen. Der einerseits verstanden wird, andererseits ständigem Unverstehen begegnet, der aber mit seinem Reichtum an

Bildern und Gedanken dazu anregen kann, das Experiment einer bestimmten Lebensweise zu versuchen. Der Ertrag könnte dann sein, dass wir die Probleme unseres Lebens sinnvoller zu lösen vermöchten oder dass sie uns überhaupt erst lösbar würden. Die Probleme, die sich um Liebe und Macht, um Frieden und Gerechtigkeit, um Kampf oder Hingabe gruppieren, aber auch alle, die mit der Ordnung und der Freiheit unserer Lebensführung zu tun haben. Wir könnten in diesem Sinn diesen Meister des Lebens auch als den roten Faden in unserer abendländischen Kulturgeschichte verstehen, der auf unzähligen Feldern die Besonderheit unserer Vorstellungen geprägt hat.

Aber weiter: Eine vierte Möglichkeit ergibt sich, wenn wir Jesus als den sehen, den das Evangelium den »Herrn« nennt. Mit diesem Titel rückt Jesus aus der bloßen menschlichen Sphäre dicht an die Sphäre Gottes heran. Hier wird er nicht nur zum Gesprächspartner, sondern zur Autorität. Hier tritt er an die Stelle der von Gott geschaffenen Lebensgesetze, auch der moralischen, auch der inneren Gesetze unseres Geistes und unserer Seele. Er wird selbst zum Gesetz, das wir um unseres Lebens und seines Gelingens willen zu erfüllen haben. Abseits dessen aber das Scheitern droht.

Das äußerste, das wir von dem schlichten Mann aus Nazaret und ohne gottähnliche Überhöhung seiner Person von ihm sagen können, ist das, was das Evangelium meint, wenn es ihn den »Sohn« nennt. Hier aber häufen sich die Missverständnisse, die ich hier nur andeutend ein wenig ausräumen kann.

Wenn die Bibel von einem Menschen als von einem »Sohn Gottes« spricht, dann meint sie nicht, was wir uns unwillkürlich vorstellen: nämlich einen, der in besonderer Weise von Gott abstammt. Wenn in Israel ein Fürst zum König eingesetzt wurde, geschah das mit einer charakteristischen Wendung. Man sagte: Gott spricht zu dir, (dem neu eingesetzten König): »Du bist mein Sohn. Heute zeuge ich dich.« Heute heißt: jetzt im Vollzug des Krönungsrituals.

Der Psalm 2 spricht es ausführlich an: »Gott spricht: ›Ich habe meinen König eingesetzt auf dem heiligen Berg Zion.‹« Und der Sänger bekennt dazu: »Kundtun will ich den Ratschluss Gottes. Er hat zu mir (im Blick auf den König) gesagt: ›Du bist mein Sohn, heute habe ich dich gezeugt.‹«

Und im Psalm 89 ist von einem Wort Gottes an David die Rede:

> »Du (Gott) hast gesagt:
> Ich habe einen Helden erweckt, der helfen soll.
> Ich habe erhört einen Auserwählten aus meinem Volk:
> Ich habe gefunden meinen Knecht David,
> ich habe ihn gesalbt mit heiligem Öl
> (das will heißen:
> Ich habe ihn zum »Messias«, dem Gesalbten, gemacht).
> Er wird zu mir sagen: Du bist mein Vater …
> Ich will ihn zu meinem erstgeborenen Sohn machen,
> dem Höchsten unter den Königen auf der Erde.«

Der Sohn ist also der Bevollmächtigte, der in Gottes Auftrag regiert. Der Repräsentant, nicht der Abkömmling. Er ist nicht von göttlichem Geblüt, sondern der Beauftragte Gottes.

Eine Stufe tiefer spiegelte sich die »Erwählung zum Sohn« darin, dass der von Gott zum Sohn Eingesetzte, der König, selbst wiederum einen »Sohn« ernannte. Diesen Vorgang schildert die Geschichte von Josef in Ägypten. Der Pharao beruft Josef zu seinem Vertreter und Bevollmächtigten, sozusagen zu seinem Großwesir. Er wird der erste Minister. Er fährt auf dem Wagen des Pharao durchs Land, gibt die Richtlinien der Politik und hat die oberste Gerichtsbarkeit inne. Er wirkt sichtbar unter den Menschen, während der Pharao unsichtbar in seinem Palast bleibt.

Von dieser Gerichtsbarkeit, die der »Sohn« innehat, spricht Jesus: »Der Vater richtet niemand, er hat vielmehr alles Gericht mir, dem Sohn, übergeben« (Johannes 5,22).

Wenn wir heute bekennen: »Sitzend zur Rechten Gottes, des allmächtigen Vaters«, so bewegen wir uns innerhalb des alten Rituals. Denn zur Rechten des Königs war der Sitz des »Großwesirs«, des Sohnes. Und so spricht der Engel zu Maria genau die alten Einsetzungsworte aus:

»Du wirst einen Sohn gebären,
den sollst du Jesus nennen.
Der wird groß sein
und ›Sohn des Höchsten‹ genannt werden;
Gott der Herr wird ihm den Thron
seines Vaters David geben;
er wird über das Haus Jakob ewig König sein,
und sein Reich wird kein Ende haben.«
Lukas 1,31–33

Was im Neuen Testament verschieden vorgestellt wurde, das war der Zeitpunkt dieser Berufung. Sie geschah in seiner Taufe, sagt Matthäus:

»Als Jesus getauft war, stieg er aus dem Wasser ...
Und eine Stimme vom Himmel sprach:
›Das ist mein lieber Sohn, an dem ich Wohlgefallen habe.‹«
Matthäus 3,16 f.

Sie geschah in seiner Auferstehung aus dem Tode, sagt Paulus:

> »Christus, unser Herr, stammt aus dem Geschlecht Davids,
> aber er ist eingesetzt als Sohn Gottes
> seit (oder aufgrund) seiner Auferstehung von den Toten.«
> *(Römer 1,3–4)*

Erst Jahrhunderte später wurde im Streit um das Dogma festgeschrieben, Jesus sei vom Vater »geboren« vor aller Zeit. Er sei Gott wesensgleich. Das ist etwas anderes als das, was das Evangelium sagt. Denn der Sinn der beiden Ahnenreihen in Matthäus 1 und Lukas 3 ist, dass Jesus ein Mensch war, abstammend von einer langen Folge von Vätern, und dass ihm der besondere Rang eines von Gott bevollmächtigten Menschen übertragen wurde. Wir dürfen also die skurrile Vorstellung, der doch männlich gedachte Gott habe, allein und ohne eine Frau, einen Sohn geboren, mit Gelassenheit weglegen.

Jesus jedenfalls war nicht ein Halbgott. Er war ein wirklicher Mensch. Aber ein Mensch mit einem Auftrag. Freilich, die Vorstellung vom »Sohn Gottes« bedarf noch einer entscheidenden Vertiefung. Davon soll unten die Rede sein.

Der Konflikt mit den religiösen Instanzen war unvermeidlich

Er musste in Jerusalem ausgetragen werden

Danach kam die Zeit, in der er von der Erde weggenommen werden sollte, und er wandte sein Gesicht in die Richtung auf Jerusalem« (Lukas 9,51). Auf seinem Weg in den Süden des Landes, in die Zentrale der weltlichen und der geistlichen Macht, sprach Jesus zu seinen Begleitern: »Wir ziehen nach Jerusalem hinauf, und die Hohenpriester und Schriftgelehrten werden mich vor Gericht stellen, werden mich zum Tode verurteilen und den Römern ausliefern… Sie werden mich verspotten, geißeln und hinrichten. Aber am dritten Tag werde ich auferstehen« (Matthäus 20,17–18). Und an diese Stadt richtet sich seine Klage: »Jerusalem! Ihr Leute von Jerusalem! Ihr tötet die Propheten und steinigt die Boten Gottes. Wie oft wollte ich euch bergen, wie ein Vogel seine Jungen unter seinen Flügeln birgt, und ihr habt nicht gewollt« (Lukas 13,31–34).

Er wollte wissen, was Gott mit ihm vorhabe und ob das Reich Gottes tatsächlich in naher Zukunft hereinbrechen werde. Und wie es scheint, war er entschlossen, im Fall, dass Gott es anders beschließe, als es seinem eigenen Willen entsprach, das Todesschicksal auf sich zu nehmen. Man hat immer wieder gesagt, die so genannten Leidensansagen, die von Jesus überliefert sind, seien ihm hinterher, nach seinem Tode, in den Mund gelegt worden. Aber Jesus müsste unbegreiflich blind gewesen sein, hätte er nicht gesehen, wohin er ging, unbegreiflich ahnungslos, hätte er diese akute Gefahr nicht erkannt.

Spätestens hier wird deutlich, was er mit dem Feuer gemeint hat, das auf die Erde zu werfen er gekommen sei, von dem sein Herz glühte und sein Geist brannte. Buddha hat sich erst spät und gegen schwere Bedenken dazu durchgerungen, das gewonnene Licht der Erleuchtung an die Menschen weiterzugeben. Für Jesus war es von Anfang seines öffentlichen Wirkens an das entscheidende Motiv: Wie kann ich das Feuer, das in mir brennt, das Licht der Welt, weitergeben an die Menschen in ihrer Angst und Not und Dunkelheit? Die erregende Botschaft von dem Gott zu bringen, der sich der Armen annimmt, der die Freiheit des Menschen will, der die erlösende Zukunft heraufführt, war der Kern seiner Absicht. Für diesen Gott glühte er. Für ihn wollte er die Herzen der Menschen aufschließen. Und wenn ihm das nicht gelingen würde, dann wollte er sich selbst für ihn und für die Menschen ins Feuer werfen. Was er vielleicht nicht sah, war, dass er selbst mit seinem Kampf für das Licht in die Dunkelheit geraten und dass Gott, dieser Gott des Lichts, im entscheidenden Augenblick für ihn selbst zur Finsternis werden könnte. Es war ihm vermutlich unvorstellbar, dass er um die Übereinstimmung seines Willens mit dem Willen eines plötzlich so dunklen Gottes so hart werde kämpfen müssen und dass er am Ende den Tod eines von Gott Verlassenen zu sterben haben würde.

Aber das Thema »Feuer« hatte für ihn zu diesem Zeitpunkt noch einen anderen Aspekt. Er war überzeugt, dass Jerusalem vor seinem Untergang stand. Wer die Situation sah, konnte unmöglich annehmen, die Römer würden sich die ständige Aufsässigkeit dieses kleinen Volkes auf die Dauer gefallen lassen. Nein, das war deutlich: Die heilige Stadt und ihr Tempel, das Heiligste, das dieses Volk besaß, würden früher oder später in Flammen aufgehen. Wollte er das verhindern, so musste er in einem letzten Versuch dort die Umkehr, die Wendung, fordern. Wenn er nicht gehört werde, so wäre die Katastrophe unvermeidlich, die der Stadt und seine eigene.

✻

Von Galiläa also, dem Land im Norden, zogen Jesus und seine Begleiter durchs Jordantal hinab nach Jericho und von dort aus durch die judäische Wüste hinauf bis vor die Stadt.

Aber dann folgte vor den Augen der Begleiter Jesu und der übrigen Festpilger, die mit ihm in die Stadt kamen, eine Art von Siegeszug. Vom Rand der Wüste ging sein Weg über die Höhe des Ölbergs hinab ins Kidrontal und hinauf zur Südmauer des Tempelplatzes, durch ein Tor und über die durch einen dunklen Gang hinaufführenden Treppen auf den festlichen Vorplatz. Während dieses Rittes und danach während des letzten Weges zu Fuß rief ihm die Menge den alten Begrüßungspsalm zu, der einem neu gekrönten König galt:

»Gepriesen sei der König!
Gepriesen sei, der von Gott kommt!
Heil und Segen für ihn
von den Höhen des Himmels!«
Matthäus 21,9

Der Erwartete, der Erhoffte kommt! Der Jubel muss groß gewesen sein und die Erwartung hoch gespannt. Die Leute rissen Palmzweige ab und winkten ihm damit entgegen. Sie träumten von der Freiheit, die ihnen der neue König geben würde. Sie träumten vom Untergang der römischen Armee und von einem siegreichen Staat. Und niemand bemerkte, wie die Missverständnisse sich ausbreiteten. Was er sah, muss für Jesus selbst etwas Schreckliches an sich gehabt haben. Er sah: Die Erwartung dieser Menschen ging an allem vorbei, das ihm wichtig war. Jahrelang hatte er geredet – und was war nun das Ergebnis? Selbst seine engsten Mitarbeiter standen dem Sinn der Stunde und seiner Absicht ahnungslos gegenüber. Er wusste: Dieser »Siegeszug« wird ganz anders enden. Ohne Halleluja. In einem grauenhaften Tod.

Oben im Tempelvorhof vor der prächtigen Halle Salomos drängten sich die Massen, und überall standen die Tische der Händler. Dort wechselten die Pilger ihr Geld, denn viele kamen aus dem Ausland. Das Geld, das sie mitbrachten, das aber nicht heilig genug war, um vom Tempel angenommen werden zu können – es trug immerhin das Bild des Kaisers, also eines römischen Gottes –, musste getauscht werden gegen »reineres« Geld. Tauben opferte man, also mussten Händler da sein, die Tauben verkauften, mit dem ganzen Lärm, den ein Markt im Orient mit sich bringt. Feste wollten die Menschen, einen glanzvollen Tempel und das Schaugepränge von kultischen Feiern. Vor Jesus steht die ungeheure Kluft zwischen dem, was mit einem Tempel gemeint ist, und dem tatsächlichen Religionsbetrieb. Er nimmt einen Strick, macht eine Geißel daraus und treibt die Händler von ihren Plätzen. Er stößt ihre Tische um und ruft: »Gott spricht: Mein Haus ist eine Stätte des Gebets, ihr aber macht eine Räuberhöhle daraus!« (Markus 11,17).

Wer so störend in den Kultbetrieb eingreift, wer so die Zuständigkeit von Priestern verletzt und das »gesunde Volksempfinden« dazu, darf sich nicht wundern, wenn er auf Widerstand trifft. Wenn er etwa des religiösen Vandalismus bezichtigt wird, wenn ihm jedenfalls der Normalpilger, dessen Stimmung er verdirbt, nicht mehr glaubt, er wolle etwas für die Religion tun. Und was hat er bewirkt? Nichts. Eine halbe Stunde später, so vermute ich, war das Geld eingesammelt, die Käfige der Taubenhändler wieder aufgestellt, und der Markt lief unter der Aufsicht der Tempelpolizei ordnungsgemäß weiter.

Wer war denn, wann immer in der Geschichte der Kirche ein Prophet, ein Erneuerer, ein Reformator auftrat und die Zustände und die Vorgänge in den Kirchen und um sie her beim Namen nannte, von Korruption sprach oder von Machtrausch oder von Geldgier – wer war dann der Schuldige an der Unruhe? Die Kirche nie. Die Gesellschaft nie. Die einzelnen Angeredeten aus der Obrigkeit, die gemeint waren, waren es nicht. Mit den Störern aber wurde der kurze Prozess gemacht. Nicht, wer fragwürdig handelt, ist im Unrecht, sondern bis heute der, der davon spricht. Und in Jerusalem? Niemand sah sich ins Unrecht gesetzt. Die ungesetzliche Handlung war einzig die des Fremden aus Galiläa. Der aber würde seiner gerechten Bestrafung entgegensehen wegen Störung der öffentlichen Ordnung oder gar wegen Aufruhr. Nein, die Tempelreinigung war ebenso erfolglos wie ungesetzlich. Wir haben es selbst erlebt: Nichts ist für Menschen, die ihr ganzes Herz für etwas Notwendiges, etwas Rettendes einsetzen, wie etwa die Bemühungen um eine Kirchenreform, um Frieden oder Gerechtigkeit für die Dritte Welt oder den Schutz der Schöpfung, schrecklicher, als zu sehen, wie folgenlos alle Mühe bleibt, wie kaum ein Mensch die Wahrheit hören, die Gefahr sehen, das Rettende tun will. Das Missverständnis begann mit dem Einzug. Im Tempel oben setzte es sich fort in der offenbaren Erfolglosigkeit.

In den Tagen danach saß Jesus einmal am Ölberg der Stadt gegenüber, weinte über Jerusalem und klagte: »Könntest du, Stadt, doch verstehen, wie du Frieden findest! Aber du willst nicht. Es wird eine Zeit kommen, da werden dich deine Feinde mit Wall und Graben einschließen und von allen Seiten belagern. Sie werden dich zusammenschlagen, dich und deine Kinder, und werden keinen Stein auf dem anderen lassen« (Lukas 19,41–44). Tut doch die Augen auf! Schaut zum Himmel! Der römische Adler kreist über der Stadt, bereit, herabzustürzen. Ich habe euch Wege zum Frieden gezeigt, aber ihr wollt von euren Träumen nicht lassen. »Wie oft wollte ich euch versammeln wie eine Henne ihre Küken unter ihren Flügeln birgt vor dem Raubvogel, und ihr habt nicht gewollt. Schaut in die Zukunft! Schaut die Trümmer eurer Stadt. Verlassen und zerstört liegt der heilige Tempel. Und warum? Weil ihr die Stunde nicht begriffen habt, in der Gott euch besuchen wollte!« (Lukas 13,34 und öfter).

Was Jesus politisch forderte, war die Bescheidung, sich mit dem jetzt möglichen Maß nationaler Freiheit abzufinden, die fremden Römer zu dulden und die Wirklichkeit nicht zu verkennen. Die Bescheidung hätte die Katastrophe verhindern können. Tausende von Holzkreuzen standen wenige Jahrzehnte danach um die Stadt, und die Römer nagelten jeden, den sie ergreifen konnten, im Angesicht der Verteidiger an sein Kreuz. Im Jahr 64 wurde der herrliche Tempel vollendet und geweiht. Sechs Jahre danach stand er in Flammen, und Jerusalem war ein Trümmerhaufen.

Der Gegner war die Priesterschaft. Warum eigentlich wollte sie seinen Tod?

Man hat schon immer ein wenig ratlos gefragt, was denn eigentlich der Grund gewesen sei für die Anklage gegen Jesus, für das Todesurteil, für die Hinrichtung. Und man suchte einigermaßen vergeblich nach dem, was die Priesterschaft am Tempel so sehr gestört haben könnte, dass sie sich seiner so schnell und so formlos entledigen musste.

Er hat sich nicht an die Sabbatordnung gehalten, sagte man. »Was am Ruhetag geschehen darf und was nicht, bestimme ich«, hatte er gesagt, als seine Jünger am Sabbat aus Hunger Ähren abrissen, also eine Art von Erntearbeit leisteten (Lukas 6,5). Er hatte gefragt: »Was ist am Sabbat erlaubt? Das Gute zu tun oder es zu unterlassen? Leben zu retten oder Leben zugrunde gehen zu lassen?« und hatte am Sabbat einen Mann mit einer gelähmten Hand geheilt (Lukas 6,9). Eine Anekdote, die bei Lukas am Rand auftaucht, erzählt: »Einmal sah Jesus einen Mann, der am Sabbat arbeitete, und sagte zu ihm: Mensch, wenn du weißt, was du tust, so bist du auf dem rechten Weg; wenn du es nicht weißt, bist du ein Frevler am Gesetz.« Er will sagen, wenn du einfach nur eine Ordnung missachtest, dann wirkt dein Tun zerstörend, dann ist es kein Zeichen von Freiheit. Wenn du aber verstehst, die Zeichen der Zukunft wahrzunehmen, wenn du also weißt, dass der Sabbat eines Tages aufgehoben sein wird wie alles, was in dieser Welt gilt, dann ist, was du tust, ein Zeichen deiner Freiheit. Wenn du also in der Zukunft lebst, in der auch der Feiertag keinen Zwang mehr ausüben wird, dann ist wahr und richtig, was du tust. Denn was in der Zukunft gelten wird, ist das Maß. Es mag durchaus sein, dass solche Freiheit gegenüber dem Sabbatgebot den Widerstand der Tempelpriesterschaft herausgefordert hat. Aber das war kein Grund für ein Todesurteil.

Er hat das Gesetz nicht eingehalten, sagte man. Aber was Jesus am Gesetz verschärft hat oder unwichtig fand, geht nirgends über das hinaus, was auch andere Gesetzeslehrer seiner Zeit getan und versucht haben. So sagt er: »Meint nicht, ich sei gekommen, Gottes Ordnung und Gesetz aufzulösen oder seinen Willen aufzuheben, den er den Propheten gezeigt hat. Ich bin nicht gekommen, Gottes Willen und Plan zu beseitigen, sondern ihn zu erfüllen. Denn was ich sage, gilt: Solange eine Welt steht und ein Himmel, in dem Gott herrscht, wird von Gottes Willen und Ordnung kein Buchstabe abgestrichen werden. Wer irgendeine noch so unscheinbare Ordnung, die Gott gestiftet hat, überholt nennt und diese Meinung unter den Menschen verbreitet, wird in Gottes Reich keine Ehre gewinnen. Wer sich dagegen nach diesen göttlichen Ordnungen richtet und den Menschen hilft, dasselbe zu tun, wird im Reich Gottes unter den Großen sein. Ich sage euch: Wenn ihr auf Gottes Willen und Plan nicht sorgfältiger achtet und mit willigerem Herzen als die Schriftgelehrten (die Tag und Nacht forschen) und die Pharisäer (die bei jedem Schritt fragen, ob es recht sei, was sie tun), habt ihr keinen Zugang zu Gottes himmlischem Reich« (Matthäus 5,17–20).

Er lehnte den Eid ab, den das jüdische Recht forderte; aber das haben die Essener auch getan, wie auch einige vom rigorosen Flügel der Pharisäer. Er hat ins Eherecht eingegriffen, aber nicht, um die Ehe zu entwerten, sondern im Gegenteil, um in seinen Hörern das Bewusstsein ihrer Gültigkeit zu festigen. Er hat in manchen Fragen Mann und Frau rechtlich gleichgestellt. Das war ärgerlich, aber es war kein Grund für ein Todesurteil.

Er hat den Tempel angegriffen, sagte man. Aber was man als Angriff verstehen konnte, richtete sich nicht gegen den Tempel, sondern gegen den dort laufenden Betrieb. Er besuchte regelmäßig die Synagoge, er hielt sich an die Regeln für die Opfersteuern, die der Jude dem Tempel zukommen ließ. Was er im übrigen gegen die Priester und gegen den Tempel gesagt hat, geht nicht über das hinaus, was schon die Propheten Jahrhunderte vorher gesagt hatten. Nein, Tempel und Gesetz schützt Jesus gerade in ihrer Heiligkeit. Auch das kann es nicht gewesen sein.

Das Todesurteil, das der Hohepriester aussprach, lautete auf »Gotteslästerung«, weil Jesus bestätigt hatte, er sei der Messias oder Gottessohn. »Gotteslästerung«, das war das Wort, das die Juden verstanden. Aber den Titel »Messias« haben auch andere beansprucht. An die Römer wurde Jesus übergeben mit der Anklage, er rufe zum Aufstand auf. »Aufstand«, das war das Wort, das die Römer verstanden. Aber das hat er gerade nicht getan. Warum aber diese beiden fragwürdigen Vorwürfe erhoben wurden, ist nicht deutlich. Es muss wohl vielerlei zusammengekommen sein, das diesen Jesus so unerträglich machte, dass man sich gezwungen sah, ihn zu beseitigen.

✾

Der eigentliche Grund scheint mir anderswo zu liegen. Er dürfte wohl im Innersten seines Lebens und Wirkens gelegen haben, in seiner Verkündigung von Gott und von dem, was zwischen Gott und Mensch geschehe. Ich höre ihn etwa so: Wenn du verstehen willst, wie Gott mit dir umgeht, dann sieh zu, was ich tue. Ich sehe Kranke um mich und heile sie. Ich sehe Gebundene, in sich selbst und ihre Schuld Eingefangene, ich löse sie davon und mache sie frei. Ich sehe Verängstigte und Mutlose und gebe ihnen Kraft, ihr Leben anzufassen. Ich sehe Menschen, denen andere die Last ihrer Forderungen, die Last ihrer Verachtung, die Last ihrer Anklagen und Verurteilungen auferlegen, und nehme ihnen die Lasten ab, so dass sie sich aufrichten können und frei ihren Weg gehen. Ich sehe Menschen um mich, die verknäult sind in die Wirrungen und Verknotungen ihrer schulderfüllten Lebensgeschichte, und sage ihnen: Legt alles ab. Gott will euch nicht als Angeklagte vor sich sehen, sondern als seine Kinder, und er vergibt euch eure Sünden. Ich sehe Menschen, die allen Grund haben, sich um ihr Leben, auch das einfachste und täglichste, schweren Sorgen zu machen, und sage ihnen: Lasst euch von euren Ängsten nicht auffressen. Es ist einer, der euch im Auge hat.

Das dürfte den religiösen Autoritäten in den Dörfern von Galiläa und vor allem auch im Tempel in Jerusalem zu einfach gewesen sein. Man kann doch nicht jeden hergelaufenen Lumpen als Bürger des Gottesreiches anerkennen! Man kann doch nicht sagen, Gott vergebe alle Sünden, ohne dass dafür eine Buße geleistet worden wäre! Wenn das alles gelten und wahr sein sollte, wohin kämen wir mit der sittlichen Ordnung in unserem Land, wohin kämen wir mit der Autorität unserer Überlieferung, wohin mit der Autorität des Tempels und der Priesterschaft? Macht dieser Mensch nicht alles entbehrlich, was eine geordnete Gesellschaft von einer geordneten Religion erwartet?

Aber Jesus blieb dabei: So einfach ist das! So nah ist Gott allen seinen Kindern. So unmittelbar geht der Weg eines Menschen zu Gott. Ohne Umwege. So direkt führt der Weg aus dem hiesigen Dasein in das Gottesreich. Ihr legt den Menschen Lasten auf. Ich nehme sie ihnen ab. Ich möchte, dass sie glücklich sind mitten in ihrem schweren Leben, mit ihren Schmerzen und Leiden und Ängsten. Ich möchte, dass die Schuld ihrer Vergangenheit sie nicht mehr quält und nicht mehr belastet, und vergebe ihnen ihre Sünden, und zwar im Namen Gottes.

Am Ende war die Lage klar, jedenfalls für die religiösen und politischen Autoritäten im Lande, und Jesus ging offenen Auges in die Auseinandersetzung mit den religiösen und staatlichen Kräften. Als er sah, dass ihm der Tod bevorstand, blieb er dabei und bezeugte mit seinem Tod, was er sein kurzes Leben lang bezeugt hatte: dass Gott der Vater ist und der Mensch sein Kind und dass alles, was den Menschen von Gott entgegenkommt, in diesem Verhältnis eines Vaters oder einer Mutter zu ihren Kindern einbegriffen ist: Freundlichkeit, Schutz, Führung, Heimkehr. Was Jesus wollte, war denkbar einfach.

✽

Im Evangelium liegt eine alles entscheidende Reihenfolge: Man hat immer und immer wieder behauptet, weil Christus gestorben sei, habe sich die Einstellung Gottes zu uns Menschen verändert. Nein: Weil Jesus von einer anderen Einstellung Gottes zu uns Menschen gesprochen und sie durch sein Tun gezeigt hat, wurde er umgebracht. Man hat gesagt, und vielen, unendlich vielen Menschen ist dabei gerade das Vertrauen zu Gott zerbrochen, das Jesus stärken wollte: Gott sei zornig über uns Menschen.

Und wenn nicht sein eigener Sohn als Sühne für unsere Sünden gestorben wäre, könnte Gott uns unsere Sünden nicht vergeben. Nein: Umgekehrt! Weil Jesus nicht vom zornigen Gott sprach, sondern vom bedingungslos liebenden, musste er sterben. Er hat damit gesagt: Dazu stehe ich. Für die Armen und Ärmsten und Verrufensten aus Galiläa, die ich von Last und Verlassenheit und Sünde frei gemacht habe, stehe ich ein, und zwar gerade nicht gegen den Zorn Gottes, sondern gegen den Zorn einer beleidigten Obrigkeit.

Ist das alles zu einfach? Werden mir nicht viele sagen: Damit wird es den Menschen zu leicht gemacht? Aber so einfach ist es, und Jesus hat über dieses Einfache keine künstlichen Theorien, keine babylonischen Türme von verwickelten und komplizierten Theologien gebaut. Er hat so gesprochen, dass die Armen seiner Zeit ihn verstehen und Vertrauen fassen konnten.

Noch einmal: Der Tod des Jesus von Nazaret war die Bürgschaft für die Wahrheit, die er verkündigte, die er gelebt, die er in seinen vielen Geschichten gezeigt hat. Wir werden nicht von Gott angenommen, weil Jesus gestorben ist, sondern Jesus hat mit seinem Tod seine Botschaft von der Liebe Gottes besiegelt, damit wir den Mut finden, an sie zu glauben. Ist uns das neu oder fremd? Wenn es uns fremd ist, dann schauen wir doch zu Paulus hinüber, seinem größten Interpreten. Der schreibt: »Wir bitten euch an der Stelle des Christus, lasst euch versöhnen mit Gott.« Das bedeutet doch: Christus wollte, dass sein Tod uns mit Gott versöhnt. Er wollte, dass wir unsere verqueren Gottesbilder weglegen und zu dem einen wirklichen Gott heimkehren, für den er Bürgschaft geleistet hat. Nicht Gott muss versöhnt werden, sondern wir Menschen. Wir sollen unsere Vorwürfe gegen Gott beenden.

Wir sollen unsere Anklagen zurücknehmen. Wir sollen unsere Bilder vom rächenden und strafenden oder gleichgültigen Gott beiseitetun und damit Ernst machen, dass Gott unsere Heilung will, unsere Entlastung, unsere Befreiung, unsere Ermutigung, unsere Heimkehr.

Und was ist nun der Sinn vom Sabbat, von Gesetz und Tempelgottesdienst? Die wollen uns helfen, die zu sein, die wir nach Gottes Bestimmung sind: seine Töchter, seine Söhne, die mit anderen Menschen so umgehen, wie Töchter und Söhne mit ihresgleichen umgehen. Wir sollen einander nicht verurteilen, sondern bejahen (Matthäus 7,1–5). Wir sollen einander unsere Lasten abnehmen (Matthäus 11,28). Wir sollen einander helfen, Freiheit zu gewinnen (Johannes 8,11). Wir sollen einander aufrichten (Lukas 13,13). Wir sollen einander von Sorgen entlasten. Wir sollen als Töchter und Söhne Gottes auf dieser Erde Frieden schaffen (Matthäus 5,9). Wir sollen unsere Kräfte einsetzen, um dem Reich Gottes auf dieser Erde den Boden zu bereiten (Matthäus 6,33). Und wir sollen einander ermutigen, auch das Leid auf uns zu nehmen, das mit diesem Auftrag verbunden sein kann (Matthäus 10,28).

Ist das endgültig zu schlicht? Nun wohl, das Evangelium war von jeher so einfach wie die Geschichte vom verlorenen Sohn. Alles andere ist von – meist – nachdenklichen, ernsthaften Menschen dazu erklärt worden. Meist nicht deshalb, weil sie das Evangelium hätten fälschen wollen, sondern weil es nach ihrer Überzeugung einer breiteren und festeren Begründung bedurfte. Ich meine aber, diese zwei Jahrtausende währende Erklärungsarbeit habe fast ebenso viele Rätsel neu geschaffen wie sie lösen konnte.

Eine hellsichtige Liebe gibt ihr Zeichen

In jenen Tagen geschah etwas anderes auch, etwas Reines und Stilles. Jesus übernachtete in dieser Zeit in Betanien, einem kleinen Ort, der eine Stunde Weges zur Wüste hin lag. Während eines Abendessens betrat eine Frau den Raum, eine Alabasterflasche in der Hand mit einem sehr wertvollen Salböl, und goss es über seinem Haupt aus, während er zu Tisch lag. Das ganze Haus war erfüllt vom Duft des Öls. Als die Jünger das sahen, wurden sie ärgerlich: »Was soll diese Verschwendung? Man hätte das Öl teuer verkaufen können und das Geld den Armen geben.« Jesus hörte es und nahm Maria in Schutz: »Was macht ihr der Frau das Herz schwer. Sie hat etwas Schönes für mich getan. Von Armen seid ihr jeden Tag umgeben, mich habt ihr künftig nicht mehr. Wenn sie Salböl über mir ausgoss, dann tat sie es, um meinen Leib für sein Begräbnis zu salben. Was ich sage, ist wahr: Wo immer man in der Welt davon sprechen wird, dass ich starb, um der Welt das Leben zu retten, da wird man auch reden über das, was sie jetzt getan hat, und wird es als Zeichen ihrer Liebe festhalten« (Matthäus 26,6–13).

Jesus und seine Begleiter sind zur Mahlzeit versammelt, vermutlich in einer Stimmung zwischen Vorfreude und Bangigkeit. Was wird jetzt geschehen? Wird Jesus sich zum König ausrufen lassen? Wenn er das aber tut, wie wird die herrschende Klasse von Priestern und Volksvertretern reagieren? Und was werden die Römer tun? Und was geschieht dann mit Jesus? Nicht auszudenken! In dieser Stunde tritt eine Frau auf mit der Hellsichtigkeit, wie sie gerade Frauen in entscheidenden Augenblicken oft gegeben ist. Sie weiß: Was vor uns liegt, ist Schrecken, ist Angst, ist Leid, ist Verzweiflung. Der Tod des Meisters. Und sie tut, was die Lebenden den von ihnen geliebten Toten taten: Sie salbt ihn als Zeichen gegen die Verwesung, als Wohlgeruch und Liebeszeichen bis ins Grab hinein. Sie tut es vorweg, als fürchtete sie, sie könne es nach seinem schrecklichen Tod nicht mehr tun.

Nun hatte aber die »Salbung« eine mehrfache Bedeutung. Sie wurde an Toten vorgenommen, aber auch zur Einsetzung eines Königs. Wenn in Israel ein Mann zum König ausersehen war, suchte ihn ein Prophet auf und salbte ihn mit Öl. Damit war er designiert. Aber die Frau wusste, dass die Hoffnung im Volk, Jesus sei der kommende König, gerade das große, verhängnisvolle Missverständnis war. Wenn sie an eine solche Salbung dachte, dann wohl nur in einem veränderten Sinn. Vielleicht wollte sie ausdrücken: Was die Menschen sich unter einem König vorstellen, das bist du für mich auf eine ganz andere Weise. Du bist es und wirst es immer sein. Aber beide Bedeutungen, die der Liebe zu dem Todgeweihten wie die der Designierung eines Königs, wurden in der Runde der Männer nicht verstanden. Sie fanden nur, es sei viel Geld verschwendet worden. Und vielleicht ärgerten sie sich auch nur darüber, dass hier eine Frau das Wichtige tat.

Diese männliche Grundangst hat denn auch durch die Geschichte der Kirche eine Spur von viel Leid und viel Unrecht gezogen. Durch die Jahrhunderte hin haben die Männer stets ihre Herrschaft gegen die vom Geist Gottes bewegte Frau verteidigt. Wenn eine Frau mehr wusste als der Mann, dann war sie eine Hexe. Zumindest musste sie diszipliniert werden. Und erst heute bemerken wir, wie viel Lebendigkeit in das spirituelle Leben einer Kirche kommen kann, wenn Frauen ihre Weise des Glaubens leben dürfen. Die Geschichte der Leidenstage Jesu hätte es allerdings längst und von Anfang an deutlich zeigen können. Sie ist die Geschichte von Männern, die fliehen, wenn es ernst wird, von Petrus, der versagt, wenn eine Frau ihn erkennt, von Judas, der seine persönliche Meinung, was denn Jesus zu tun habe, durchzusetzen sucht und dabei zum Verräter wird. Von Priestern und ihren Knechten, die ein Schnellverfahren durchziehen, weil sie sich bedroht fühlen. Von einem römischen Gouverneur, der seine Rolle spielt und sich am Ende die Hände wäscht. Von Josef von Arimatia, der erst auftritt, als alles vorbei ist und zu spät. Sie ist aber vor allem eine Geschichte von Frauen: von Maria mit ihrem großen Zeichen von Betanien. Oder von Frauen, die Jesus auf dem Weg zum Richtplatz begleiten und sich nicht fürchten, als seine Anhängerinnen zu erscheinen. Die unter dem Kreuz aushalten. Es ist die Geschichte von Frauen, die am frühen Morgen nach dem Passa hinausgehen, um den zerschundenen Leib des Toten noch einmal aus dem Grab zu holen und ihn zu balsamieren, und die den Lebendigen als erste sehen und bezeugen. Es ist die klassische Geschichte von der größeren Kraft der Frauen, wenn Leid und Tod bestanden werden sollen.

Hilde Domin spricht in einem Gedicht von dieser starken, trauernden Liebe:

»Zärtliche Nacht

Es kommt die Nacht
da liebst du

nicht was schön –
was häßlich ist.

Nicht was steigt –
was schon fallen muß

Nicht wo du helfen kannst –
wo du hilflos bist.

Es ist eine zärtliche Nacht,
die Nacht da du liebst,

was Liebe
nicht retten kann.«

Kampfreden der letzten Tage

In den Tagen danach trat Jesus im Tempel auf, vielleicht dort, wo die Schriftgelehrten saßen, von ihren Schülern und anderen Zuhörern umgeben, und die Menschen liefen zusammen. Einmal setzte er mit seiner Rede so ein:

»Lasst euch eine Geschichte erzählen: Es war ein Gutsbesitzer, der legte einen Weinberg an. Er grenzte ihn mit einem Zaun ab, hob eine Kelter aus und baute einen Turm hinein. Dann beauftragte er einige Arbeiter, den Weinberg zu bebauen, und begab sich auf eine Reise. Als die Erntezeit kam, sandte er seine Verwalter zu den Arbeitern. Sie sollten den Ertrag abholen. Die Arbeiter aber packten die Verwalter, peitschten den Ersten aus, schlugen den Zweiten tot und warfen den Dritten mit Steinen zu Tode. Da sandte der Besitzer andere von seinen Dienern, eine größere Zahl, und die Arbeiter taten mit ihnen dasselbe. Zuletzt überlegte er sich: ›Meinen Sohn werden sie nicht antasten‹ und schickte seinen Sohn. Als die Arbeiter den Sohn sahen, sagten sie: ›Das ist der Erbe! Wenn wir den töten, gehört der Besitz uns!‹ Sie griffen ihn, stießen ihn aus dem Weinberg und brachten ihn um. Was meint ihr? Was wird der Besitzer des Weinbergs mit den Arbeitern tun, wenn er kommt?

›Er wird die Verbrecher auf eine böse Art umbringen‹, meinten die Zuhörer, ›er wird den Weinberg an andere verpachten, die den Ertrag abliefern, wenn es Zeit ist.‹ Da fragte Jesus: ›Habt ihr nie in der heiligen Schrift gelesen: Der Stein, den die Bauleute als unbrauchbar wegwarfen, ist zum Eckstein geworden? Das ist nach Gottes Willen geschehen, und ist ein Wunder vor unseren Augen! Ich sage euch: Gott gab euch das Vorrecht, sein Volk zu sein. Er hat euch seine Nähe, seine Güte zugesagt. Er wird euch dieses Vorrecht nehmen und es einem Volk geben, das tut, was der Güte Gottes entspricht. Was aber das Wort vom Stein betrifft: Wer auf diesen Stein fällt, wird auf ihm zerschellen. Auf wen er stürzt, den wird er zermalmen‹« (Matthäus 21,33–44).

Da suchten die Schriftgelehrten und die Priester nach einer Gelegenheit, ihn noch in dieser Stunde festzunehmen, aber sie fürchteten sich vor dem Volk. Ihnen war klar, dass er mit dieser Geschichte von ihnen gesprochen hatte (Lukas 20,16–19).

»Da redete Jesus zum Volk und zu seinen Jüngern weiter: Einen Lehrer des Glaubens haben wir: Mose. Auf seinem Stuhl sitzen heute die Schriftgelehrten und die Pharisäer. Gut so! Ihre Worte sind richtig. Was sie euch sagen, das hört! Das nehmt ernst und lebt danach! Was sie aber selbst tun, davor hütet euch! Sie reden viel und tun es nicht. Sie bündeln gewaltige Lasten und packen sie den Menschen auf die Schultern, selbst aber rühren sie mit keinem Finger daran. Was sie tun, tun sie mit dem Ziel, bei den Menschen Ansehen zu finden. Sie lieben die Ehrenplätze an der Tafel und die vorderen Sitze in den Synagogen. Sie lieben es, wenn die Leute sie grüßen auf den Märkten und sie anreden: Ehrwürdiger Meister! Ihr aber lasst euch nicht anreden mit ›Hochwürden‹, denn nur die Würde des einen Meisters gilt! Ihr aber seid alle Brüder. Auch ›Vater‹ sollt ihr niemanden nennen auf der Erde, denn einer ist euer Vater, der Herr der Welt. Lasst euch auch nicht als Autoritäten verehren, denn nur einer ist für euch eine Autorität. Der Hochgestellte unter euch sei euer Diener. Wer seine Würde hervorkehrt, wird sie dabei verlieren, und wer sich erniedrigt, wird eben darin seine Bedeutung erlangen« (Matthäus 23,1–12).

»Unheil über euch, ihr Schriftgelehrten, ihr Pharisäer, ihr Heuchler, ihr baut den Propheten Grabmäler, schmückt die Gräber der Gerechten und sagt: Hätten wir gelebt in den Tagen unserer Väter, wir wären nicht wie sie zu Mördern von Propheten geworden. So beweist ihr selbst, dass ihr Söhne von Prophetenmördern seid. Auf denn! Zeigt, dass ihr könnt, was eure Väter konnten! Was gilt die Probe? Ich sende Propheten zu euch und Weise und Lehrer. Einige werdet ihr kreuzigen und töten, andere auspeitschen in euren Synagogen und verfolgen von Stadt zu Stadt. So werdet ihr mitschuldig an dem Blut all der Gerechten, das die Erde getrunken hat, vom Blut des unschuldigen Abel bis hin zum Blut des Sacharja, den ihr ermordet habt zwischen Tempel und Altar. Ich sage euch: An dieser Generation wird es sich rächen (Matthäus 23,23–36). Solche Reden bedürfen keiner Auslegung. Sie sprechen klar. Sie werden verstanden. Die Reaktion war deutlich. Die so gebrandmarkten Autoritäten schlugen zurück.

✾

»Es war ein Mann, der bereitete ein großes Festmahl vor und lud eine Menge Gäste dazu ein.« Mit den Gästen meinte Jesus das Volk und seine führenden Leute:

Als es Zeit war,
schickte er seinen Boten zu den Eingeladenen:
›Es ist alles fertig! Kommt!‹
Aber jeder hatte eine andere Ausrede zur Hand.
Der Erste ließ sagen: ›Ich habe einen Acker gekauft.
Es geht nicht anders! Ich muss hinaus, ihn besehen!
Ich bitte dich, entschuldige mich.‹
Der Zweite ließ sagen: ›Ich habe zehn Ochsen gekauft.
Es geht nicht anders! Ich muss hin und sie abholen.
Ich bitte dich, entschuldige mich.‹
Der Dritte ließ sagen: ›Ich habe eben geheiratet.
Ich bitte dich, zu verstehen, dass ich nicht kommen kann.‹
Da kehrte der Bote
um und berichtete das alles seinem Herrn.
Der wurde zornig und befahl:
›Schnell! Geh gleich hinaus auf die Plätze und Gassen der Stadt,
hole alle Armen, Behinderten,
Blinden und Lahmen zusammen
und führe sie herein.‹
Als das geschehen war, meldete der Bote:
›Sie sind alle da, wie du befohlen hast,
es ist aber noch Platz.‹ Da befahl der Hausherr:
›So geh auf die Landstraßen und an die Zäune
und mache es dringlich!
Hole sie alle herein, dass mein Haus voll wird.‹
Ich sage euch: Von den Leuten, die zuerst eingeladen waren,
wird keiner mein Festmahl genießen.«
Lukas 14,19–24

✾

Dieselben Leute meinte er mit einem anderen Hinweis:

»Ein Mann hatte zwei Söhne.
Er wandte sich an den einen:
›Geh und arbeite heute im Weinberg.‹
Der Sohn antwortete: ›Nein! Ich will nicht!‹
Danach tat es ihm leid, und er ging doch.
Da ging der Vater zum anderen und sagte ihm dasselbe.
Der gab zur Antwort: ›Ja!‹ und ging doch nicht hin.
Wer von den beiden hat nach dem Willen des Vaters gehandelt?«
Sie entschieden: »Der Erste!«
»Ich sage euch«, erwiderte Jesus,
»die verrufenen Römerknechte, die Zöllner und die Dirnen werden eher ins Reich Gottes kommen als ihr.
Johannes kam zu euch und zeigte euch den Weg zur Gerechtigkeit. Ihr habt ihm nicht geglaubt, Zöllner und Dirnen glaubten ihm. Ihr habt eure Entscheidung danach nicht geändert.
Das Letzte war euer Nein.«
Matthäus 21,28–32

✽

Während Jesus im Tempel seine Kampfreden hielt, tat sich plötzlich eine ganz andere Tür auf. Einige Griechen, Gäste des Festes, wandten sich an die Jünger: »Wir interessieren uns für Jesus. Könnt ihr uns ein Gespräch vermitteln?« Wenn die Juden nicht wollten – war dann der Weg ins Ausland, in den griechischen Kulturraum, nicht eine von Gott eröffnete Chance? Frei wirken können im weiten Raum des Römischen Reichs? Das war verlockend. Es war ein Gedanke, der vielleicht den tödlichen Zusammenstoß mit Juden wie Römern vermied. Es gab ja Juden auch im ganzen kulturellen Umland bis hin nach Rom, und Paulus reiste später von Stadt zu Stadt und von einer jüdischen Gemeinde zur anderen, um dort für Jesus und sein Reich zu wirken. Ich könnte mir denken, dass Jesus für einen Augenblick davon fasziniert war. Aber er wehrte ab. Er verwies die Griechen auf eine Grundwahrheit, die sie aus ihrer eigenen Tradition, aus den Demetermysterien, kannten.

»Wenn das Weizenkorn nicht in die Erde fällt und stirbt, kann es nur verbraucht werden. Wenn es dagegen stirbt, schafft es Frucht. Wer sein Leben für so wertvoll hält, dass er es erhalten will, wird es verlieren. Und wer mir zugehören will, der gehe den Weg, den ich jetzt gehe. Denn die Stunde ist da, in der die göttliche Herrlichkeit an mir sichtbar werden soll. Wo ich sein werde, da soll mein Diener auch sein. Wer aber mit mir geht, den wird mein Vater ehren« (Johannes 12,24–26).

Der Zeuge Gottes, der an Gott zugrunde geht

Der Abschied vom Kreis der Freunde

Der letzte Abend kam und mit ihm das Fest der ungesäuerten Brote. Jesus sandte Petrus und Johannes in die Stadt mit der Weisung: »Geht und bereitet uns ein Mahl! Lasst euch einen Saal zeigen, der mit Liegepolstern ausgestattet ist; dort bereitet das Essen vor.« Als nun die Stunde kam, legte sich Jesus zum Essen nieder und die zwölf Jünger mit ihm.

Dieser letzte Abend begann im Bericht des Johannes mit einem für das ganze Wirken Jesu charakteristischen Vorgang: »Ehe das Passa kam, empfing Jesus Klarheit darüber, dass nun die Stunde gekommen war, in der er die Welt verlassen und zum Vater gehen sollte. Er hatte die Seinen geliebt während der Zeit seines Wirkens, und er liebte sie bis ans Ende. Und so erhob sich Jesus während des Essens, legte sein Obergewand ab und band sich eine Schürze um. Dann goss er Wasser in ein Becken und fing an, seinen Jüngern die Füße zu waschen und sie mit der Schürze zu trocknen. Danach legte er sein Kleid wieder an und ließ sich auf dem Polster nieder« (Johannes 13,1–12).

Deutlicher als mit diesem Zeichen kann man es nicht sagen: Ich stelle mich eine Stufe tiefer, als ihr steht. Was ich tue, tue ich für euch. Was mir widerfährt, geschieht für euch. Im Grunde geht es nicht um mich, wenn mir dieses Schicksal zugemutet wird, sondern um euch. Ihr könnt euch das deutlich machen, wie ihr wollt und mit welchen Mitteln ihr wollt, wichtig ist, dass euch das nie aus dem Kopf und aus dem Herzen geht: Es geschieht für euch. Und es soll nun das innere Gesetz eures gemeinsamen Lebens sein: Ihr nennt mich Meister und Herr. Wie aber nun ich als euer Meister und Herr euch die Füße gewaschen habe, wie ich den Dienst des Sklaven an euch getan habe, so sollt ihr ihn künftig einander tun. Alles andere ist Trug. Jedes Leben ist Opfer des Lebens um des Lebens willen. Jedes Leben ist Stellvertretung. Lasst alles, was Kampf um obere Plätze sein könnte. Ich bin nicht der große Guru, sondern das Opfer, von dem alle leben. Seid ihr es auch.

Die Fußwaschung war damals nicht nur Säuberung von Schmutz und Staub, sondern auch Fußpflege. Der Diener nahm sich der Verletzungen an, der Blasen, der dünn gewordenen Stellen, der Gelenkschmerzen. Waschen, Trocknen, Massieren, Streicheln, Heilen, Salben, das alles ist Fußwaschung. Sie ist sanftes Wohltun. Sie drückt aus: Der lange Weg, den du heute gegangen bist, braucht dich nicht mehr zu schmerzen. Der, den du morgen gehst, braucht dich nicht zu ängsten. Und so spricht Jesus mit seinem Zeichen auch über den Auftrag, den die Seinen den Menschen dieser Erde gegenüber wahrnehmen sollen: Setzt euch zu den Füßen der Menschen. Hört, was sie klagen. Sie sind müde von ihren langen Wegen. Löst sie aus ihrer Verkrampfung. Helft ihnen, loszulassen. Macht sie lebendig und frei. Helft ihnen zum aufrechten Gang. Führt sie an den Tisch, an dem ihnen Trank und Speise gereicht wird und sie eine Gemeinschaft finden, die sie aufnimmt.

Mit anderen Worten: Ihr habt viel zu viel Angst vor zärtlichen, liebevollen Berührungen. Ihr fühlt euch viel zu sehr zu einer starren »moralischen« Haltung verpflichtet. Ihr solltet eure Hände entdecken und die Haut und die Füße eurer Mitmenschen und etwas verstehen von den Leiden und Verwundungen ihrer Lebenswege. Ihr lebt, ihr Christen, viel zu sehr in euren Köpfen. Und so sagt Jesus zu Petrus, während er mit seinen Füßen beschäftigt ist, und Petrus will, dass er ihm auch den Kopf wasche: »Wenn ich dir die Füße wasche, dann gilt das für den ganzen Menschen.«

✽

Und er redete weiter zu ihnen: »Von ganzem Herzen habe ich mich danach gesehnt, dieses Fest mit euch zu feiern, ehe ich leide.« Dann nahm er den Kelch, betete den Dankpsalm und sprach: »Nehmt! Trinkt alle daraus!« Darauf nahm er ein Brot, brach es und gab es ihnen: »Das bin ich, der für euch in den Tod gegeben wird. Nehmt! Und haltet es so, wenn ihr später an mich denkt.« Nach dem Essen nahm er noch einmal den Becher: »Dieser Wein ist das Siegel eurer neuen Gemeinschaft mit Gott. Er ist das Blut, das für euch vergossen wird« (Lukas 22,15–20).

Ihr seid eins mit mir, sagt Jesus mit all dem. Ihr nehmt mich selbst in euch auf. Ich werde in euch lebendig sein. Er sagt, und wir wiederholen sein Wort bei jeder Feier des Heiligen Abendmahls: Ich bin das Brot. Nimm und iss. Ich komme zu dir. Ich bin bei dir. Ich bin in dir. Du wirst leben, mit mir, in Ewigkeit. Und: Ich bin der Wein. Ich will in dir wirken. In dir reifen, bis Gottes Geist ganz in dir ist und du lebendig bist wie ich.

Ihr seid eins mit mir, sagt Jesus. Es wird also eine neue Gemeinschaft des geschwisterlichen Gottesvolks entstehen. Ich werde in euch sein und ihr in mir. Wir, ihr und ich, werden also ein Leib sein. Und so wird alles Zerreißende und Zerrissene, alles Spaltende und alles Gespaltene geheilt und alles gut sein.

✽

Am Beginn der Passionsgeschichte stehen drei schöne Zeichen. Da ist das erste, das die Frau in Betanien gibt: Das zarte Zeichen der Inthronisation. Die Salbung des Hauptes Jesu, das kurz danach die Dornenkrone tragen wird. Da ist das zweite, das sanfte, freundliche Zeichen der Fußwaschung, der Wohltat an jenen Füßen, auf denen nur Stunden später die Jünger die Flucht ergreifen, und das dritte, das Mahl am gemeinsamen Tisch für die, die Stunden danach in alle Winde zerstreut sein werden.

Für sie aber wird in alle Zukunft das heilige Mahl eine Art von »Rhizom« sein. Das ist der Punkt, von dem aus bei einer Pflanze das Wachstum nach oben und das Wachstum nach unten gesteuert wird. Wir wachsen sozusagen nach unten in die Stille. Wir lassen uns los, wir nehmen ab. Wir wachsen nach unten, bis wir den Grund erreichen, aus dem uns Liebe und Lebenskraft zuströmen. Wir beschäftigen uns mit den Füßen. Und wir wachsen nach oben in die Freude, in die Dankbarkeit, in die Ekstase. Wir nehmen das Licht und den Geist auf, der von »oben« kommt, und antworten mit Lobgesang. Im Abendmahl kommen das Tiefste und das Höchste in uns zusammen, und das Tiefste und Höchste der Anderen. Das Opfer und die Begeisterung. Der Augenblick der Darreichung von Brot und Wein ist der gedehnte Augenblick, in dem Ewigkeit, die ewige Lebendigkeit, aufbricht.

Und Jesus redete an jenem Abend zu seinen Jüngern, den Männern und auch den Frauen, die wohl mit ihm feierten: »Euer Herz erschrecke nicht. In meines Vaters Haus sind viele Wohnungen. Ich gehe nun und bereite euch die Wohnung vor, und ihr werdet dort sein, wo ich bin.« »Ich werde den Vater bitten, euch einen Helfer zu senden: den Geist der Wahrheit. Der wird bei euch bleiben und in euch wohnen. In Kurzem wird mich die Welt nicht mehr sehen. Ihr aber werdet mich schauen. Denn ich lebe, und ihr sollt auch leben.« »Frieden lasse ich euch. Meinen Frieden gebe ich euch. Ich gebe nicht, wie man unter Menschen gibt. Euer Herz erschrecke nicht und fürchte sich nicht.« »Liebt einander, wie ich euch liebe. Größere Liebe hat niemand, als dass er sein Leben hingibt für seine Freunde«. »Ich bin der Weinstock. Ihr seid die Reben. Wer an mir bleibt, in wem ich wirke, der bringt reiche Frucht. Eine Rebe kann keine Frucht tragen, wenn sie nicht am Weinstock festgewachsen bleibt« (Johannes 14–15).

»In Kurzem werdet ihr mich nicht mehr sehen, aber bald danach werdet ihr mich schauen. Ihr werdet verzweifelt sein und klagen, aber euer Weinen wird in Freude umschlagen. Eine Frau, die ein Kind zur Welt bringt, hat Schmerzen und muss sie annehmen, denn sie kann ihrer Stunde nicht ausweichen. Wenn sie aber das Kind geboren hat, denkt sie nicht mehr an ihre Angst und Qual, sondern ist glücklich über ihr Kind. Ich werde euch wiedersehen, und euer Herz wird sich freuen. Und niemand soll eure Freude jemals wieder von euch nehmen« (Johannes 16,16–22). »Das alles sage ich euch, damit ihr Frieden findet in mir. In der Welt habt ihr Angst, aber fasst Mut: Ich habe die Welt überwunden« (Johannes 16, 33).

✾

Danach schloss Jesus mit seinem großen Abschiedsgebet ab: »Vater, die Stunde ist da. Du hast mir Vollmacht gegeben, all denen ewiges Leben zu verleihen, die du mir gegeben hast. Ich habe dich den Menschen gezeigt und den Auftrag erfüllt, den du mir gabst. Nun komme ich zu dir und rede das alles vor ihren Ohren, damit die Freude, die mich erfüllt, auch ihr Herz fülle. Ich bitte nicht, dass du sie aus der Welt nimmst, sondern dass du sie bewahrst vor dem Bösen. Ich bitte aber nicht nur für sie allein, sondern auch für die, die ihr Wort hören und an mich glauben. Denn sie sollen alle eins sein, wie du, Vater, in mir bist und ich in dir. Wie ich in ihnen bin und du in mir bist, so sollen sie vollkommen eins sein, damit die Welt erkenne, dass du mich gesandt hast. Vater, ich will, dass die, die du mir gegeben hast, bei mir seien, wo immer ich bin. Ich habe dich ihnen kundgetan und werde dich ihnen weiter offenbaren, damit die Liebe, mit der du mich liebst, in ihnen sei, und ich in ihnen lebe« (aus Johannes 17). Was Jesus mit alledem sagt, ist das Einfache, dass zuletzt alles auf seine und unsere Heimkehr ausgerichtet sei.

✽

Im Lauf des Abends verdichteten sich die Gerüchte: Man sucht dich! Verlass die Stadt! Und Jesus brach auf und ging mit den Seinen hinunter ins Kidrontal und an den Hang des Ölbergs, zu einem Landgut mit Namen Getsemani, wo er übernachten wollte. Die Szene, die sich dort abspielt, ist bekannt. Aber sie verbirgt ebenso viel wie sie ausspricht. »Setzt euch hier!«, wies Jesus seine Begleiter an. »Ich will dort hinübergehen und beten.« Er nahm Petrus, Johannes und Jakobus mit sich und fing an zu trauern und zu zagen: »Meine Seele ist zu Tode betrübt. Bleibt hier und wacht mit mir.« Dann ging er ein paar Schritte weit, sank auf die Erde und rief. »Mein Vater, wenn es möglich ist, lass diesen Kelch, den ich trinken soll, an mir vorbeigehen. Aber es soll nicht geschehen, was ich will, sondern was du willst.« Und noch ein zweites Mal ging Jesus beiseite und betete: »Mein Vater, wenn es keinen

Ausweg gibt und ich diesen Kelch trinken muss, so soll dein Wille geschehen« (Matthäus 26,36–42).

Was stand denn zur Wahl an diesem Abend? Worum ging es denn? Mir scheint, um Folgendes: Jesus konnte sich stellen. Er konnte abwarten, bis die Tempelpolizei ihn finden würde. Damit war das Ende klar: das Todesurteil und die Hinrichtung. Er konnte sich auch retten; er brauchte nur unterzutauchen. Vom Garten Getsemani ist es durch das nächtliche Kidrontal nur eine knappe Stunde Weges, bis die Wüste beginnt. Dort war er unauffindbar, der Fahndung durch die Tempelpolizei entzogen. Dort lebten nicht nur die mit den Tempelpriestern verfeindeten Essener, sondern auch die Familien der Hirtennomaden in ihren Zelten, in den Schluchten und an den Hängen des wüstenhaften judäischen Berglands. Und wollte er zwei Tage gehen, so gelangte er ins Ausland, ins Reich der Nabatäer, und war sicher. Es war eine Versuchung ähnlich der, die die Anfrage jener Griechen bedeutete, die ihn im Tempel hatten sprechen wollen. Er konnte sein Leben retten und im Frieden irgendwo ein alter Mann werden, vielleicht in der Gelassenheit, mit der Laotse die Grenze zum Gebirge überschritt, um sich der Unruhe dieser Welt zu entziehen. Aber er wäre aus der Geschichte verschwunden. Vor allem: Er hätte alles verleugnet, was er bislang vertreten hatte.

Sein Auftrag war von Gott, und er war klar. Jesus stand für Gottes Reich unter den Menschen. Konnte er diesen Auftrag verraten? »Der Geist ist willig, das Fleisch ist schwach«, sagte er zu seinen Jüngern, und diese Schwachheit, diese Angst, diese Panik des »Fleisches«, das heißt des normalen Menschen, war ihm voll bewusst, auch bei ihm selbst. Sein eigener, menschlicher Wille wollte leben und wirken oder untertauchen und wiederkommen.

Gott wollte offenbar anders. Jesus ging weder gelassen noch überlegen noch gar fröhlich in seinen Tod, wie es von Al Halladsch und seiner Kreuzigung erzählt wird. Erst von dem Augenblick an, in dem er den Willen Gottes bewusst bejahte, wurde er still und stiller und immer mehr eins mit seinem Geschick.

Jesus wusste, dass ähnliche Entscheidungen auf seine Jünger und Jüngerinnen zukommen würden. Und so hatte er zu Gott in seinem Abschiedsgebet gesprochen: »Ich bitte nicht, dass du sie aus den Gefährdungen herausnimmst, die die Welt für sie bereit hat, sondern dass du sie vor dem Bösen – vor der Verleugnung, heißt das – bewahrst. Heilige sie in der Wahrheit.« Das heißt: Verhüte, dass sie sich Lebenschancen damit ausrechnen, dass sie die Wahrheit verraten. »Heiligen« heißt: unangreifbar machen gegenüber der Lüge; die Menschen festigen, dass sie zur Wahrheit stehen.

Das also wäre einzuüben oder besser: zu erbitten. Dass nicht unser Wille das Maß gibt, sondern der Wille Gottes, und es wäre der Weg aus der Angst, den Willen Gottes zu wollen statt des eigenen.

✽

Kurz danach kam Judas an der Spitze einer mit Schwertern und Spießen bewaffneten Truppe von Gerichtsdienern. Judas, der sie an diesen Platz geführt hatte, hatte ihnen ein Zeichen angekündigt: »Der, dem ich einen Kuss gebe, der ist es. Den nehmt fest!« Sofort ging er auf Jesus zu: »Ich grüße dich, Meister!« und küsste ihn. »Mein Freund«, erwiderte Jesus, »dazu also bist du gekommen!« Da umstellten sie ihn und nahmen ihn fest. Und Jesus fragte sie: »Mit Schwertern und Spießen kommt ihr daher, mich zu fangen. Bin ich denn ein Räuber? Jeden Tag saß ich im Tempel, und ihr hattet nicht den Mut, mich festzunehmen! Aber all das geschieht, weil Gott es so will.« Da verließen ihn alle seine Jünger und flohen (nach Markus 14,43–49; Matthäus 26,47–56).

In dieser Szene wird es endgültig Nacht. »Das ist eure Stunde«, sagt Jesus zu den Soldaten, »es ist die Stunde der Finsternis.« Jesus geht seinen Weg, und er geht für die Seinen in der Nacht verloren. Denn was vor dem Hohen Rat der Juden und vor Pontius Pilatus geschieht, hat kein Licht.

Entsprach das Verfahren eigentlich dem jüdischen Recht?

Für fast alles, von dem bisher die Rede war, gab es Augen- und Ohrenzeugen. Was in Galiläa geschah oder in den ersten Tagen in Jerusalem, fand in aller Öffentlichkeit oder auch im Kreis der Freunde statt. Ab jetzt tritt manches ins nicht mehr recht Realisierbare zurück, denn auch die ersten Christen, die zu dieser Zeit schon mit Jesus verbunden waren, konnten nur noch von ferne beobachten, was geschah, und soweit es sich der amtlichen Verschlossenheit entzog. Von hier an, wo der Hohepriester Kaiaphas, der Hohe Rat, der König Herodes Antipas und der römische Gouverneur Pontius Pilatus ins Spiel kommen, spricht die Berichterstattung nur noch von Vorstellungen, wie alles zugegangen sein könnte. Auf dem Richtplatz Golgota, beim brutalen Tod des Aufrührers und Gotteslästerers, finden wir wieder Menschen, die berichten können. Irgendwie hat natürlich irgendein jüdisches Gremium getagt, irgendwie war die römische Macht beteiligt, aber was für die Einen und für die Anderen der wirkliche Grund war, nach welcher Prozessordnung alles ablief, das ist bei der hektischen Vorgehensweise, bei den wenigen Stunden, die das Ganze dauerte, kaum mehr rekonstruierbar. Ich gehe den Bericht kurz entlang. Gründlich und ausführlich habe ich das in dem Buch »Vor uns der Tag« getan.

✽

»Sie führten ihn zu dem früheren Hohenpriester Hannas. Danach zu dem amtierenden Hohenpriester Kaiaphas.« Matthäus spricht davon, der »ganze Hohe Rat«, in dem die wichtigen Parteien des damaligen Judentums vertreten waren, sei versammelt gewesen, es habe sich also alles im Rahmen eines legalen Prozesses abgespielt. Aber das steht in einer seltsamen Spannung zur damals gültigen Prozessordnung. Dieses Prozessrecht, das hundertfünfzig Jahre später schriftlich festgehalten wurde, aber lange zuvor, auch vor der Zeit Jesu, schon galt, bestimmte erstens, dass an einem Fest kein Urteil gesprochen werden durfte; zweitens, dass ein Gerichtsverfahren bei Tage stattzufinden habe und nicht in der Nacht; drittens, dass bei einem Hauptverfahren, das bis in die Nacht hinein andauerte, nach Einbruch der Dunkelheit kein Urteil mehr gefällt werden durfte, und viertens, dass kein Angeklagter nur aufgrund eines eigenen Geständnisses zum Tode verurteilt werden könne. Zudem erscheint es höchst fraglich, dass in der kurzen Zeit eine offizielle Einberufung aller Mitglieder des Hohen Rates zu einer Hauptverhandlung hätte stattfinden können. Wir vermuten also, dass eine legale Sitzung nicht stattgefunden hat und dass nur ein Teil der Mitglieder sich hat versammeln können.

Die Unklarheiten gehen noch weiter: Ein Angeklagter, der verhaftet werden sollte, konnte nur festgenommen werden aufgrund eines Haftbefehls des Hohen Rats. Wenn der aber vorlag, konnte man bei Tage und in der Öffentlichkeit zugreifen und hatte keine Suche in einem nächtlichen Garten nötig. Wenn Jesus sagt: »Warum so heimlich? Ich war doch täglich im Tempel!«, dann deutet er nicht nur die Heimlichkeit der Festnahme an, sondern auch ihre Unrechtmäßigkeit. Und weiter: Die Mannschaft bringt ihn nicht zum vorgeschriebenen Sitzungssaal im Tempelbereich, sondern in den Privatpalast des Hohepriesters. Ein legaler Prozess also sollte eben vermieden werden. Und wichtig ist: Die Fraktion der Pharisäer im Hohen Rat scheint kaum beteiligt gewesen zu sein. Vielmehr handelte vor allem die Partei der am Tempel konzentrierten priesterlichen Macht. Das Volk aber wusste vermutlich nichts von dem ganzen Vorgang, vor allem sicher dann nicht, wenn es sich wirklich um die Nacht des Passa gehandelt haben sollte.

✤

Bemerkenswert bleibt, dass Jesus während der ganzen Verhandlung fast immer geschwiegen hat. Als der Hohepriester ihn fragt, ob er der Messias sei, antwortet Jesus mit einer Korrektur: nicht der Messias, sondern der Menschensohn. Damit holt er seinen Auftrag aus dem politischen Zusammenhang heraus und rückt ihn in den Zusammenhang des kommenden Gottesreichs. Als Herodes, der Provinzfürst aus Galiläa, ihn ausfragen will, erwidert er kein Wort. Als Pilatus ihn fragt, ob er zur Verweigerung der Steuer aufgerufen habe, schweigt Jesus, obwohl er das leicht hätte klären können.

Während Jesus vor Kaiaphas steht, sitzt Petrus im Hof und wärmt sich am Feuer. Da beginnt seine Verleugnungsgeschichte, weil eine Frau ihn erkannt hatte. Sein Heldenstück, dass er sich bis in den Palast des Kaiaphas vorgewagt hatte, verliert dabei an Glanz. Er rückt vielmehr näher an Kaiaphas als an Jesus heran. Schließlich trägt er ja auch denselben Namen wie er. »Kaiaphas« und »Kephas« bedeuten dasselbe: der Fels. Und wir können annehmen, dass diese Szene sich so zugetragen hat, wie sie erzählt wird, denn als sie abgefasst wurde, hat Petrus sicher noch gelebt.

✽

»Die Versammlung stand auf, und man führte Jesus vor Pilatus.« Wer Pilatus war, wissen wir vor allem aus Klagen über ihn. Was wir von ihm hören, sind ständige Querelen mit der Priesterschaft, es sind Todesurteile ohne Verfahren, es sind Massenkreuzigungen und eine lange Folge von Missgriffen gegenüber dem empfindlichen religiösen Bewusstsein der Menschen. Aber fand vor ihm ein eigentlicher Prozess statt? Immerhin gab es ja auch eine genaue römische Strafprozessordnung. Nein, es war einfach die schnelle und unauffällige Beseitigung eines störenden Menschen, wie die Inhaber der Macht sie immer und überall in der Weltgeschichte vorgenommen haben.

Übrigens: Man pflegt unter Christen am Beispiel der Bevölkerung von Jerusalem die Wankelmütigkeit und Beeinflussbarkeit der Menschen zu geißeln. Zuerst rufen sie »Hosianna!« danach »Kreuzige!« Aber davon kann keine Rede sein. Die Leute, die Hosianna! riefen, waren nicht dieselben wie die, die Kreuzige! schrieen. Hosianna riefen die mit Jesus einziehenden Pilger zusammen mit einer größeren Anzahl von Einwohnern der Stadt. Aber die waren bei dem nächtlichen Prozess beziehungsweise bei der Nacht- und Nebelaktion, die die Priesterschaft am Tempel veranstaltete, mit Sicherheit nicht beteiligt. Beteiligt waren die Priesterschaft, die am Tempel beschäftigten Leviten, oder die Handwerker am Tempel oder die Ordnungskräfte, vielleicht auch einige von den Händlern am Tempel. Weder im Palast des Kaiaphas noch vor dem Sitz des Pilatus war Raum für viele Menschen. Nein, vielleicht waren es fünfzig, vielleicht auch hundert von den Leuten, die den Tempelbetrieb durch Jesus missachtet und bedroht sahen und die das Interesse hatten, dass das große Passa am Tempel und in der Stadt ungestört ablief.

Als Pilatus Jesus gegenübersaß oder -stand, fragte er ihn nach dem Sinn seines Anspruchs, ein König zu sein. Jesus antwortete: »Ja, ich bin ein König. Ich bin dazu geboren und in die Welt gekommen, für die Wahrheit zu zeugen. Wer aus der Wahrheit ist, hört meine Stimme.« Da fragte Pilatus: »Was ist Wahrheit?« Vermutlich war es bei dem Machtmenschen Pilatus nicht das Interesse daran, was denn nach Meinung dieses Angeklagten Wahrheit sei, sondern eher die verächtliche Abwehr: Was soll das Geschwätz? Was geht mich die »Wahrheit« an? Nun war das Römische Reich durchaus bis zu einem hohen Grade ein Rechtsstaat, und Pilatus wusste, dass das Recht auf Seiten der Wahrheit zu stehen habe, aber es musste ihn irritieren, dass hier einer die Wahrheit beanspruchte, ohne sein Recht wahrzunehmen.

Als Pilatus die Ankläger fragte: »Was soll ich denn mit diesem Jesus tun, von dem ihr sagt, er beanspruche das Königtum Israels?«, antworteten sie: »Lass ihn kreuzigen!«

Am Ende wäscht sich Pilatus die Hände und sagt: »Ich bin unschuldig.« Ob diese berühmte Geste stattgefunden hat oder nicht – sie hat sich unter Christen tausendfach wiederholt. Der Afrikaner David Diop schildert sie so:

»Der Weiße hat meinen Vater getötet:
mein Vater war edel.
Der Weiße hat meine Mutter geschändet:
meine Mutter war schön.
Der Weiße hat meinen Bruder
auf heißen Straßen zusammenbrechen lassen:
mein Bruder war stark.
Der Weiße hat sich dann gegen mich gewendet
mit seinen roten Händen voll schwarzem Blut
und mit seiner Herrenstimme:
He, Boy, ein Handtuch und Wasser!«

Szenen des Spottes werden berichtet, des Spottes der Juden und des Spottes der Römer. Die Juden: »Die Männer, die ihn festhielten, verspotteten und schlugen ihn. Sie verdeckten ihm die Augen, schlugen ihn ins Gesicht und fragten: ›Du Prophet, wer war das eben, der dich schlug?‹« (Lukas 22,63 f.). Die Römer: »Die Soldaten legten ihm einen roten Mantel um, flochten eine Krone aus Dornen, setzten sie ihm auf und grüßten ihn: ›Heil dir, du König!‹ Sie schlugen ihn mit einem Rohr aufs Haupt, spien ihn an, fielen auf die Knie und huldigten ihm« (Markus 15,16–19).

»Da ließ Pilatus ihn geißeln.« In einem Kellergewölbe band man ihn an eine Säule und schlug ihn mit der »neunschwänzigen Katze« zusammen. Er hatte sich dafür eingesetzt, dass Kranke Heilung fanden, Zusammengeschlagene ihre aufrechte Gestalt wieder gewannen, seelisch Besetzte die Freiheit und die Würde von Menschen wiederfanden. Nun geschieht ihm aus eben diesem

Grunde in der römischen Kaserne jene Qual und Erniedrigung, von der er die Menschen hatte befreien wollen.

Der Spottkönig wird von Pilatus auf der Terrasse des Palastes, blutend und zusammengeschlagen, vorgeführt: »Ecce homo!« Seht ihn doch an! Das ist doch kaum mehr ein Mensch zu nennen! Der gefährdet uns doch nicht! Aber diese Präsentation des Spottkönigs wurde danach zur Dauerszene. Jesus war für die Christenheit immer in seiner Doppelgestalt gegenwärtig: Als der verehrte und gepriesene Himmelskönig und zugleich immer auch als der Narr, den man in aller Regel gerade dann lächelnd überging, wenn aus seinem Wort für die politische oder soziale Wirklichkeit Konsequenzen zu ziehen gewesen wären. Und Jesus ist in der Tat beides: der schwache Mensch mit seiner großen Kraft, der Freie mit den gebundenen Händen und der Machtvolle, der sich zum Opfer bringt.

✾

Als am Morgen danach Jesus hinausgeführt wurde auf den Richtplatz, den Hügel »Golgota«, folgten ihm in einer großen Volksmenge auch Frauen, die klagten und ihn beweinten. Am Morgen, so stelle ich mir vor, machte in Jerusalem die Nachricht die Runde: Jesus, der Prophet aus Nazaret, soll gekreuzigt werden! Die Menschen liefen zusammen an dem Weg, der durch das »Gartentor« hinausführt. Und sie sahen ihn, wie er, den Querbalken zu dem Kreuz, an das er geschlagen werden sollte, auf den Schultern, hinauswankte, getrieben von römischen Soldaten.

Die Passionsgeschichte berichtet kurz und lapidar: »Es wurden auch andere hinausgeführt, zwei Übeltäter, die man mit ihm zusammen hinrichten wollte. Und als sie an den Ort kamen, kreuzigten sie ihn dort und die beiden anderen mit ihm, einen zu seiner Rechten und einen zu seiner Linken. ›Vater, vergib ihnen!‹, rief Jesus, ›sie wissen nicht, was sie tun!‹ Sie verteilten seine Kleider und warfen das Los darum. Viele Menschen standen da und sahen zu, aber seine Gegner aus dem Hohen Rat spotteten und sprachen: ›Er hat anderen geholfen. Er helfe nun sich selbst, wenn er Christus ist, der Auserwählte Gottes!‹ Es war aber über ihm ein Schild, auf dem stand: Dies ist der König der Juden« (Lukas 23,32–38).

Das Kreuz, dieses Schandstück menschlicher Henkerphantasie, ist bei uns Christen allzu gerne und allzu leicht zum Schmuckstück geworden und vielleicht ein wenig voreilig zum Zeichen des Heils. In Wahrheit gehört es mit dem elektrischen Stuhl und mit den Eisenrosten, auf denen man die Hexen verbrannte, zu den Folter- und Mordinstrumenten, mit denen man von jeher die Missliebigen, auf die man seinen Hass warf, zu Tode quälte.

Wenn wir uns an die dunkelste Stelle begeben wollen, die Jesus erfahren hat, und die frommen Übermalungen jenes Todes außer Acht lassen, dann ist Jesus mit dem Schrei gestorben »Mein Gott! Mein Gott! Warum hast du mich verlassen?« Die dunkelste Stelle war nicht dort, wo der Hass der Menschen oder die Charakterlosigkeit des Richters auf den Tod des Mannes aus Nazaret hintrieben, sondern dort, wo es um Gott selbst Nacht wurde, es war die Gottesfinsternis, in der Jesus am Ende versank. Und wir tun gut daran, gerade diese Stelle nicht mit dem Hinweis zu verschönen, Jesus habe doch gerade Gott angerufen, er habe sich also nicht wirklich verlassen gefühlt. Nein, um Gott war Nacht, Gott war der unendlich Ferne, und gegenwärtig war nur die Qual.

Den Tod Jesu zu betrachten, fände ich nicht die Kraft, wenn ich nicht, wie die Gemeinde der ersten Christen, von Ostern wüsste, und wenn ich diesen Tod nicht wie sie als Vorspiel des Aufstehens ins Licht begreifen dürfte. Am Ende trugen sie ihn in ein Grab und versiegelten den runden Stein, der das Grab verschloss. »Die Sonne verlor ihren Schein«, sagt das Evangelium. Es war Nacht, und die Nacht hatte gesiegt.

Was war der Sinn dieses Sterbens?

Der Schock über das katastrophale Ende des Meisters saß danach tief in den Menschen. Auch nach Ostern blieb die ratlose Frage unbeantwortet, wozu denn dieser Tod nötig gewesen sei, was durch ihn bewirkt, was durch ihn verändert worden sei. Und so wurden in den folgenden Jahrzehnten mehrere grundverschiedene Deutungen für den Sinn dieses Todes gefunden.

Die ersten Christen suchten nach Erklärungen in ihrer Bibel, dem Alten Testament, und fanden im 22. Psalm:

> »Sie haben meine Hände und Füße durchstochen.
> Ich kann alle meine Knochen zählen.
> Sie aber schauen zu und sehen auf mich herab.
> Sie teilen meine Kleider unter sich
> und werfen das Los um mein Gewand.«

Oder sie lasen im Buch Jesaja die Lieder des Gottesknechts: »Er hat unsere Schwachheiten auf sich genommen« (Jesaja 53,4 und Matthäus 8,17). »Er ist um unserer Missetat willen verwundet und um unserer Sünden willen zerschlagen. Die Strafe liegt auf ihm, damit wir Frieden hätten und durch seine Wunden sind wir geheilt«

(Jesaja 53,5 und 1. Petrus 2,24). Der »leidende Gottesknecht« aus dem Buch Jesaja, der sechshundert Jahre vor Jesus gelebt und gelitten hatte, wurde zum Urbild, dem das Schicksal Jesu ähnlich sei. Dieses frühe Muster machte klar, dass hinter dem Tod des Jesus von Nazaret Gottes Wille gestanden habe. Der Tod Jesu sei notwendig gewesen. Das war wohl der früheste Versuch, in die Finsternis der Leidensgeschichte Licht zu bringen. Aber es war nicht der letzte. Es folgten mehrere andere.

Man sprach von »Loskauf«: Sklaven wurden auf den antiken Märkten zum Kauf angeboten. Sie konnten nur frei werden, wenn einer für sie bezahlte und sie frei gab. So hat Christus für unsere Befreiung bezahlt.

Man sprach auch von »Gefangenenbefreiung«: Menschen sind von einer siegreichen Macht gefangen. Es kommt eine stärkere Macht und befreit sie. Das historische Muster dazu war Kyros, der Babylon eroberte und danach die jüdischen Gefangenen freigab. So hat Christus für uns getan.

Man sprach von »Schuldentilgung«: Ein hoffnungslos verschuldeter Mensch erlebt, dass sein Gläubiger ihm alle seine Schuld erlässt, wie Jesus in seinem Gleichnis von jenem König erzählt hat, und so hat Christus selbst für uns gehandelt.

Man sprach vom »Opferlamm«: Wie im Tempel ein Schaf geopfert wird, damit der Mensch von seiner Schuld vor Gott entlastet wird, so ist Christus für uns gestorben.

Man sprach von »Begnadigung«: Wie ein Staatsoberhaupt ein Todesurteil durch einen Gnadenakt aufheben kann, so hat Gott getan.

Und so verschieden die Mittel der Deutung waren und sosehr sie einander widersprechen, immer bekamen die Menschen, die solche Bilder gebrauchten, irgendeinen

Zipfel dessen zu fassen, was der Sinn des Todes Jesu sein konnte. Dennoch bleibt alles ein abgründiges Rätsel. Gehe ich allen diesen Lösungsversuchen nach, so finde ich mehrere Versuche, diesen Tod zu deuten:

Eine Deutung war das Bild von dem Geschick eines Propheten. Der Prophet war immer in der Gefahr gewesen, dass er umgebracht wurde. So starb Jesus als der Märtyrer für seine Botschaft.

Ein anderer Versuch ist der, dass der Hass gegen Gott, die Angst vor Gott, der Widerwille gegen sein Gebot, das Bedürfnis des Menschen, er selbst zu sein und der Regisseur seines Lebens, »versöhnt« worden sei. Dass uns Gott durch die Liebeshingabe Jesu freundlich begegne und wir selbst zu ihm Vertrauen fassten. »Versöhnung« durch den Tod Christi, das lässt sich freilich mühelos sagen, verstehen lässt es sich nicht.

Ein dritter Versuch ist der, dass der Mensch gesehen wird als in der Gewalt von dämonischen oder teuflischen Mächten gefangen, dem Bösen dienstbar wie ein Sklave. Und wie nun auf dem Sklavenmarkt einer ausgestellt und zum Kauf angeboten wird und von einem anderen, künftigen Besitzer eingekauft, so habe uns Jesus »losgekauft« mit dem Gegenwert seines Blutes.

Was tun? Zu verstehen ist hier nichts. Es nützt nichts, als im Vertrauen auf Jesus zu glauben, dass wir in den Jahrtausenden nach ihm und bis heute es ihm zu verdanken haben, dass wir an einen gütigen und einen freundlichen Gott glauben können, zu dem unser eigener Tod uns hinüberführen werde. Es sei durch ihn nicht nur die Verfehltheit unseres Lebens überwunden, sondern auch die Macht und Endgültigkeit des Todes.

Wichtig ist auch der Gedanke der Stellvertretung. Der Gedanke, dass Jesus stellvertretend für uns bei Gott erreicht hat, was wir nicht erreichen könnten. Er hat ein Wort für uns eingelegt. Er ist, anders als wir alle, der einsame Gerechte, der nicht in unsere menschlichen Unrechtsstrukturen verstrickt ist. Und er hat als der Gerechte eine Stimme, mit der er Gott ansprechen kann. Er war ein Gebender. Er hat durch sein Leben und Sterben ausgeglichen, was uns misslungen war. Warum das so ist, warum überhaupt das Gesetz der Stellvertretung gilt, warum es ein alles durchdringendes Lebensgesetz ist, dass alles Leben durch Stellvertretung gedeiht und gelingt, das sagt die Bibel nicht. Warum immer der Eine für den Anderen das Leben schützen muss, oder der Eine die Bresche schlagen muss für das Leben Anderer, wissen wir nicht. Dass der Eine für den Anderen stirbt. Oder einmal auch: der Eine für alle. Der Eine, der seinen Tod für die anderen erlitt.

Im allgemeinen haben wir Menschen mit diesem Gedanken unsere Schwierigkeiten, obwohl dieses Gesetz der Stellvertretung unser ganzes Leben durchwirkt. Wir mögen es nicht, dass das Gelingen unseres Lebens von einem anderen, der für uns starb, abhängt. Mir selbst aber ist dieser Gedanke seit meinen jungen Jahren vertraut. Ich hatte nie Schwierigkeiten mit ihm. Ich hatte ihn erlebt. Hautnah.

Es war am 6. Juni 1944. Am Tag der alliierten Invasion an der französischen Nordküste. Wir traten in der Frühe aus unserer Baracke und hörten ein gleichmäßiges Wummern am Horizont. Wir sahen uns an: Das sind sie. Und sie waren es. Die Amerikaner, die mit ihrer Riesenflotte der Küste zusteuerten. Wir eilten in die Staffelbaracke. Der Oberleutnant, der unsere Staffel führte, versuchte, die Sache mit Humor zu nehmen. »Die Lage ist verzweifelt, aber nicht hoffnungslos«, verkündete er. »Viertausend Schiffe. Ebenso viele alliierte Jäger über der Landungsstelle. Unser Auftrag: Die Jagdglocke durchbrechen. Mit zwölf Maschinen die Landungsflotte angreifen. Alles klar?« Alles klar. Nach unserem ersten Angriff waren wir noch sieben. Als wir den zweiten Angriff fliegen wollten – ich war einer anderen Besatzung zugeteilt, weil einige von uns verletzt waren – und die Motoren schon liefen, kam plötzlich der kleine blonde Unteroffizier, der krank im Revier gelegen hatte und den ich vertreten sollte, in der vollen Fliegerausrüstung über den Platz gelaufen und ruderte mit den Armen. Was will der, fragten wir uns, ließen die Leiter noch einmal hinunter und schauten ihm entgegen. Er erschien in der Luke und schrie mich gegen den Motorenlärm an: »Mach, dass du rauskommst. Das ist meine Besatzung.« Ich übergab also die Geräte und die Waffen und stieg aus. Er startete an meiner Stelle. Nach einer Stunde waren sie zurück. Ich suchte nach der »Berta«, in der er für mich gesessen hatte, und fragte den ersten: Was ist mit der Berta? Er zog die Fliegerhaube vom Kopf und sagte: »Flakvolltreffer.« Das war es also. Er starb an meiner Stelle. Niemand hätte es ihm übel genommen, wenn er in seinem Bett geblieben wäre. Aber er schickte mich aus seiner Maschine ins Leben zurück. Mein ganzes, langes Leben von seitdem mehr als sechzig Jahren verdankt sich seinem stellvertretenden Willen. Wie sollte ich dieses ganze Leben irgendwann mit dem Gedanken der Stellvertretung Jesu für uns Menschen ein Problem haben? Natürlich kann ich nichts davon erklären. Wie sollte ich? Aber ich weiß, dass es das gibt, und bin bereit, das Geheimnis des stellvertretenden Leidens und Sterbens auch in der Geschichte des Mannes von Nazaret in einem sehr tiefen Sinn für gegenwärtig zu halten.

So sprach man auch davon, der Mensch solle sich mit Gott »versöhnen«, und das sei ihm möglich dadurch, dass er den Tod betrachte, den Jesus aus Liebe zu ihm gestorben sei. Der Mensch sucht ja, so sagte man, seine eigenen Wege abseits des Weges, den Gott ihm zugedacht hat, weil er, ähnlich einem pubertierenden Kind, den überlegenen Gott, die große Autorität, hasst und sie abwerfen zu müssen meint, um frei zu sein. »Versöhnung« heißt: Wer Christus ansieht, kann seinen Hass gegenüber Gott ablegen und den väterlichen, den ihm freundlich zugewandten Gott finden. Sünde in diesem Sinn und Zusammenhang ist also nicht sosehr Missachtung eines Gesetzes, sondern Abkehr aus einer Gemeinschaft, der der Mensch ursprünglich anzugehören bestimmt war, und Versöhnung ist die Rückkehr, die Heimkehr ins Haus des Vaters aufgrund der Liebe des Christus.

✽

Nun kann man zwei Phasen in diesen Deutungen voneinander trennen. Die eben genannten wurden gefunden in der Zeit, in der die urchristliche Wanderbewegung sich noch im Siedlungsraum der Juden in Palästina bewegte und von dort ihren Ausgangspunkt nahm, um in die Länder der umgebenden Völker überzugreifen. Die zweiten in der Zeit, in der das Christentum unabhängig von seinem jüdischen Ursprung in der griechisch-römischen Welt, in der die jüdischen Deutungsmuster so genau nicht verstanden wurden, verbreitet war. Man kann diese Phasen auch trennen mit Hilfe des Zeitpunkts, zu dem der Tempel und das Land der Juden im Krieg gegen die Römer zugrunde gingen, also mit dem Jahr 70 n. Chr.

Von drei wichtigen Deutungsmustern, die die erste Kirche fand, ist das älteste das des Paulus. Seine Gedanken kreisen um das Wort »Versöhnung«. Paulus betont mehrfach, was er etwa fünfundzwanzig Jahre nach Jesu Tod sage, sei eine Überlieferung, die er selbst empfangen habe.

»Als erstes habe ich euch weitergegeben, was auch ich empfangen habe: dass Christus gestorben ist für unsere Sünden nach der Schrift, dass er begraben wurde und auferstanden ist am dritten Tage nach der Schrift und dass er gesehen worden ist von Petrus, danach von den Zwölfen« (1. Korinther 15,3–5).

»Ich habe von dem Herrn empfangen, was ich euch weitergegeben habe: Der Herr Jesus nahm in der Nacht, in der er verraten wurde, das Brot, dankte, brach es und sprach: Das ist mein Leib, der für euch gegeben wird. Das tut zu meinem Gedächtnis. Desgleichen nahm er auch den Kelch nach dem Mahl und sprach: Dieser Kelch ist der neue Bund, der durch mein Blut gestiftet wird; das tut, so oft ihr daraus trinkt, zu meinem Gedächtnis. Denn so oft ihr von diesem Brot esst und aus diesem Kelch trinkt, verkündigt ihr den Tod des Herrn, bis er kommt« (1. Korinther 11,23–26).

Hier wird deutlich, dass Paulus das Abendmahl gerade nicht nach der Art eines Passamahls deutet, sondern dass ihm die Gestalt des Abendmahls vor Augen steht, wie es zu seiner Zeit in den christlichen Gemeinden landauf, landab gefeiert wurde.

Was aber mag gemeint sein mit »für euch«? Es kann heißen »zu euren Gunsten«. Es kann aber auch heißen »stellvertretend für euch«. Es kann also heißen: euch zugute, so dass ihr das Leben findet. Oder auch: an eurer Stelle, die ihr eigentlich den Tod verschuldet habt. In beiden Fällen liegt darin eine Überlieferung, die längst vor Paulus bestand.

Des Paulus eigene Überzeugung aber kommt im Römerbrief zum Vorschein, wo er von »Versöhnung« spricht:

»Wenn wir mit Gott versöhnt wurden
durch den Tod seines Sohnes,
als wir noch mit ihm verfeindet waren,
um wie viel mehr werden wir selig werden
durch sein Leben, nachdem wir nun versöhnt sind.«
Römer 5,8–10

Oder sie kommt zum Ausdruck im Korintherbrief:

»Wer in Christus ist, ist ein neues Geschöpf.
Das Alte ist vergangen. Alles ist neu geworden …
Denn Gott war in Christus
und versöhnte die Welt mit sich selber,
er rechnete den Menschen ihre Sünden nicht zu
und gab uns den Auftrag, für Versöhnung zu wirken.
So bitten wir nun an Christi Statt:
Lasst euch versöhnen mit Gott!«
2. Korinther 5,17

Eine weitere Auslegung dieses Gedankens liegt in den Worten: »Die Liebe des Christus drängt uns, zumal wir überzeugt sind, dass, wenn einer für alle gestorben ist, sie alle gestorben sind. Und er ist darum für alle gestorben, dass die Lebenden künftig nicht sich selbst leben, sondern dem, der für sie gestorben und auferstanden ist« (2. Korinther 5,14 f.).

Wenn aber Paulus von Versöhnung spricht, so liegt, wie gesagt, der entscheidende Punkt darin, dass nicht Gott versöhnt werden muss, sondern der Mensch. Und wesentlich ist auch, dass Jesus die Gottverlassenheit des Menschen, der seine eigenen Wege geht, für sich selbst übernimmt aus Liebe zu den Weggelaufenen und dabei in den Menschen die Liebe Gottes, der sie aufsucht, anschaulich macht. Es ist ja in der Tat eine ungeheure

Kühnheit, den Gott, der diese Welt regiert, als den Gott der Liebe zu verstehen. Wer Christus, den aus Liebe Sterbenden, ansieht, hat diese Kühnheit. Er ist mit Gott versöhnt.

»Versöhnung« heißt: Wer Christus ansieht, kann seinen Hass gegenüber Gott ablegen, er kann heimkehren und den väterlichen, den ihm freundlich zugewandten Gott finden. Sünde in diesem Sinn ist also Abkehr aus einer Gemeinschaft, der der Mensch ursprünglich anzugehören bestimmt war. Und Versöhnung ist, anders als in der Rechtfertigungslehre, nicht die Übernahme der Gerechtigkeit des Christus durch den Menschen, sondern die Rückkehr, die Heimkehr ins Haus des Vaters aufgrund der Liebe des Christus.

✾

Wenige Jahre nach der Zerstörung des Tempels schrieb Lukas sein Evangelium und den Bericht über die erste Zeit der Kirche, und zwar für Menschen, die mit Tradition, Gesetz und Kult der Juden nicht vertraut waren. Bei ihnen war, was Jesus für uns getan hat, vor allem im Bild eines »Weges« gedeutet. In Apostelgeschichte 3,15 lässt er Petrus in einer Rede sagen:

> »Ihr habt den getötet, der uns ins Leben führt.«

Und in Apostelgeschichte 5,31 bekennt Petrus vor dem Hohen Rat:

> »Der Gott unserer Väter hat Jesus auferweckt,
> der, den ihr an das Holz gehängt und getötet habt.
> Gott aber hat ihn erhöht,
> so dass er zum Anführer, zum Vorausgänger und Retter wurde.«

Er will sagen: Jesus führt uns durch den Tod. Er steht auf vom Tod und führt uns ins Leben. Er nimmt uns mit sich oder hinter sich her. Er wird zum Vorausgänger für die, die »ihm durch viele Drangsale nachfolgen« (Apostelgeschichte 14,22 und öfter).

Im Lauf dieses Weges erfüllt sich Gottes Heilsplan, zugleich öffnet sich uns Menschen ein Weg durch unseren eigenen Tod. Jesus leistet aber nicht irgendeine Sühne, er geht vielmehr vor uns her und macht den Weg frei. Und so gelingt es Lukas, seinen nichtjüdischen Lesern den Sinn von Jesu Tod und Auferstehung zu erläutern, ohne sie mit den schwierigen Codes aus der jüdischen Tradition, also mit Opfer, Rechtfertigung, Stellvertretung oder Sühne zu beschweren, und ihnen zu zeigen, welchen Weg sie nun in der Nachfolge Jesu gehen könnten. Damit hat Lukas zugleich das Motiv gefunden, das für den Weg der Kirche in der Zeit nach Jesus wirksam wurde.

✻

Diese Deutung ist zum Beispiel zu finden in Paul Gerhardts Lied: »Auf, auf, mein Herz, mit Freuden«:

»Ich hang und bleib auch hangen
an Christus als ein Glied.
Wo mein Haupt durch ist gangen,
da nimmt er mich auch mit.
Er reißet durch den Tod,
durch Welt, durch Sünd, durch Not,
er reißet durch die Höll,
ich bin stets sein Gesell.«

Jesus leistet also nicht irgendeine »Sühne«, er geht vielmehr vor uns her und macht uns den Weg frei. Und auf diese Weise zeigt Lukas seinen Lesern den Sinn von Jesu

Sterben, ohne sie mit den schwierigen Gleichnisbildern aus der jüdischen Tradition zu befassen. »Für euch« gestorben heißt bei Lukas »euch voraus«. Er gibt euch die Richtung eures Weges an, er bewahrt euch auf eurem Weg, er macht euch den Weg frei. Sein Tod ist sein Vermächtnis an euch, sozusagen der Beleg für alles, was Jesus gesagt und getan hat.

✻

Eine noch einmal andere Deutung gibt Johannes. Auch für ihn war der »Weg« eines der wichtigen Bilder: Jesus kam vom Himmel herab, aus dem Uranfang. Er ging unerkannt und missverstanden seinen Weg auf dieser Erde. Er wurde erhöht, stieg wieder auf zum Vater und erlangte seinen anfänglichen Lichtglanz wieder. Sein Weg auf dieser Erde aber war der Weg des Liebens. Johannes nahm durchaus auch Bilder auf, die vom Opfer sprechen, das Bild vom Lamm Gottes, vom guten Hirten, vom Weizenkorn, das in die Erde fällt und stirbt. Er nimmt auch das Wort auf, das Jesus im Abschied gesagt habe: »Niemand liebt tiefer, als der für seine Freunde stirbt.«

Das Kreuz ist für Johannes die Vollendung seines Liebes- und Offenbarungsweges. Der Ertrag seines Todes ist Freiheit (8,36), ist Freude (16,22) und ist Friede (14,27). Die Worte »Rechtfertigung« oder »Gerechtwerden durch den Glauben« erscheinen bei ihm nicht. Für ihn ist selbstverständlich, dass Jesus sein Tod weder von Menschen aufgezwungen noch von Gott auferlegt worden ist, sondern dass er selbst ihn in großer Freiheit wählte: »Niemand nimmt mir mein Leben, sondern ich selber gebe es hin. Ich habe Macht, es hinzugeben, und Macht, es wieder zu nehmen« (Johannes 10,18).

Sein Tod ist, nachdem er den ihm gegebenen Auftrag, Gott den Menschen zu offenbaren, erfüllt hat, der Weg, den er aus Liebe geht, er ist sein Abschied und die Weise, wie er zu Gott, seinem Vater, zurückkehrt, nicht ohne die von ihm geliebten Menschen dorthin mitzunehmen.

Wichtig ist bei all dem, dass wir sehen: Schon die Urgemeinde hat über den Sinn des Todes Jesu verschieden gedacht. Es kann also nicht sein, dass ein Christ heute auf eine dieser Interpretationsweisen festgelegt oder dass er gar verpflichtet wird, alle Versuche einer solchen Deutung gleichzeitig mitzutragen. Die »Lehre« der Kirche ist nicht ein verwaltetes Lehrgut, das ein für alle Mal festliegt; sie ist vielmehr ein offenes Feld für das Gespräch unter Christen. Denn wir werden nie das Ganze fassen. Es wird uns aber das eine oder das andere treffen. Es wird irgendein Funke überspringen, der uns in Brand setzt. Und einen anderen Beweis für die Wahrheit und für unseren Glauben wüsste ich nicht zu nennen.

Jesus, der ins Leben vorausgeht

Die Welt öffnet ihren Hintergrund

Aber diese Welt ist nicht nur eine Welt harter Tatsachen. Nicht nur eine Welt, die man messen kann und wägen und zählen und in Gesetze fassen, sie ist ein transparentes, ein durchscheinendes Gebilde.

Die Bibel spricht von Wundern, die nur Sinn haben, wenn sie in Zusammenhang stehen mit Schichten unserer Wirklichkeit, die uns nicht vor Augen liegen. Sie spricht von Engeln, das heißt Wesen, die wir nicht wahrnehmen. Sie spricht von Träumen, in denen etwas Fremdes und Anderes sich kundtut. Sie spricht von spirituellen Erfahrungen, in denen sich zeigt, dass diese Welt keineswegs allein der Mechanismus ist, den die Naturwissenschaft erforscht und die Philosophie für real hält. Und gerade uns heutigen Menschen tut es dringend not, diese andersartige zweite Wirklichkeit über uns, um uns her und in uns selbst neu und anders, als die Aufklärung es tat, ins Auge zu fassen.

Dass wir im Vertrauen auf diese sichtbare Wirklichkeit die Achtsamkeit auf diese andere Art Welt vernachlässigt haben, zeichnet besonders unsere protestantische Theologie aus. Wir können auf unzähligen Ebenen heutiger Wahrnehmung Erfahrungen registrieren und prüfen, die uns über unsere vierdimensionale Wirklichkeit hinausführen. Visionen, ekstatische Erfahrungen, Zeichen, Hinweise, Erscheinungen von vielerlei Art, die uns darauf hinweisen, es gebe eine Wirklichkeit, nicht eine geträumte, sondern eine reale, die uns über unsere kleine und enge Wirklichkeit weit hinausführt. Davon werde ich, wenn es mir noch möglich sein wird, später einmal gründlich reden. Aber alles Außersinnliche, Übersinnliche, Anders-Wirkliche ist nicht das, was wir das Jenseits nennen. Kein Visionär hat je einen Blick in das wirklich Jenseitige getan. Jenseits im wirklichen Sinn ist nur Gott. Was geschaut, was erfahren, was geahnt wird, ist sozusagen ein anderes Diesseits, ein den Mitteln unseres Verstandes entzogenes. Ein Diesseits II, wenn man so will. Das aber wiederzufinden, wird für die Kirche eine der wichtigsten, der dringlichsten Aufgaben für die kommenden Jahrzehnte sein. Die Neuzeit ist endgültig vergangen. Mit ihr die Naturwissenschaft, wie die Neuzeit sie verstand. Unsere Wirklichkeit ist voll offener Stellen, an denen unser Verstand seinen Dienst versagt. Wo wir also nur ahnen, vermuten oder in ganz anderer Weise wahrnehmen können.

Es lässt sich einfach nicht mehr leugnen, dass Menschen sich ergriffen wissen von einer anderen Wirklichkeit. Dass es ein Wissen gibt über die Grenzen des Raums hinaus um Dinge, die in der Ferne geschehen, dass es ein Wissen gibt über die Grenzen der Zeit hinaus über Dinge, die in der Zukunft geschehen werden, dass es die Nahtoderfahrung gibt, das Out-of-body-Phänomen, die Kundgabe von Toten, die Erinnerungen an »frühere Leben«, die zeigen, wie unser Bewusstsein angeschlossen ist an ein größeres Bewusstsein, das der Menschheit gemeinsam ist, dass es ein transpersonales Bewusstsein gibt, wie es bestimmte Richtungen der Psychologie heute entdecken. Dass es vor allem außersinnliche Gotteserfahrungen in allen Phasen der religiösen Geschichte gegeben hat, auch der christlichen. Berufungserlebnisse. Dass es Sinn hat, mit der Mystik früherer Zeiten von einem Grund der Seele zu reden, der der Psychologie verborgen ist, in der der sprechende Gott der Menschenseele vernehmbar wird. Hier sehr neu Klarheit zu schaffen wird uns allen in der Zukunft als eine unserer wichtigsten Aufgaben bevorstehen.

Es kann uns allmählich deutlich werden, dass unsere Welt grenzenlos ist. Was wir als Grenzen wahrnehmen, stellen wir mit unserem Menschenverstand in die Welt hinein. Der Geist dringt durch alle Grenzen unseres Erkennens hindurch. Die scheinbare Wand zwischen unserer Welt, in der wir uns zu orientieren haben, und der Welt, von der wir umgeben sind und in die wir möglicherweise hinüberwechseln, wenn wir sterben, ist dünn. An dieser dünnen Wand ist mir persönlich derart viel widerfahren, dass ich nur staunen kann, wie leichten Sinnes viele Christen unter uns alles, was diese Wand durchdringt oder überwindet, ins Unwirkliche abdrängen oder etwa einer törichten Esoterik anlasten.

✽

Wir sprechen von Offenbarung. Vor allem das Evangelium des Johannes sieht in Christus den »Offenbarer« der anderen Welt und Gottes. Der »Offenbarer« ist der, der einen Vorhang zurückzieht, so dass etwas wahrnehmbar wird, was verborgen war. Das geschieht, indem ein Wort hinüberdringt in unsere Lebenswelt, das uns sagt, was wir uns nicht selbst sagen können. Das uns etwas zeigt, was unsere Sinne nicht feststellen. Eine Offenbarung geschieht so, dass dort, wo unsere Sinne und unser Verstand vor einer Grenze Halt machen, etwas wie Helligkeit sich auftut, die aus einer anderen Wirklichkeit herüberleuchtet.

Der Ostermorgen war zunächst ein Schrecken

Für die Gemeinde des Neuen Testaments war nach dem Tod ihres Meisters deshalb nicht alles zu Ende, weil sich ihnen eine offene Zukunft auftat. Sie erlebten ihn als lebendig. Als gegenwärtig.

In der Morgenfrühe des dritten Tages nach dem Tod des Meisters kamen Maria Magdalena, Maria und Salome zum Grab, um ihn zu salben, und fragten sich bang: »Wer wird uns den Stein vom Eingang des Grabes wegwälzen?« Da sahen sie, dass der Stein abgewälzt war, und schauten im Grab – was schauten sie? Lässt sich das sagen? – eine Erscheinung wie einen Menschen in einem weißen Gewand, und sie erschraken bis ins Herz. Eine Stimme kam irgendwoher: »Er ist auferstanden!« Da stürzten die Frauen aus dem Grab und flohen. Denn Grauen hatte sie erfasst. Sie sagten aber niemandem etwas, denn sie waren wie gebannt von Furcht« (Markus 16,1–8).

Was ist wirklich geschehen? Ist ein Stein abgewälzt worden? Muss denn ein Auferstehender Steine abwälzen? Kann ein Auferstehender behindert werden an seiner Auferstehung durch ein verschlossenes Grab? Ist das offene Grab eine Chiffre für eine andere Art Offenheit?

War das Grab leer? Wenn ich auferstanden sein werde, wird mein Grab nicht leer sein. Der Körper wird im Grab bleiben. Er hat seinen Dienst getan. Er darf verwesen. Ist das leere Grab eine Chiffre für ein Ende der Macht des Todes?

Stand da ein Engel? Und wer sprach? Ostern ist ein Geschehen, das Geist und Seele betrifft. Es gibt da mit leiblichen Augen nichts zu sehen. Man fasst es weder mit Geschichten, die es beschreiben, noch mit Gedanken, die es beweisen sollen. Ostern will und muss geglaubt werden, solange wir auf dieser Erde leben. Aber in unserem Glauben, in unserer Ahnung können wir fassen, was doch unfassbar ist: das Geheimnis des Lebens, aus dem wir kommen, und das Geheimnis des Lebens, auf das wir zugehen.

Ich habe als junger Mensch mehr mit dem Tod zu tun gehabt, als für einen Zwanzigjährigen gut ist. Ich habe das Massensterben eines Krieges erlebt, aber ich habe den Tod nie als das bloße Ende des Lebens angesehen, sondern immer als einen Durchgang in eine andere Art von Sein. Ich habe auch seither viele Erfahrungen gemacht, die mich darin bestärkt haben. Der Tod ist nicht das Ende.

✽

Noch mehr geschah an diesem Tag: Zwei aus dem Kreis der Freunde wanderten nach Emmaus, das man von Jerusalem aus in einer Stunde erreichte, und redeten miteinander über alles, was geschehen war. Während sie so miteinander sprachen und rätselten, näherte sich Jesus und gesellte sich zu ihnen. Sie aber erkannten ihn nicht, ihre Augen waren wie verschlossen.

Mittlerweile näherten sie sich dem Dorf, und er tat so, als wolle er weitergehen. Sie baten ihn aber dringend: »Bleibe bei uns! Es ist Abend, bald wird es dunkel sein!« So ging er mit ihnen in ihr Haus und blieb bei ihnen.

Da geschah es: Während er mit ihnen zu Tische lag, nahm er das Brot, sprach das Dankgebet, brach das Brot und gab es ihnen. Da fiel es wie Schuppen von ihren Augen, und sie erkannten ihn. Er aber verschwand vor ihnen. »Wir haben es doch gespürt!«, durchfuhr es sie. »Unser Herz brannte doch in uns, während er an unserer Seite ging und uns das Wort der Schrift erklärte!«

Noch am Abend, in derselben Stunde, brachen sie auf und kehrten nach Jerusalem zurück. Dort fanden sie die elf Apostel und ihre Gefährten versammelt. Die riefen ihnen entgegen: »Es ist wahr! Der Herr ist auferstanden! Simon hat ihn gesehen!« Dann berichteten sie selbst, was auf dem Wege geschehen war und wie sie ihn an der Art, in der er das Brot brach, erkannt hatten (Lukas 24,13–35).

Magdalena stand vor dem Grab, weinend. Während sie weinte, bückte sie sich und sah in die Grabhöhle hinein. Da fühlte sie, dass jemand hinter ihr stand. Der fragte sie: »Was weinst du? Wen suchst du?« Sie meinte, er sei der Gärtner, und sagte: »Wenn du ihn weggetragen hast, dann sage mir, wohin, dann will ich ihn holen.« Da sprach die Erscheinung sie an: »Maria!« Sie fuhr herum und rief: »Mein Meister!« Aber Jesus wehrte ab: »Rühre mich nicht an! Ich bin im Übergang! Sage aber meinen Brüdern, dass ich auf dem Wege zum Vater, zu Gott, bin.« Da lief Maria zu den Jüngern und rief: »Ich habe den Herrn gesehen!« und berichtete, was er ihr gesagt hatte (Johannes 20,11–18).

Sie hatte die Nacht in der Tiefe ihrer eigenen Seele zugebracht, schlaflos, wie ich mir denke. Im Grab ihrer Seele. Sie hat ihr Entsetzen nicht abgestreift durch Flucht wie die Jünger. Sie wachte an einem tiefen, dunklen Ort. Und es brauchte eine ganze Weile, bis sie den Garten und die Gräber und was sich da begab, wahrnahm.

Aber dann, als sie ihren Namen hört, ist es, als brause das Wasser, das sich in der Tiefe gesammelt hatte, wie in einer Quelle ans Licht. Und mit dem Meister, den sie schaut, steht auch sie selbst auf aus der stummen Totenwache ihrer Seele. Sie gewinnt ihre Kraft wieder und eine neue dazu, die aus einer anderen Welt kommt. Und sie beginnt zu reden. Zeugin der Auferstehung.

Sie kann ihn nicht fassen, den Meister. »Rühre mich nicht an«, sagte er, »ich bin im Vorübergehen. Aber den Vorübergehenden darfst du schauen.« Und sie wird auf einen Weg gesandt: »Geh!« Sie empfängt das Amt eines Apostels: »Sage meinen Brüdern! Sie sollen durch dich schauen, was du geschaut hast.« Und mit diesem Auftrag tritt sie aus der Zone der Verzweiflung ins Leben.

In Maria Magdalena schlug der neue Mensch die Augen auf, und er wird nun wachsen und reifen auf seinem Weg über diese Erde des Todes, bis er Gott selbst schauen wird – wie die Bildersprache der Bibel es ausdrückt – »von Angesicht zu Angesicht«.

Am Ende verstehen auch die Jünger: »Friede sei mit euch«, hören sie. Durch die verschlossene Tür ihrer Seele trat er ein. »Nehmt den heiligen Geist«, hören sie. »Den Geist der Lebendigkeit und der Kraft, der Liebe und des Verstehens« (Johannes 20,11–22).

✾

Später erschien Jesus seinen Freunden aufs Neue, und zwar am See von Tiberias. Das ging so zu: Petrus, Thomas, der Zwilling, Natanaël von Kana in Galiläa, die beiden Zebedäussöhne und noch zwei andere waren dort beisammen. Als nun Simon Petrus sagte: »Ich will fischen gehen!«, erklärten die anderen: »Wir auch!« So gingen sie an den See hinunter und stiegen ins Boot. Aber während der ganzen Nacht fingen sie nichts. In der ersten Morgenfrühe stand Jesus am Ufer, und die Jünger wussten nicht, dass er es war. »Kinder«, redete er sie an, »habt ihr nichts zu essen?« »Nein«, antworteten sie. »Werft das Netz über die rechte Seite des Bootes, dann werdet ihr etwas finden.« Sie taten es und konnten das Netz wegen der Last der Fische nicht mehr einholen. Da sagte der Jünger, den Jesus lieb hatte, zu Petrus: »Es ist der Herr!« Als Petrus das hörte, zog er das Gewand über, denn er war nackt, und sprang ins Wasser. Die anderen Jünger kamen im Boot nach – sie waren nur etwa hundert Meter vom Land – und zogen das Netz mit den Fischen.

Danach wandte sich Jesus an Simon Petrus: »Simon, Sohn des Johannes, liebst du mich mehr als die Anderen?« »Ja, Herr«, antwortete der, »du weißt, dass ich dich lieb habe.« Da fügte Jesus hinzu: »Dann hüte meine Lämmer.« Zum zweiten Mal fragte er ihn: »Simon, Sohn des Johannes, liebst du mich?« »Ja, Herr, du weißt, dass ich dich liebe.« Jesus setzte hinzu: »Dann sorge für meine Schafe.« Aber Jesus fragte ihn noch ein drittes Mal: »Simon, Sohn des Johannes, liebst du mich?« Da wurde Petrus traurig, weil Jesus zum dritten Mal fragte: »Liebst du mich?« So antwortete er: »Herr, du weißt alles, du weißt, dass ich dich liebe.« Jesus fuhr fort: »Dann weide meine Schafe. Höre zu, was ich sage: Du warst einmal jung. Du hast dir deinen Gürtel selbst umgebunden und gingst, wohin du wolltest. Du wirst einmal alt werden, dann wirst du deine Hände ausstrecken und ein anderer wird dich binden und dich führen, wohin du nicht willst.« Das sagte er ihm, um anzudeuten, welchen Tod er zu Gottes Ehre erleiden würde, und fügte hinzu: »Folge mir nach!«

Da wandte Petrus sich und sah den Jünger, den Jesus besonders liebte, nachkommen, den, der bei jenem Mahl an seiner Brust gelegen hatte. Als Petrus ihn sah, fragte er Jesus: »Herr, was wird denn mit dem geschehen?« »Wenn ich will«, entgegnete Jesus, »dass er bleibt, bis ich wiederkomme, was geht es dich an? Du jedenfalls geh meinen Weg.« Da entstand die Meinung unter den Brüdern: »Dieser Jünger stirbt nicht!« Jesus hatte aber nicht gesagt: »Er stirbt nicht«, sondern nur abgewehrt: »Wenn ich will, dass er lebt, bis ich wiederkomme, was geht es dich an?« (Johannes 21).

»Später«, so berichtet Lukas, »führte er sie zur Stadt hinaus bis in die Nähe von Betanien. Dort breitete er die Hände über sie und segnete sie, und während er ihnen seinen Segen gab, schied er von ihnen und wurde in den Himmel erhoben. Sie aber fielen vor ihm nieder, dann kehrten sie nach Jerusalem zurück, von übergroßer Freude erfüllt, und waren von da an ständig im Tempel, Gott rühmend« (Lukas 24,50–53).

Was ist von alledem zu halten?

Entscheidend aber sind nun die Erfahrungen der ersten Tage. Diese Erfahrungen sind der Kern des christlichen Glaubens. Wer nicht glauben will oder kann, dass die Toten leben und dass Christus lebt, der wird kaum etwas Nennenswertes mit dem christlichen Glauben anfangen können. Ihm bleiben eine gewisse Moral oder eine Lebensweisheit, die sich aus den Worten des Jesus von Nazaret ableiten lassen, aber den entscheidenden Trost, die entscheidende Freiheit wird er nicht finden.

Was ist ihnen denn widerfahren, jenen ersten Christen, das sie aus ihrer fassungslosen Verzweiflung herausgerissen hat? Maria Magdalena steht vor dem Grab und sieht etwas: eine Gestalt, die sie nicht zu deuten vermag. Aber plötzlich erkennt sie: Das ist er! Er lebt! Fischer stehen in einem Boot und schauen zum Ufer: Da ist er! Er selbst! Er ist da! Zwei sind unterwegs auf einer Straße, da erleben sie, wie einer sie begleitet, und sie erkennen am Ende: Das war Christus! Nichts Dramatisches geschieht. Wären die Geschichten erfunden, so geschähe mehr. Vielleicht fiele auf Römer und Juden ein gewaltiger Schrecken. Vielleicht hüllte sich Jerusalem in ein plötzliches, gleißendes Licht. Vielleicht wüssten die Jünger danach von allen Geheimnissen zwischen Himmel und Erde zu berichten. Aber nichts von alledem. Nichts ereignet sich als stille Begegnungen am Rande der Sichtbarkeit, und nur die erleben sie, die schon vorher mit Jesus verbunden gewesen waren. Das Vorige wird aufgenommen. Worte, früher gesprochen, werden neu gehört.

Oder könnten diese Geschichten doch erfunden sein? Könnte es sich um einen breit angelegten Betrug handeln? Aber wer, wie Stefanus oder Jakobus, lässt sich für einen Betrug hinrichten? Oder waren die Menschen einfach überreizt, waren sie so verwirrt, dass sie von Fantasiegebilden verfolgt wurden? Aber es geschieht ja nichts Wirres, nichts Übersteigertes. In schlichten Worten wird immer neu berichtet, da sei eine Gestalt erschienen. Einige Frauen wollen in ihrer Trauer das Nötige zur Bestattung des Toten tun, da plötzlich scheint etwas vor ihnen auf. Und nicht ein plötzlicher Jubel wird laut, sondern Beklemmung, Angst, die erst später ein Wort findet. Eine Stimme redet sie an. Eine Gestalt wird sichtbar. Sie wissen plötzlich: Er lebt. Das ist alles. Und dieses Wenige hat die Weltgeschichte danach aufs Ungeheuerste bestimmt.

Wir reden von Erfahrungen. Wichtig dabei ist, dass wir zwischen »Erfahrung« und »Erklärung« unterscheiden. Die Erfahrungen hatten bei aller Verschwiegenheit, in der sie stattfanden, etwas Unerhörtes, etwas nicht Begreifbares, und sie wurden erzählt, wie immer sie geschahen, mit einfachen Worten. Aber danach fragten überall die Menschen, denen sie geschildert wurden, nach Erklärungen. Das ist begreiflich, ja, es ist unvermeidlich, dass man danach wissen will: Ist Derartiges überhaupt möglich? Wie hat es sich abgespielt? Wie kam der Tote aus dem verschlossenen Felsengrab heraus? Woran haben sie denn erkannt, dass sie nicht Opfer von Halluzinationen geworden waren? Und wie ist es mit dem Körper des Toten? Ist er noch im Grab? Aber das kann doch eigentlich nicht sein, wenn man ihn außerhalb gesehen hat? Und wie konnte er den schweren Rollstein abwälzen? Ja, er muss doch eigentlich abgewälzt gewesen sein, sonst wäre Jesus nicht herausgekommen. Und danach muss das Grab leer gewesen sein. Aber wer von denen, die das leere Grab zuerst gesehen hatten, konnte beurteilen, ob der Leib nicht vielleicht von missgünstigen Menschen gestohlen worden war? Aber offenbar wussten sie es. Engel müssen es ihnen gesagt haben.

Oder wenn es doch offenbar so war, dass sich das Gerücht herumsprach, die Jünger selbst seien es gewesen, die den Leib des Toten gestohlen hätten? War das so? Haben das die Priester gesagt? Aber dann müssen sie doch die Grabeswächter bestochen haben, damit es geglaubt werden konnte. Oder wenn Jesus wirklich auferstanden sein sollte, dann müssen doch die schrecklichen Wunden, die ihm zugefügt worden waren, an ihm sichtbar gewesen sein! Da war doch sicher einer, der das behauptet hat. Thomas hat so gesagt. Und danach hatte man die Erklärung: Thomas durfte den Leib des Christus anfassen.

Ich kann mir gut denken, dass solche Fragen nachher in den entstehenden Christengruppen hin und her gestellt und hin und her beantwortet wurden, und dass beide, die

Fragen und die Antworten, von den Vorstellungen bestimmt waren, die den Menschen damals geläufig waren. Erstaunlich ist das nicht. Erstaunlich ist vielmehr, dass bei all diesen Erklärungsversuchen das eigentliche Geheimnis, das Stille, das Angedeutete, das Zurückhaltende, das wie Zufällige dieser Erfahrungen erhalten blieb.

Was ist denn wichtig an diesen schmalen Osterberichten? Wichtig ist, wie Maria Magdalena sich umwendet und ihren Meister erkennt. Wie sie sich bei ihrem Namen gerufen hört und antwortet: »Mein Meister!« Wichtig ist, wie Jesus zu den Jüngern ins Zimmer tritt und sie hören: »Friede sei mit euch.« Wichtig ist die Begegnung der Fischer mit ihm am Ufer des Sees in der Morgenfrühe. Wichtig ist, wie Petrus hört, er solle sich um die bedrängten Freunde kümmern. Wichtig ist, wie Jesus im Garten jener Frau begegnet, sie aus ihrer Versunkenheit weckt und ihr die Augen öffnet. Wie er auf dem Weg nach Emmaus zu den Jüngern tritt, die auf der Flucht sind vor ihrer Trauer und Verzweiflung, und ihnen folgt in die Herberge und an den Tisch, an dem ihnen die Augen aufgehen. Wie sie in derselben Stunde noch aufbrechen, den Weg nach Jerusalem zurückeilen, die anderen Frauen und die Männer versammelt finden, von ihrer Erfahrung hören und wie sie erzählen, sie hätten den Meister an der Weise erkannt, wie er das Brot brach.

Was ist wichtig? Wichtig ist, dass den Freunden der lebendige Christus begegnet ist als eine Erscheinung aus der anderen Wirklichkeit und dass sie dabei den Auftrag empfingen, sie hätten nun zu den Menschen ihrer Umwelt zu reden. Sie wussten: Alles wird enden. Dass das Leben dieses Mannes aber nicht endete, so wenig wie ihr eigenes, war seitdem das Wichtigste, das sie sagen konnten.

Neben die Visionen aber traten die Auditionen. Sie hörten: »Ich lebe und ihr sollt auch leben.« Oder: »Wie mich mein Vater liebt, so liebe ich euch.« Oder: »Ich bin bei euch alle Tage.« Oder: »Wo zwei oder drei versammelt sind in meinem Namen, da bin ich mitten unter ihnen.« Was sie hörten, erinnerte sie an früher Gehörtes, und sie verstanden es neu. Sie hörten: »Friede sei mit euch.« »Wie mich mein Vater gesandt hat, so sende ich euch.« »Nehmt hin den heiligen Geist!« »Mir ist alle Gewalt im Himmel und auf der Erde gegeben. Geht also und macht alle Menschen zu Jüngern und lehrt sie, so zu leben, wie ich es euch gezeigt habe.«

Ostern ist die Wendung von der Lebensgeschichte des Mannes aus Nazaret zu seiner Wirkungsgeschichte. Aber entscheidend ist nun nicht, dass da eine Kirche entstand, womöglich eine große, eine mächtige, und dass das Christentum die halbe Welt erobern konnte. Entscheidend ist nicht, was politisch daraus wurde oder was kulturell von ihm ausging. Wichtig ist die innere Wirkungsgeschichte in den Menschen, die in den Großen der äußeren Geschichte des Glaubens in Erscheinung trat und in den Menschen um sie her wieder zur inneren Wirkungsgeschichte geworden ist. Was da wirklich geschah, was neu wurde und wirkungsmächtig, was an neuer prägender Kraft entstand, hatte immer, nach Jahrhunderten und Jahrtausenden, noch die Stille und Unauffälligkeit der ersten Ostererfahrungen. In der Geschichte der Menschheit hat der innere Christus, der auferstandene, der lebendige, ungleich mehr gewirkt als der historische Mensch Jesus. Die Frage nach dem historischen Jesus gehört darum zu den weniger entscheidenden Suchaufgaben des Glaubens.

✾

Nach dem historischen Jesus, der fernen Gestalt aus Galiläa, fragt die Theologie seit Hunderten von Jahren. Alles hat sie hinterfragt, sortiert, beurteilt, und am Ende blieb kein Stein auf dem anderen. Die Wunder konnten nicht sein, also fielen sie weg. Die Worte waren der prüfenden modernen Wissenschaft meist Worte nicht von ihm, sondern von der nachfolgenden ersten Kirche. Alles wurde fraglich, alles zerfiel in Widersprüche, alles verschwand im Nebel der Vermutungen. Und heute lässt sich der Eindruck kaum vermeiden, es habe das alles nicht zur Klarheit, sondern in eine tiefe Verwirrung, vielleicht gar in eine Sackgasse geführt. Vielleicht war die moderne Art, mit Geschichte umzugehen, dem, was man untersuchen wollte, ganz einfach nicht gemäß und darum nicht gewachsen. Dschelaleddin Rumi, der islamische Mystiker, hat gesagt: »Nicht, was Jesus sagte oder tat, ist das Wunder. Das Wunder ist er selbst.« Mit »Wundern« dieser hintergründigen Art aber kann unsere moderne historische Wissenschaft, auch die theologische, offenbar ganz einfach nicht umgehen.

Dass Jesus der Christus ist, ist das Wunder. Dass er gegenwärtig ist und nahe, an uns wirksam, dass er in uns wirkt, ist das Wunder, dass er bleibt, der er ist, auch, wenn tausendmal behauptet worden ist, er habe überhaupt nicht gelebt. Wir müssen Jesus Christus nicht vor dem Unglauben retten, er ist, er bleibt. Wer er ist, das musste von Anfang an auf den inneren Wegen der mystischen Erfahrung erkannt werden, und es gab von jeher keine anderen. In unserer Zeit mehren sich die Anzeichen, dass sich Zugänge zu diesem tiefen Geheimnis öffnen. Unzählige Male ist Karl Rahner mit seinem Wort zitiert worden: »Der Christ der Zukunft wird ein Mystiker sein, oder es wird ihn nicht mehr geben.« Meine Erfahrung mit den

Menschen dieser Zeit und mit mir selbst sagt mir genau ebendies.

✻

Der Erste, der den historischen Jesus nicht mehr gekannt hat, der aber für diesen Christus sein Leben eingesetzt hat, der Erste, der nicht mehr fragte, was Jesus, der Mensch, getan oder gesagt habe, sondern wer er sei, in Zeit und Ewigkeit, war Paulus. Und kaum ein Christentum wird die Kraft haben, die der Wirkungsmächtigkeit dieses Christus entspricht und sie weiter wirken lässt, das nicht immer wieder bei den – zugegeben sehr sensiblen – Gedanken des Paulus ansetzt. »Ich lebe«, sagt Paulus, »aber nicht ich lebe, sondern Christus lebt in mir« (Galater 2,2). »Ist jemand in Christus, so ist er ein neu geschaffener Mensch« (2. Korinther 5,17). »Ständig werden wir, die leben, in den Tod gegeben mit Christus, damit auch das Leben Jesu an unserem vergänglichen Leibe sichtbar wird« (2. Korinther 4,11). »Ich bin mit Christus gekreuzigt« (Galater 2,29). Und: »Ich bin mit Christus auferstanden. Wem das geschehen ist, der suche, was droben ist« (nach Kolosser 3). Oder: »Gott, der gesprochen hat: Licht soll aus der Finsternis hervorleuchten, ist als heller Schein in unseren Herzen aufgegangen, so dass wir das Gotteslicht erkennen, das uns auf dem Angesicht des Christus erscheint« (2. Korinther 4,4–6). Und: »Gott hat uns bestimmt, in ihm zu leben. Er hat uns eine neue Gestalt, das Bild seines Sohnes, zugedacht, und am Ende wird Christus der Älteste sein unter vielen Geschwistern« (Römer 8,29). Und endlich: »Wie wir das Bild des irdischen Menschen getragen haben, so werden wir das Bild des himmlischen tragen« (1. Korinther 15,49).

Es ist von großer und verhängnisvoller Bedeutung, dass diese und ähnliche Worte für viele von uns heutigen Christen eine so merkwürdig geringe Rolle spielen. Protestantische Kirchen sind, wenn das Charakteristische eines christlichen Glaubens genannt werden soll, gewöhnt, die »Rechtfertigungslehre« des Paulus als das Zentrale zu nennen. Aber ist das bei Paulus so? Die Rechtfertigungslehre steht im 3. Kapitel des Römerbriefs. Dort schildert Paulus die hoffnungslose Lage des mit sich selbst beschäftigten und von sich selbst besetzten Menschen. Er zeigt zuerst, wie der Mensch weder Gott findet noch das Heil, noch sich selbst, und er zeigt danach die enge Stelle, durch die einer gehen muss, der in der Wahrheit leben will. Die Rechtfertigungslehre ist sozusagen das enge Tor, das der durchschreiten muss, der zu Christus gelangen will. Sie zeigt, wie es nicht geht, wie der Mensch das Heil nicht findet, nämlich nicht mit der Anmaßung dessen, der zu seinem Heil etwas beitragen will, sondern nur auf dem Weg über die Gnade Gottes und nur mit dem Glauben, der durch die Gnade Gottes geweckt wird.

Aber wie es dann »geht«, dass der Mensch das Heil findet, das zeigt Paulus in seinen reichen mystischen Aussagen im 6. und 8. Kapitel des Römerbriefs und an vielen Stellen seiner übrigen Briefe. Die Rechtfertigungslehre ist sozusagen der Eingangsbereich zum christlichen Glauben; sie ist nicht seine Mitte, nicht sein Höhepunkt, nicht sein Ziel. Vielmehr folgt ihr das Eigentliche: die vielen großen und tiefen Worte über den »Christus« im Menschen und über den Menschen, der »in Christus« ist.

Was sagt denn Paulus? Er sagt, es komme darauf an, mit Christus ein Leib zu sein, Christus in sich zu tragen, mit Christus zu sterben und aufzuerstehen, mit Christus in die Herrlichkeit zu gehen; sich zu wandeln in die Gestalt Christi; den Christus so in sich zu empfangen, dass der eigene innere Mensch heranwachse zur erwachsenen Gestalt des Christus; sich in Christus so zu spiegeln, dass seine Herrlichkeit auf dem Gesicht des Zeugen erscheint; auf Christus so zu hören, dass seine Stimme zu der unseren wird. Das historisch Früheste, das wir aus der Wirkungsgeschichte Jesu fassen können, ist die mystische Christus-Botschaft des Paulus.

✾

Was wir darum heute wieder neu entdecken müssen, ist das breite Feld der religiösen, der spirituellen Erfahrung. Sie ist weithin unter die beargwöhnten Dinge geraten, wenn nicht unter die vergessenen. Unser ganzes praktisches Leben ist ohne Erfahrung nicht denkbar, auch nicht ohne die, die wir als nachdenkliche Menschen mit unserer eigenen denkenden Bemühung machen. Aber wie steht es mit den Erfahrungen, die wir an jener Grenze machen, vor der unser Nachdenken endet? Es geht ja im christlichen Glauben nicht um die Bereitschaft, bestimmte Glaubenssätze für richtig zu halten, sondern um ein Erleben und Bekennen, ein Ahnen und Schauen und Hören und Verwirklichen dessen, was wir glauben.

Die Bibel jedenfalls redet durch alle ihre Schriften hin von spirituellen Erfahrungen. Wir aber, die sich auf die Bibel berufen, tun so, als seien wir selbst plötzlich unfähig, zu hören oder zu schauen, was über unsere Horizonte hinausgeht, und als wäre Gott stumm geworden. Wenn wir die geistliche Erfahrung ausgrenzen, dann kann der christliche Glaube zwar noch gelernt und ausgesagt werden, aber er lebt nicht mehr, und es geht kein Leben mehr von ihm aus. Der Bibel ist der »Geist Gottes«

die offene Stelle in der Welt, durch die Anderes und Fremdes zu uns Menschen kommt, er ist die Wahrheit, die uns erkennbar wird, er ist die Kraft, die uns erfasst und verwandelt und die zu erfahren wir uns in die Wachheit und in die Achtsamkeit einüben müssen. Als Jeanne d'Arc von einem Bischof gefragt wurde, ob sie nicht meine, was sie als einen Anruf und Auftrag Gottes gehört habe, habe nur in ihrer Einbildung stattgefunden, da sagte sie etwas sehr Kluges: »Natürlich geschieht das auf dem Weg über meine Einbildung, aber auf welchem anderen Weg soll denn Gott zu mir reden?«

Zwei Probleme am Rande: der abgerollte Stein und das leere Grab

Erfahrungen, die aus einer größeren Wirklichkeit über die Grenzen unserer menschlichen Vorstellungskraft herüber zu uns kommen, machen uns hilflos. Wir können sie nur erleben und bewahren. Aber das andere, das uns dabei trifft, ist die offene Frage: Wie soll ich, was mir widerfahren ist, anderen erklären? Wer aber an der Grenze seiner Fassungskraft Erfahrungen macht, hat keine Sprache dafür. Die Sprache haben wir für die Dinge, die uns Menschen gemeinsam und gewohnt sind. Wichtig ist an einer Erfahrung dieser Art einzig die Erfahrung selbst und was sie uns zeigt oder sagt. Aber unentbehrlich ist danach auch, dass wir den Versuch machen, es uns selbst und anderen zu erklären. Und so wurden die stillen Erlebnisse der Osterzeit plötzlich zum Gesprächsstoff.

Da ist diese Sache mit dem Stein. Das Grab war doch damit hermetisch verschlossen. Wenn Jesus auferstanden sein soll, dann muss der Stein abgewälzt gewesen sein. Durch den Stein hindurch kann Jesus das Grab nicht verlassen haben. Ja, so muss es sein. Der Stein muss abgewälzt worden sein. Von einer geistigen Kraft, die da eingriff. Anders konnten die Menschen von damals sich eine Auferstehung nicht vorstellen.

Da ist die Sache mit dem leeren Grab. Was hat denn Maria Magdalena angetroffen, als sie das Grab betrat? Den toten Körper des Christus? Das kann nicht sein. Wenn Jesus auferstanden sein soll, kann er nicht mehr dagelegen haben. Dann muss das Grab leer gewesen sein. Also muss das erzählt werden: Das Grab war leer. Wir haben darüber zweitausend Jahre lang Zeit gehabt, nachzudenken. Steht denn der Körper mit auf? Der alte, kranke, behinderte oder wie bei Jesus, der grauenvoll zerrissene? Wohl kaum. Denke ich an meine eigene Auferstehung, so bin ich überzeugt: Mein Grab wird keineswegs leer sein, sondern angefüllt mit den Resten meines Leibes. Ich selbst werde einen neuen Weg gehen in einer anderen Dimension. Ich kann nur schwer verstehen, warum man sich bis zum heutigen Tag darüber streitet, ob das Grab leer war, oder warum es noch immer Leute gibt, auch unter den Autoritäten der Kirche, die sagen: Wenn das Grab nicht leer war, ist es nichts gewesen mit der Auferstehung. Im Judentum der damaligen Zeit dachte man so: Der Leib erhebt sich mit dem ganzen Menschen zur Auferstehung. Aber denken wir heute noch so? Müssen wir heute noch so denken?

Was beweist ein leeres Grab? Gar nichts. Es kann ausgeraubt sein. Der Leib kann von der Friedhofsverwaltung anderswohin gebracht worden sein. Oder von den Freunden des Toten? Oder von seinen Gegnern? Und was beweist der abgerollte Stein? Ebenso wenig. Nach Johannes 20,19 tritt Jesus durch eine verschlossene Tür zu den Jüngern ein. Was sollte ihn ein Stein gehindert haben? Was kann denn einem Auferstandenen im Wege sein? Wenn ein Seemann aus dem letzten Krieg im stählernen Kasten eines U-Boots eingeschlossen in viertausend Meter Tiefe liegt, kann sein verschlossenes Grab ihn an seiner Auferstehung hindern? Wenn ein anderer unter den Betonklötzen eines Hochhauses begraben liegt, zerquetscht bis zur Unkenntlichkeit oder im Schacht eines Bergwerks für immer eingeschlossen, müssen ihn dann der Beton oder der Schlamm oder das Gestein an seiner Auferstehung hindern? Oder was mich selbst angeht: Wenn ich selbst eines nicht fernen Tages in einem Friedhof liegen werde, zwei Meter tief unter der Erde, wird mich dieses Erdreich an meiner Auferstehung hindern? Nein, der Streit um das leere Grab war immer und ist bis heute ein Streit um des Kaisers Bart.

✽

Noch einmal: Wie war das vor Jesus? Ist die Auferstehung erst durch Jesus Christus in die Welt und in die Zukunft der Menschen hineingekommen? Sind sie vor ihm nicht auferstanden? Als Jesus nach seinem Auferstehungsglauben gefragt wurde, äußerte er, die Toten seien nicht tot, sondern sie lebten bei Gott. Die alten Väter Israels, Abraham, Isaak und Jakob seien nicht tot. Sie lebten. Gott sei nicht ein Gott von Toten, sondern von Lebendigen. Offenbar war er der Meinung, der Mensch sei seit Urzeiten so geschaffen und zu solch einem Leben bestimmt gewesen, dass er nach seinem Tod den Überschritt in eine andere Wirklichkeit zu vollziehen hätte. Wenn wir also behaupten, die Auferstehung sei durch Christus in die Welt gekommen, so denken wir anders als er selbst.

Nach allem, was ich im Lauf meines Lebens erfahren habe, bin ich überzeugt, dass das, was wir Tod nennen, in Wahrheit die Rückseite einer ganz anderen Art von Leben ist. Ich gehe also mit Maria Magdalena im Garten meines eigenen Daseins umher und begegne dabei nicht einer vergangenen Geschichte, nicht einem Grab, nicht einem toten Christus, sondern höre meinen Namen und weiß: Mit diesem Namen ist der Mensch in mir gemeint, dem Leben zugedacht ist. Lebendiges, bleibendes Leben.

Was mit uns und in uns geschehen wird

Wie ich meine Auferstehung vorweg erfahre

Wenn also das gilt, was wir von Jesus hören, was macht dann den christlichen Glauben aus? Was kann ich dann am Ende sagen über Gott, über Jesus und mich selbst? Ich will versuchen, in zehn Sätzen zusammenzufassen, was sich mir ergeben hat:

Es steht einer zu mir. Der bejaht mich. Ich kann darum zu mir selbst stehen. Ich kann mich annehmen. Ich lege meine Unsicherheit ab. Ich atme auf und lebe.

Ich bin gehalten. Mir geschieht nur, was Gott will. Ich kann also Mut fassen. Ich brauche mich nicht zu fürchten, und ich kann auch anderen Mut machen zu ihrem Schicksal.

Ich werde heil und ganz sein. Was ich in mir an Rissen und Brüchen kenne, soll geheilt werden. »Steh auf!«, sagt mir Jesus. Ich lasse mir also meine Schuld abnehmen und richte mich auf.

Ich kann meine Last ablegen. Ich kann vertrauen und meinen Weg sorglos und gelassen gehen. Ich lasse los, was mich bindet und zu Boden drücken will. Gott will mich leicht und fröhlich.

Ich bin ein freier Mensch. Niemand steht über mir außer Gott. Ich kann für meine Überzeugung stehen. Gegen jeden Trend und gegen jede Macht. Wenn es mir Gott aber bestimmt, bin ich bereit, meine Freiheit abzugeben, ohne mich zu wehren.

Mir ist die Wahrheit gezeigt. Ich kann also in meinem Kopf für Klarheit sorgen. Ich kann unterscheiden, was wichtig und was unwichtig ist. Ich nehme die Zeichen der Zeit und meines Lebensweges wahr.

In mir ist Frieden, denn in mir ist Christus. Mein eigener unfriedlicher Wille gibt dem Willen Gottes Raum. Ich übe mich darin, Frieden zu stiften.

Ich bin nicht allein. Ich bin zu Hause bei Gott und bei den Menschen. Der Tisch ist frei. Das Haus ist offen. Ich stelle mich zu denen, die mit mir zusammen das Haus dieser Erde bewohnen, zu ihrem Leid und ihrer Einsamkeit.

Mir ist ein Auftrag gegeben: Ich soll in der Liebe Gottes leben und sie für andere spürbar machen. Ich bin ein Saatkorn für das Reich Gottes und für seine Gerechtigkeit. Das ist der Sinn meines Lebens.

Ich sehe ein Ziel vor mir. Ich bin gerufen. Ich werde meinen Weg gehen in eine größere Welt. Der Tod kann mir nichts anhaben. Christus lebt, und ich werde leben und glücklich sein.

✾

Damit sage ich:
Ich bin schon auf dieser Erde ein freier Mensch.
Keine Autorität hat Macht über mich,
wenn sie sich an die Stelle drängen will,
die Gott mir gegenüber einnimmt.

Ich habe die Kräfte, um in diesem Leben das zu tun,
was Gott von mir erwartet,
und den Mut, sie in Anspruch zu nehmen.

Ich werde versagen. Ich werde schuldig werden an jedem Tag
meines Lebens auf dieser Erde. Aber immer
wird die Liebe Gottes stärker sein als meine Schuld.

Und ich vertraue,
dass Gott mir einen neuen Anfang geben wird,
wenn ich aus dieser Welt hinübertrete in seine größere Welt,
und ich mein Ziel finde bei ihm.

✤

Aber ich beziehe mein Vertrauen auf die ganze Erde,
auf das Leben für alle Menschen,
auf dieses Land mit all seinem Elend,
allen seinen Schmerzen und Ängsten.
Auf diese Erde mit ihrer Gewalt,
ihrem Unrecht und ihrer Dummheit.

Ich vertraue dem, der diese Welt geschaffen hat,
dass er Wege weiß für alle, die auf ihr leben und sterben.
Und dass er für diese Welt ein Ziel hat,
Sein Reich.

✤

Seit es meine Aufgabe ist, von meinem fünfundzwanzigsten bis vorläufig zu meinem sechsundachtzigsten Lebensjahr, die Bibel zu verstehen und zu erklären, gehe ich durch ihre fast 2000 Seiten und versuche, ihr, so gut es mir gelingen will, nachzuleben. Aber wie kam ich auf diese seltsame Idee, mit diesem eigenartigen Buch mein Leben zuzubringen? Wenn Sie mich fragen, liebe Leserin, lieber Leser, was der entscheidende Anstoß gewesen sei, der mich so getroffen hatte, dass die Entscheidung zu diesem Weg sich aufgedrängt habe, dann gab es diesen Anstoß durchaus.

Ich kam nach fünf Jahren Krieg und Soldatsein und Gefangenschaft nach Hause. Als ich mich in meiner Heimatstadt umsah, dann sah ich nur Trümmer. Die Häuser waren verbrannt, die Straßen aufgerissen, die Fabriken zerstört, auch die Kirchen. Und vor allem konnten die Menschen noch immer nicht fassen, was ihnen geschehen war. Was sie nun tun sollten. Wie daraus wieder ein normales Leben werden könne. Auch ich selbst wusste es durchaus nicht. Irgendetwas musste neu aufgebaut werden, innen in den Menschen, außen im Land. Aber was? Und wie? Und mit welchen Mitteln?

Als ich damals – ich weiß nicht mehr, bei welcher Gelegenheit – in dem kleinen Neuen Testament herumlas, das mich durch den Krieg begleitet hatte, traf mich plötzlich ein Wort so, als wäre es für mich geschrieben. Es stand im 1. Brief des Paulus an die Leute in Korinth:

> »Einen anderen Grund kann niemand legen
> als den, der schon gelegt ist.
> Der ist Jesus Christus.«
> *1. Korinther 3,11*

Dass das für mein persönliches Leben gelten sollte, war mir sofort klar. Aber danach erwies sich, dass das auch für die ganze Gesellschaft gelten wollte, die wir in dieser neuen, noch gar nicht verstehbaren Epoche vom Nullpunkt an aufzubauen hätten. Und von diesem Punkt aus öffnete sich mir im Lauf von Jahren das ganze, vielfältige, gedankenreiche Buch der Bibel und hat mir Schritt um Schritt meinen Weg gezeigt. Und es wuchsen dabei der Mut, das Vertrauen und die Zuversicht.

Denn hier verweist ein Wort auf das andere. Dem Wort vom Grund, den Jesus gelegt habe, antwortet uns, was er selbst gesagt hat:

> »Wer hört, was ich sage, und danach lebt, ist klug.
> Er gleicht einem Mann, der ein Haus baute,
> der tief grub und es auf einen Felsen gründete.
> Als nun Regen kam und ein Hochwasser,
> als ein Sturm hereinbrach und an das Haus stieß,
> da fiel es doch nicht,
> denn es war auf einen Felsen gegründet.«
> *Matthäus 7,24f.*

Das halte ich fest. Für mich. Und für Sie, liebe Leserin, lieber Leser.

Die Erzählung von der heiligen Nacht spricht von der Geburt Gottes in uns

Es war alles andere als selbstverständlich, dass die Christen mit ihrer Wanderbewegung in der ersten Zeit einen Weg zu den Menschen fanden. Es war alles sehr unsicher, und sie mögen sich immer aufs Neue gefragt haben: Was haben wir ihnen zu bringen? Warum ist alles so schwierig? Warum haben die Menschen so viel Mühe zu verstehen, wovon wir reden? Liegt es vielleicht daran, dass unser Meister selbst mit all seinen Bemühungen unter so schrecklichen Umständen gescheitert ist? Von ihren eigenen Erfahrungen aus fragten sie in die Ursprünge zurück. Nicht, um eine Biografie über ihn zu schreiben, sondern um ihn und sein Schicksal zu verstehen.

So stießen sie auf einen wohl in der Familie Jesus überlieferten Bericht über seine Geburt und Herkunft. Und wie es immer geschieht, wenn einer eine lang vergangene Geschichte erzählt: Immer wird sich etwas von der eigenen Erfahrung und dem eigenen Schicksal des Erzählers in der erzählten Geschichte spiegeln, immer wird sich etwas von seinem Urteilen und Nachdenken darin wiederfinden, auch wenn damit noch lange nicht erwiesen ist, es habe also alles in der Wirklichkeit so nicht stattgefunden. Dass er es erzählt, ist ein Zeichen dafür, dass es ihn betrifft.

So erzählen sie die Weihnachtsgeschichte als Spiegelung ihrer eigenen Herkunft und ihres eigenen Unterwegsseins.

Sie erzählen, die Geschichte des Kindes Jesus habe mit einer Wanderung begonnen. Seine Eltern waren unterwegs, von einem steuerhungrigen Staat gezwungen, während ihr Kind zur Welt kommen sollte. Und dabei sahen die Erzähler sich selbst, die den Christus in sich trugen, und den Christus, der durch sie auf ihren Wanderwegen zur Welt und zu den Menschen kommen wollte, zusammen.

Maria und Josef kamen in ein Dorf südlich Jerusalem, nach Betlehem, wo sich in den Häusern und auf den Plätzen die Menschen drängten und Quartier nicht zu bekommen war, und die Erzähler setzten für sich im Stillen hinzu: »Das kennen wir!« In einem Viehstall gab es für die Familie schließlich eine Ecke, wohl in einem der Felslöcher am Hang, in dem man die Tiere in der Nacht verwahrte. Das Kind kam zur Welt, und Maria legte es in einen Futtertrog.

In der Nacht saßen draußen auf den kargen Hügeln am Rand der Wüste Hirten aus einer der wandernden Sippen bei ihren Herden. Sie gehörten auf der sozialen Stufenleiter zu denen am unteren Ende. Wenn aber die ersten Christen hörten, was Paulus ihnen zwanzig Jahre nach Jesu Tod sagt: »Seht doch an, wer zu euch gehört! Es sind nicht die Reichen, nicht die Mächtigen, nicht die Gebildeten, sondern die Verachteten, die ganz unten« (1. Korinther 1,26 f.), dann ist die Betonung, mit der sie sagen: Die ersten, die zu Jesus kamen, waren die Ärmsten, nicht ohne Gewicht.

Diesen Männern bei den Herden, so wird erzählt, erschien ein Licht, und sie hörten eine Stimme sagen: »Freut euch! In dieser Nacht ist drüben in Betlehem der geboren, der euch das Heil bringt und den Frieden, nach dem ihr verlangt. In einem Stall könnt ihr ihn finden!« Sie hören: Steht auf! Geht! Lasst euch dort sehen und hören! So hörten auch die, die die Geschichte später erzählten, für sich selbst: »Steht auf! Schweigt nicht! Redet von dem, was ihr erfahren habt!« (Apostelgeschichte 18,9) oder: »Steh auf! Geh los!« (Apostelgeschichte 8,26), und sie machten sich immer wieder auf zu ihren weiten und gefährlichen Wanderungen.

Aber wer führte sie denn? Wer – zunächst – führte die heilige Familie zwischen Nazaret, Betlehem, Ägypten und wieder Nazaret? Viermal, so wird erzählt, hatte Josef einen Traum. Als er zu entscheiden hatte, ob er bei Maria und dem Kind bleiben solle, bewahrte ihn ein Traum davor, wegzugehen. Als sie in Betlehem waren, wurde er gewarnt: Steh auf, nimm das Kind und seine Mutter und flieh nach Ägypten! Als er in Ägypten war, träumte ihm: Steh auf, geh zurück nach Israel! Und als er Schwierigkeiten in Judäa fürchtete, kam ein Wort zu ihm: Geh nach Galiläa! So wanderten auch die Erzähler der späten Zeit, viele Jahre nach dem Tod ihres Meisters, nach Weisungen, die sie in Träumen empfingen. Als Paulus in Troas stand an der Stelle, an der Europa und die Türkei einander nahe sind, sah er im Traum einen Mann drüben stehen, der ihm zurief: »Komm herüber! Hilf uns!« (Apostelgeschichte 16,9). Der Hauptmann Kornelius empfängt eine Weisung im Traum (Apostelgeschichte 10). In der Nacht hört Paulus einmal Christus sprechen: »Fürchte dich nicht! Rede!« Führung, Weisung und Warnung ergingen an die Wandernden in Träumen. Und ihr Modell gleichsam ist Josef, der Mann, der viermal Führung, Weisung und Warnung von Träumen erkennt und befolgt.

✻

Das Spiel der Bilder in jener Nacht geht weiter. Oben sind Sterne. Ihr Licht gilt den Menschen auf der Erde. Einige Männer, Astronomen oder Astrologen, sehen, wie sich zwei Sterne zu einem großen, leuchtenden Stern vereinen, und sie wissen: Was auf der Erde geschieht, ist vom Himmel her bedacht, gewollt und gefügt. Oben und unten sind eins. Die Männer kommen aus dem fernen und fremden Babylon oder gar aus Persien, finden das Kind und verehren es.

Was also sollen wir tun mit Leuten, die fremden Religionen angehören?, fragen sich die Christen der ersten Generation. »Was soll mit Menschen geschehen, die aus fremden Völkern und Kulturen stammen und vom Gott der Bibel nichts wissen?«, fragt Petrus auf dem so genannten Apostelkonzil, rund achtzehn Jahre nach dem Tod Jesu. »Gott macht zwischen ihnen und uns keinen Unterschied« (Apostelgeschichte 15,4–21). Und Jakobus fügt an: »Meine Überzeugung ist die, wir sollten denen, die aus fremden Völkern Christen werden, keine Steine in den Weg legen und sollten sie in unsere Gemeinschaft aufnehmen.«

Die Astronomen der Weihnachtsgeschichte waren »Weise«, sie waren Menschen mit besonderer Einsicht und besonderer Würde. Diese Würde tragen sie mit sich, auch wenn sie unerkannt über die Erde gehen. Sie unterscheiden sich von den Menschen, die mit ihnen auf denselben Straßen gehen und in denselben Städten wohnen, dadurch, dass sie durch die Dinge sozusagen hindurchsehen in ihren Hintergrund. Und wenn Christen späterer Jahrhunderte diese drei weisen Männer zu Königen machten, dann sagten sie auf diese Weise noch einmal dasselbe. Sie drückten den Magiern Kronen aufs Haupt, denn eine Krone ist für Christen ja nicht ein Zeichen von Herrschaft, sondern mehr ein Zeichen der Geistesgegenwart. Eine Krone ist für Christen ein Hut, der nach oben offen ist. Ein Zeichen für die Offenheit gegenüber dem Geist. So aber gingen nicht nur die heiligen drei Könige, sondern eben auch die ersten Christen ihre Wege durch eine fremde Welt, geführt vom Geist Gottes.

✻

Lukas erzählt aus der Zeit der frühen Wanderbewegung, es habe eines Tages eine harte Verfolgung der Gemeinde in Jerusalem eingesetzt. Und alle, die zu ihr gehörten, zerstreuten sich über ganz Judäa und Samaria« (Apostelgeschichte 8,1). Von der ersten Reise des Paulus wird erzählt: »Sie flohen nach Lystra und dann weiter nach Derbe in Kleinasien« (Apostelgeschichte 14,5). Kein Wunder, dass eine solche Flucht immer wieder einsetzt. Brach nicht auch schon über das Kind von Betlehem das Unheil herein, als ein verschreckter Tyrann die dortigen Kinder umbrachte? Sind nicht auch Josef, Maria und das Kind nach Ägypten geflohen, während das Unheil über die Unschuldigen hereinbrach? Flucht war das immer wiederkehrende Charakteristikum des Weges derer, die für Christus unterwegs waren.

Aber wer waren sie denn selbst, die Reisenden in Sachen Jesus Christus? Sie erzählten die seltsame Geschichte, wie ein Engel Maria besucht und ihr eröffnet habe, sie werde ohne Beteiligung eines Mannes ein Kind empfangen. Das war nichts, was ein Mädchen damals begeistern konnte; im Gegenteil, es war etwas vom Schrecklichsten, das auszudenken war. Denn ein Kind ohne Vater war in jener Zeit ohne Recht und Schutz, wie auch seine

Mutter es war. Die schönen alten Bilder vom Besuch des Engels bei Maria tun alle so, als hätte nun nach dieser imposanten Erscheinung das Mädchen glücklich und dankbar sein müssen. In Wirklichkeit war es der Anfang der Verzweiflung. Denn nun drohte nicht nur dem Kind, sondern auch seiner Mutter eine akute Gefahr. Und im Grunde schildern die ersten Christen, die das erzählen, ihre eigene Situation. Sie waren ohne Schutz und ohne Recht. Überall konnten sie verhaftet, gefangen gesetzt oder umgebracht werden. Niemand trat für sie ein, und nicht einmal der Status des römischen Bürgers schützte Paulus davor, unzählige Male eingekerkert und geprügelt zu werden. Und sie nahmen diese »Vaterlosigkeit« hin und bekannten sich dazu.

So und auf viele Weisen zeichneten sie ihre Lebensform, ihre Gefährdung, ihre Armut in die Geschichte von der Geburt Jesu ein. Woher kam denn ihr merkwürdiger Glaube? War denn seine Entstehung und Herkunft weniger erstaunlich als die Herkunft des Kindes? Ihr Mut, woher kam er? Er war ja nicht erklärlich, wenn sie ihn sich selbst ausgedacht hatten. Er entstand sozusagen durch einen Einbruch von oben, dadurch, dass der Geist Gottes ihn schuf, ihn weckte und ihm seine Botschaft mitgab. Er kam so unmittelbar von Gott wie das Kind der Jungfrau.

Wir lesen heute die Geschichte von der »heiligen Nacht«. Und wir müssen dabei sehen, dass die Zeit dieser Welt, die Zeit bis zum Anbruch des Reiches Gottes, für die Menschen, die sie erzählen, eine Nacht war, eine Nacht vor dem Anbruch des großen, eigentlichen, lichterfüllten Morgens, den das große Zeichen in der zu Ende gehenden Nacht, der »Morgenstern«, ankündigt.

✻

Aber noch einmal: Bei aller Fremdheit, die zwischen vielen heutigen Menschen und der biblischen Botschaft besteht, eins hält sich mit Zähigkeit: das Weihnachtsfest und sein stärkster bildhafter Ausdruck, die Weihnachtskrippe.

Das Kind einer armen Familie, ausgetragen auf einer Reise voll Angst, geboren nicht in einem Haus, sondern in einer Höhle oder einem Stall. Eine junge Mutter. Ein Vater. Im Stall Tiere. Hirten auf dem Feld, also arme, hart arbeitende Menschen, die ihrerseits am unteren Ende der sozialen Rangfolge leben, mit Tieren beschäftigt. Eine politische Macht, die der Familie gefährlich nahe kommt, und eine andere Art von Macht, die Macht weisheitlicher Einsicht, die Weisen aus dem Morgenland, die ihnen zu Hilfe kommen, von einem Stern gewiesen. Das Bild einer Flucht in ein fernes Land. Ein Kreis von Engeln um das Kind her, um die Hirten, um die Weisen, vor allem immer wieder um den Vater des Kindes und seine Träume. Eine deutende und weisende göttliche Stimme. Das Ganze ist ein Ursymbol von solcher Kraft, dass es die Menschen fasziniert, auch wenn sie vom ursprünglichen Sinn dieser Geschichte nichts mehr wissen werden. Es wird immer mit mehr oder weniger deutlichem Sinnanspruch auf etwas hinweisen, das nicht irgendwo geschieht oder geschehen ist, sondern das in den Menschen zu ihrem Heil und ihrem Verstehen des Daseins in dieser Welt etwas Entscheidendes zu sagen hat.

✻

Als die erste Gemeinde Ostern erlebt hatte, diesen Einbruch einer Nachricht aus der anderen, der göttlichen Welt, da war dieser Gedanke von der Geburt des Lichtkindes im Menschen sofort gegenwärtig. Jesus hatte gesagt: Gottes Reich und Gegenwart ist in euch! Paulus fragt seine Gemeinden: Wisst ihr nicht, dass Christus in euch ist und in euch lebt?

Wenn das aber so ist, dass Christus in uns wohnt, dass Gottes Geist seine Gegenwart in uns bezeugt, wie sollen wir uns den seltsamen Vorgang der Einwohnung Gottes in uns vorstellen? Wie sollen wir es uns überhaupt vorstellen, dass Gott in einem Menschen in diese Welt kommt? Und sie fanden in der Familie dieses Jesus Erinnerungen an die Ereignisse, die sich um seine Geburt her zugetragen hatten. Und so verfassten sie die Weihnachtsgeschichte nicht, um ein zauberhaftes Märchen zu erzählen, sondern um dem Geheimnis näher zu kommen, wie Gott in sie selbst, diese normalen, armen, gefährdeten Menschen kommen wollte. Eine Erinnerung und ein spirituelles Nachdenken und Deuten kamen zusammen. Und die Geschichte, die dann aufgeschrieben wurde, handelte von der Geburt des Kindes Jesus ebenso wie von der Geburt dessen, was die Christen den »neuen Menschen« oder das »Kind Gottes« in uns nannten. Wenn heute ein Mensch von einem »Kind« träumt, mag eine Ahnung in ihm erwachen davon, was in ihm geschehen solle. Und vielleicht ist es danach tatsächlich etwas wie eine Krippe mit den Figuren der Geschichte von Betlehem, in Ton modelliert, in Holz geschnitzt, die ihm den Weg zeigt zu ihm selbst, der berufen ist, eine Krippe zu sein für das Kind aus Gott.

Das meint der Epheserbrief, der in seinem 3. Kapitel sagt:

»Ich bitte von Herzen Gott,
unseren Vater,

dass er euch Kraft gebe
aus dem Reichtum seiner Kraft,

dass ihr stark werdet
durch den Geist am inneren Menschen,

dass ihr durch den Glauben
Christus Raum schafft in eurem Herzen

und festen Grund gewinnt
in der Liebe, die euch erfüllt

und mit der Gott euch umfängt
jetzt und in Ewigkeit.«

Und das meint Paulus, wenn er sagt:

»In euch muss Christus Gestalt gewinnen« *(Galater 4,19)*.

Oder:

»Christus ist in euch« *(Römer 8,9–11)*.

Oder:

»Merkt ihr gar nicht, dass Christus in euch ist?« *(2. Korinther 13,5)*.

Christus, das Lichtkind, ist es, der in euch geboren werden soll, Gestalt gewinnen, sichtbar leben in allem, was ihr seid und tut, sagt Paulus.. Die Weihnachtsgeschichte muss ihn inspiriert haben.

Alles, was Paulus in seiner Christusmystik ausführt, hat an dieser Verborgenheit Teil. Ihm ist Christus der spirituelle »Raum«, in dem »wir sind«. Und er ist im Sinn der mystischen Einheit zwischen innen und außen, des wechselseitigen Inseins der, »in dem« nicht nur wir sind, sondern der auch »in uns« ist. Er sagt: »Durch Gottes Berufung seid ihr in Christus« (1. Korinther 1,30), oder: »Ist jemand in Christus, so ist er ein neues Geschöpf« (2. Korinther 5,17). Zugleich aber: »Ich lebe, aber nicht ich lebe, sondern Christus lebt in mir« (Galater 2,20).

Oder noch einmal anders:

»Wo der Geist des Christus ist, da ist Freiheit.
Nun schauen wir die Herrlichkeit Gottes
wie in einem Spiegel.
Wir werden von ihm in sein Bild verwandelt
und gehen von einer Verwandlung in Licht
in eine andere.«
2. Korinther 3,18

Es ist wie ein Spiel mit Spiegelungen: In Christus spiegelt sich die Situation des Menschen an seinem historischen Ort, in seiner bestimmten Zeit, und dieses Bild trägt alle Schwere, die das Schicksal von Menschen belastet.

Es spiegelt sich in ihm, diesem bestimmten Menschen, das Bild Gottes, und das Bild Gottes wird dabei vertrauenswürdig.

In der kleinen Umwelt von Galiläa und Jerusalem spiegelt sich unsere Welt überhaupt.

Wenn ich aufmerksam mich selbst und mein Geschick ansehe, so spiegelt sich in Christus meine eigene Bestimmung.

Durch seine Gestalt, wie ich sie heute sehen kann, geht sein charakteristisches Licht, und es spiegelt sich in allem, was die Welt ist.

In seinem Wort spiegelt sich Gottes Anrede an mich und das Wort, das ich selbst zu sprechen habe. In seiner Liebe spiegelt sich die Liebe Gottes und die Liebe, die von mir ausgehen kann. In seiner Klarheit die Klarheit Gottes und die Klarheit, zu der ich berufen bin. In seinem Leiden das Leiden Gottes und das Leiden aller Menschen zugleich. In der Freiheit, in die er die Menschen führte, auch meine Befreiung von allem Versagen und aller Schuld, spiegelt sich die vergebende Güte Gottes und die Freiheit, in die ich gehen soll.

Paulus will sagen: Dadurch, dass uns der Geist Gottes gegeben ist, haben wir die Freiheit des Schauens. Die Augen sind uns aufgegangen. Indem wir schauen, lassen wir uns verwandeln. Schauen verbindet den, der schaut, mit dem, der geschaut wird. So entsteht in uns, wenn wir Christus schauen, unser persönliches Bild von Christus. Dieses Bild prägt uns, gestaltet uns um zu unserer eigenen, eigentlichen Gestalt. »Wir werden verwandelt in das Bild, das wir schauen.«

Es wächst also etwas in uns. Und so nötig es ist, Gott zu glauben, obgleich wir ihn nicht sehen, das Reich Gottes zu glauben, obgleich wir es nicht sehen, die Auferstehung zu glauben, obgleich sie erst vor uns liegt, so nötig ist es, diesen neuen Menschen in uns zu glauben trotz alles Dunklen und Schattenhaften in uns, trotz alles Krummen und Zweideutigen, das wir an uns selber täglich sehen. Nicht alles, was in uns ist, ist uns zugänglich, und letztlich ist uns unser eigenes Geheimnis ebenso verborgen wie das Geheimnis Gottes. Im Grunde müssen wir alles, was wichtig ist in diesem Leben, glauben. Die Liebe müssen wir glauben. Es gibt keine Beweise für sie. Den Sinn unserer Lebensarbeit müssen wir glauben. Es gibt letztlich keine Erfolgskontrolle. Wir werden allem, was wichtig ist, auch uns selbst, erst wirklich begegnen, wenn wir einmal die Augen geschlossen und sie auf der anderen Seite neu aufgeschlagen haben werden.

✾

Als Jesus mit dem alten Nikodemus sprach, da zeigte er ihm das Kind, das in ihm zum Leben kommen solle, und die ganze Weihnachtsgeschichte mit ihrer Stille und mit ihrer ganzen Dramatik liegt in diesem Wort: »Wenn du nicht neu geboren wirst zu dem Kind, das in dir entstehen will, kannst du das Reich Gottes nicht sehen« (Johannes 3,3–5). Etwas Großes und Wunderbares will in dir anfangen wie ein Kind, das in dir wächst. Ein Leben, das in dir bleibt über das Ende deines Lebens hinaus. Ein Neuanfang in der Mitte deiner Seele. Eine Weihnachtsgeschichte will in dir geschehen. Schütze also den stillen Raum, in dem das geschieht, und halte dich nicht mit dem auf, was vergehen will, mit deinem Tageskram und deinen Nachtgedanken.

Und vertraue darauf: Solange wir leben, arbeitet Gott an uns. Und wo Gott wirkt, wächst Neues, Lebenskräftiges, Heilendes. Erlösendes. Und so in uns: der neue Mensch aus Gott.

Der Geist, das ist Feuer aus Gott

Als fünfzig Tage nach Ostern das Pfingstfest anbrach, waren sie alle versammelt. Da kam plötzlich ein Brausen über sie, als bräche ein Sturm durch ihr Haus. Feuer sahen sie, wie in einzelnen Flammen zerrissen, das fuhr über sie her. Gottes Geist ergriff sie alle und erfüllte sie, und sie fingen an, fremdartige Worte zu stammeln, wie der Geist sie ihnen eingab« (Apostelgeschichte 2,1–4).

Ostern – das war der Punkt, an dem die Lebensgeschichte Jesu in seine Wirkungsgeschichte überging.

Pfingsten – das ist nun die Stelle, an der sie konkret wird. Der Geist Gottes bricht über eine verängstigte, in ihrem Haus versteckte Gruppe herein, und die weiß nun plötzlich: Wir können es wagen! Wir können aus uns hinausgehen und öffentlich sagen, was uns widerfahren ist. Durch uns soll sich nun die Geschichte des Jesus von Nazaret auf dieser Erde fortsetzen! Der Geist unseres Meisters redet weiter durch uns. Er treibt uns, erfüllt uns, macht aus uns gewöhnlichen Menschen seine Zeugen. Wir sind Instrumente, auf denen Gott spielt, was in dieser Welt zu Gehör gebracht werden muss.

Was die Apostelgeschichte von jenem einzelnen, bestimmten Tag berichtet, ist eine Erfahrung, die Menschen in zweitausend Jahren immer wieder gemacht haben. Frauen und Männer wissen plötzlich, dass sie von irgendjemand angerufen werden, dass sie persönlich gemeint sind, dass ihnen ein Auftrag gegeben wird, eine Richtung gewiesen. Dass sie künftig vor dem großen Gegenüber Gottes stehen, von ihm bewahrt. Von ihm geführt. Woher haben sie das? Niemand, nicht einmal sie selbst können es sagen. Es verbirgt sich tief zwischen der eigenen Seele und dem abgründigen Geheimnis, das wir mit dem Wort »Gott« bezeichnen. Sie wissen plötzlich, wohin sie gehen und was sie tun müssen. Sie können den sorgsam verschlossenen Innenraum ihrer Seele auftun und ansagen, was sie als die Zeichen ihrer Zeit erkannt haben. Sie werden gehört oder nicht gehört, verehrt oder verfolgt, und häufiger das zweite als das erste. So berichtet die Pfingstgeschichte, die vom Geist getroffenen Menschen hätten sich im fremdartigen Lauten geäußert, und sie seien seltsamerweise sogar verstanden worden. Das Dasein sei also plötzlich offen gewesen, die Wände durchlässig. Das Fremde und das Eigene seien zusammengeschmolzen und das Dasein habe mit einem Schlag einen großen Sinn bekommen.

So sagt Paulus: »Der Geist nimmt in uns Wohnung.« Oder: »Was kein Auge gesehen und kein Ohr gehört hat und in keines Menschen Herz gekommen ist, das hat uns Gott zugesprochen durch seinen Geist«(1. Korinther 2, 9). Oder: »Der Geist Gottes hat seine Liebe in unsere Herzen ausgegossen – nun können wir lieben« (Römer 5,5). Oder: »Wo der Geist Gottes ist, da ist Freiheit« (2. Korinther 2,18). Oder: »Der Geist Gottes geht in unseren Geist ein und indem er in uns Raum greift, verleiht er uns die Gestalt des Christus, und in dieser neuen Gestalt werden wir hinübergehen in die andere Welt.« Wer freilich von Dingen redet, die in dem engen Raum eines normalen Bewusstseins nicht unterzubringen sind, macht sich leicht auch für andere unbegreiflich. Er wird zum »Narren«. Und so spricht Paulus davon, wir seien die »Narren Gottes«. Denn der Auftrag, den wir von Christus erhalten, wird immer nahe an einer Verrücktheit sein. Der Verrücktheit nämlich, die es immer bedeutet, wenn einer sich nicht an seinem rechnenden Verstand orientiert, sondern an so weltfremden Dingen wie Liebe, Vertrauen, Mut oder Zuversicht.

Was ist denn der Geist Gottes? Ich kann ihn nicht nachzeichnen, nicht beschreiben, nicht definieren. Er ist eine offene Bewegung. Die Bibel umschreibt ihn mit Bildern wie einer »Taube«, die sich vom Himmel herabschwingt, wie eines Feuers, das von Ort zu Ort wandert oder springt, wie eines Windes, von dem man nicht weiß, woher er kommt und wohin er fährt, oder mit dem Atem eines Menschen, dem aus- und eingehenden, und vielleicht gar dem Atem Gottes. Aber Taube, Feuer, Wind und lebendiger Atem, das sind danach auch die Bilder, mit denen sie den vom Geist Gottes ergriffenen Menschen beschreibt. So sagt Luther: »Der heilige Geist, das ist die Flamme des Herzens, das sich freut an dem, was Gott gefällt.«

❦

Überblicken wir von hier aus die Landschaft unserer Kirchen, so werden wir überall immer wieder auch Zeichen des Gottesgeistes begegnen, der Güte und der Hilfsbereitschaft, der Lebendigkeit und den fruchtbaren Einfällen, den überzeugenden Worten und der Lebenshingabe. Aber insgesamt drängt sich uns doch der Eindruck auf, wir trügen viel von einer entbehrlichen Last. Wir kämen von allzu viel Vergangenem her, und wir gingen auf viel zu wenig Zukünftiges zu. Wir schleppten unsere Meinungen und Vorurteile mit uns und hätten die Hände und die Herzen nicht frei. Wir lebten zu viel nach Plan und wüssten zu wenig von offenen, noch nicht kartografierten Wegen. Wir türmten zu viel von oben auf die Erde und übersähen zu oft, was aus dem lebendigen Wurzelwerk des Volkes Gottes wachsen will. Wir achten immer noch zu viel auf unsere Oberherren, Oberlehrer und Oberrichter und zu wenig auf die Armen im Geist, an die wir gewiesen sind. Aber das wüssten wir dabei im Grunde doch, dass wir als eine Kirche, die von unten wächst, aus dem frisch gepflügten Acker, ernsthaft in der Sukzession der frühen Christengemeinde stehen. Und so allein habe sie Leben von dem Geist, der von oben zu ihr kommt. In der frühen Kirche, in der die Ämter und die Glaubenslehren und die charismatische Gemeinschaft noch aus derselben Wurzel lebten, leuchtet es auf.

Die große Wanderbewegung beginnt

Von einem Segen wird berichtet, den Jesus den Seinen bei seinem Abschied mitgegeben habe:

»Jesus führt sie aus der Stadt hinaus
bis in die Nähe von Betanien.
Dort bereitete er die Hände über sie und segnete sie.
Und während er ihnen seinen Segen gab, schied er von ihnen.
Sie aber kehrten nach Jerusalem zurück,
von übergroßer Freude erfüllt.
Sie waren von da an ständig im Tempel und rühmten Gott.«
Lukas 24,50–53

Daraus hätte nun auch eine religiöse Idylle werden können. Ein lichter und tröstender Innenraum einer Frömmigkeit, mit der sie sich hätten aneinander wärmen können. Aber es geschah das ganz Andere: Sie taten sich zusammen, zu zweien und zu dreien und gingen auf die Straße. Auf die langen Handelsstraßen und gefahrvollen Schifffahrtswege des damaligen Mittelmeerraums. Wenn man sie fragte, warum sie dies täten, so sagten sie, »der Geist« habe sie aus ihren Wohnsitzen und Gewohnheiten herausgetrieben. Der Geist des wandernden Christus, der nichts hatte, worauf er sein Haupt legen konnte, wenn es Nacht wurde. Christus habe es um der Menschen willen getan, und sie täten es wie er um der Menschen willen, denen sie sein Wort sagten.

Woher nahmen sie den Mut? Vielleicht von dem Wort, mit dem Jesus sich von ihnen verabschiedet hatte:

»Frieden lasse ich euch.
Meinen Frieden gebe ich euch.
Ich gebe nicht,

wie man sonst in dieser Welt gibt.
Euer Herz erschrecke nicht
und fürchte sich nicht.«
Johannes 14,27

Sie nahmen mit sich die Schätze der Religion ihres Volks und vielleicht die Worte des 23. Psalms:

»Bei Gott bin ich geborgen –
wozu sorge ich mich?

Er gibt mir Nahrung für Geist und Herz,
wenn sonst niemand meinen Hunger stillt,
wenn mir zwischen den Fingern zerrinnt,
womit Menschen mich abspeisen.

Er gibt das Wasser, das den Durst stillt,
den Durst nach dem wirklichen Leben.
Wohin immer er mich führt,
er gibt Lebensfülle und Kraft.

Mein Weg kann nicht irren,
denn er ist es, der mich führt.
Und wenn ich wandere im Tal des Todes,
so gehe ich doch im Frieden.

Mit Güte und Freundlichkeit
umgibt mich Gott, solange ich lebe,
und ich habe Wohnrecht in seinem Haus,
jetzt und in Ewigkeit.«

Und was sagten sie über sich selbst und ihren Auftrag?

Sie erinnerten sich. Jesus hatte gesagt:
»Ich bin das Licht der Welt.«
Und er hatte zu ihnen dasselbe gesagt:
»Ihr seid das Licht der Welt.«

Er hatte gesagt: »Ich bin das Brot.
Ich gehe in euch ein, damit ihr lebt.«

Und sie hörten wie einen Nachhall:
Ihr seid das Brot,
dessen die Menschen bedürfen.

Ich bin der Hirte. Ihr werdet nicht ungeschützt sein.
Und ihr seid Hirten für viele Menschen,
mir gleich.

Ich bin die Tür, die Tür auch durch die Wand des Todes.
Und ihr seid die Tür, mir gleich,
durch die viele nach Hause kommen.

Ich bin der Weinstock.
Ich bringe das Fest und die Freude. Den Geist.
Ihr seid Reben, an denen der Wein wächst
für die Traurigen dieser Erde.

Ich bin der Weg, die Wahrheit und das Leben, sagt Jesus.
Aber hier endet die Ähnlichkeit.
Wir sind nicht der Weg, aber wir gehen ihn.
Wir zeigen ihn denen, die ihn suchen.

Wir sind nicht die Wahrheit,
aber wir stehen für sie ein.

Wir sind nicht das Leben,
aber es ist in uns und wird in uns sein,
auf eine ganz neue und bleibende Weise.

Wir sind nicht der Christus, aber er ist in uns.
Und was wir sind, sind wir durch ihn.
Und unser langer Wanderweg ist der Dank.

Nelson Mandela, einer der Großen unter den politischen Menschen dieser Zeit, sagt:

»Du bist ein Kind Gottes.
Wenn du dich dabei klein machst,
hilfst du der Welt nicht.

Wir sind geboren,
die Herrlichkeit Gottes zu offenbaren,
die in uns ist.

Sie ist nicht nur in einigen von uns.
Sie ist in uns allen.

So, wie wir befreit sind von unserer eigenen Angst,
so befreit unser Dasein, wie von selbst, andere.«

Die Kirche, wo sie ihren Auftrag wahrnimmt, ist bis heute und in alle Zukunft, nicht ein armer Stall, sondern eine Wanderbewegung. Sie ist die Ungeduld, der vorwärts drängende Wille, dem wir an dem Mann aus Nazaret begegnen. In der Friedensbewegung der 1980er-Jahre sprach man einander mit der Losung Mut zu:

»Wo kämen wir denn hin,
wenn jeder fragen würde: Wo kämen wir hin?
Und niemand ginge, um zu schauen,
wohin man käme, wenn man ginge?«

Und sie, die Frauen und Männer jener ersten Kirche, gingen. Arm. Bedroht. Gefährdet. Mit ihrer Erfahrung und ihrem Vertrauen, sie seien von Gott geleitet. Sie begannen die lange Lichterkette, in der die Menschen zwei Jahrtausende lang das Wort und die Bedeutung jenes Jesus weitergaben, und die auch uns trifft, die Menschen dieses 21. Jahrhunderts. Jener Jesus hatte von sich als dem Licht der Welt gesprochen, und in einem der Briefe aus jener ersten Zeit findet sich für uns kleine Lichtzeichen ein zauberhaftes Bild. Es sagt: »Lebt wie die Kinder des Lichts« (Epheser 5,8). Das Wort hat seinen Hintergrund im Leben der Nomaden in den Wüsten des Nahen Ostens. Diese Menschen im Unterwegs saßen in den Nächten um ihr Feuer und sahen die Funken, die von der Feuerquelle aufwirbelten. Ich habe es immer wieder mit ihnen getan. Sie sahen die kleinen Lichter in die Dunkelheit hinausstieben und nannten sie »Söhne des Lichts« oder »Kinder des Lichts«. Und so sagt der Brief an die Epheser: Werdet glühend in dem Feuer, das Christus ist, und fliegt euren kurzen Weg durch die Dunkelheit, bis ihr verlöscht. Ob in euren Tagen Licht von euch ausging, daran hängt der Sinn eures Fluges.

Das Gleichnis von den Funken will sagen: Du, Mensch, bist der Punkt, an dem die Wirkungsgeschichte Jesu ihr vorläufiges Ziel erreicht. Von dir aus aber soll sie weitergehen in die Menschen um dich her und nach dir. Du stehst in einer Lichterkette, die sich durch die Jahrtausende hinzieht, und es kommt auf nichts an als darauf, dass du für den kurzen Augenblick deines Lebens in der Dunkelheit dieser Welt sichtbar bist.

Und so, nicht anders als wir, standen damals die Frauen und Männer aus dem Kreis um Jesus aus ihrer Verzweiflung auf und gingen ihren Weg. Vor sich sahen sie jenen einsamen Mann, der ihnen ihre Wege zeigte und ihnen ihre Kraft gab. Von ihm sagt denn auch Lukas, er sei der Anführer ins Leben, der Vorausgänger in dieses Leben und durch das Ende dieses Lebens hindurch in das ewige Reich Gottes. Und so wurde es ein Weg des Bekennens, des Leidens und der unbeugsamen Zuversicht.

Anhang

Zeittafel

Die Römer erobern Jerusalem	37 v. Chr.
Sie setzen Herodes als König ein	
seine Regierungszeit	37–4 v. Chr.
Herodes rottet das jüdische Herrschergeschlecht	
der Makkabäer aus	37–35 v. Chr.
Regierungszeit des Kaisers Augustus	27 v. Chr. –
	14 n. Chr.
Syrien mit Palästina wird römische Provinz	27 v. Chr.
Beginn der »Schätzung«, das heißt der	
Registrierung und Bestimmung der	
Bevölkerung Judäas	8 v. Chr.
Geburt Jesu in Betlehem	**7 v. Chr.**
Krieg gegen Aufständische in Galiläa,	
Varus verheert das Gebiet von Nazaret	4 v. Chr.
Nach dem Tode des Herodes wird Judäa unter	
seine Söhne geteilt	4 v. Chr.
Archelaus erhält Judäa, Samaria und Idumäa	
Herodes Antipas Galiläa und Peräa,	
Philippus das nördliche Ostjordanland,	
Lysanias den Antilibanon	4 v. Chr.
Verbannung des Archelaus. Sein Gebiet wird	
römische Präfektur	6 n. Chr.
Dort später Pontius Pilatus als Präfekt	26–36 n. Chr.
Zweiter Krieg in Galiläa	5 n. Chr.
Regierungszeit des Kaiser Tiberius	14–37 n. Chr.
Gründung der Stadt Tiberias am See Gennesaret	ca. 20 n. Chr.
Johannes der Täufer tritt auf	
Jesus zählt zu seinen Anhängern	28 n. Chr.
Johannes wird von Herodes Antipas enthauptet	29 n. Chr.
Jesus wird gekreuzigt	**7.4.30 n. Chr.**
Steinigung des Stefanus	33
Bekehrung des Paulus	33
Pilatus wird von Kaiser Tiberius wegen	
ungerechter Maßnahmen abgesetzt	36
Kaiser Caligula	37–41
Kaiser Claudius	41–54

Verfolgung der christlichen Gemeinde in Jerusalem	43–44
Märtyrertod des Jakobus	44
Missionsreisen des Paulus, Abfassung seiner Briefe	47–60
Apostelkonzil in Jerusalem	48
Kaiser Nero	54–68
Paulus in Rom gefangen	60–62
Verfolgung der Christengemeinde in Rom durch Nero	64
Seneca in Rom gestorben	65
Beginn des jüdischen Aufstandes gegen Rom in Judäa	66
Die Christengemeinde von Jerusalem wandert aus nach Pella ins Ostjordanland	66
Kaiser Vespasian	69–79
Belagerung Jerusalems	69–70
Vespasian übergibt den Oberbefehl über die Jerusalem belagernden Truppen an seinen Sohn Titus, Zerstörung Jerusalems	70
Titus feiert seinen Sieg über Jerusalem mit seinem »Titusbogen« in Rom	70
Das Judentum verliert mit dem Tempel seinen Mittelpunkt – Die Führung des Judentums geht von den Sadduzäern an die Pharisäer über – Die Führung des entstehenden Christentums geht von der Gemeinde in Jerusalem an den paulinisch-hellenistischen Flügel über	70
Das Markusevangelium entsteht	ca. 69–71
Das Lukasevangelium entsteht	ca. 75–80
Die Apostelgeschichte entsteht	ca. 80–85
Kaiser Domitians Regierungszeit	81–96
Matthäusevangelium und Offenbarung Johannes	zw. 90 und 100
Schwere Christenverfolgung unter Domitian	nach 90
Kaiser Trajan	98–117
Johannesevangelium	um 100

Bibelstellenregister